O futebol explica o Brasil

Uma história
da maior expressão popular do país

Proibida a reprodução total ou parcial em qualquer mídia
sem a autorização escrita da editora.
Os infratores estão sujeitos às penas da lei.

A Editora não é responsável pelo conteúdo deste livro.
O Autor conhece os fatos narrados, pelos quais é responsável,
assim como se responsabiliza pelos juízos emitidos.

Consulte nosso catálogo completo e últimos lançamentos em **www.editoracontexto.com.br**.

MARCOS GUTERMAN

O futebol explica o Brasil

Uma história
da maior expressão popular do país

Copyright © 2009 do Autor

Todos os direitos desta edição reservados à
Editora Contexto (Editora Pinsky Ltda.)

Montagem de capa e diagramação
Gustavo S. Vilas Boas

Preparação de textos
Lilian Aquino

Revisão
Dayane Pal

Dados Internacionais de Catalogação na Publicação (CIP)
(Câmara Brasileira do Livro, SP, Brasil)

Guterman, Marcos
O futebol explica o Brasil : uma história da maior expressão
popular do país / Marcos Guterman. – 1.ed., 3ª reimpressão. –
São Paulo : Contexto, 2025.

Bibliografia
ISBN 978-85-7244-450-7

1. Futebol – Brasil 2. Futebol – Brasil – História I. Título.

09-09199   CDD-796.3340981

Índice para catálogo sistemático:
1. Brasil : Jogos de futebol : História   796.3340981

2025

Editora Contexto
Diretor editorial: *Jaime Pinsky*

Rua Dr. José Elias, 520 – Alto da Lapa
05083-030 – São Paulo – SP
PABX: (11) 3832 5838
contato@editoracontexto.com.br
www.editoracontexto.com.br

Ao meu pai, Henrique,
por ter me mostrado
como o futebol é importante.

Sumário

Introdução 9

O sotaque britânico, na economia e no futebol 13

Anos 1910-1920 39

Anos 1920-1930 51

Anos 1930-1950 63

Anos 1950 87

Anos 1950-1970 111

Anos 1960-1980 149

Anos 1980-1990 203

Anos 1990-2000 225

Bibliografia e fontes consultadas 263

O autor 267

Agradecimentos 269

Introdução

O futebol é o maior fenômeno social do Brasil. Representa a identidade nacional e também consegue dar significado aos desejos de potência da maioria absoluta dos brasileiros. Essa relação, de tão forte, é vista como parte da própria natureza do país – as explicações para o fenômeno geralmente vão mais na direção da Antropologia que da História. O que este livro mostra é que o futebol, pelo contrário, não é um mundo à parte, não é uma espécie de "Brasil paralelo". É pura construção histórica, gerado como parte indissociável dos desdobramentos da vida política e econômica do Brasil. O futebol, se lido corretamente, consegue explicar o Brasil.

O esporte aparece primeiro como atividade da elite, importado e jogado por estrangeiros aristocráticos ou ligados aos investidores europeus que exploraram as oportunidades abertas pelo desenvolvimento do país no final do século XIX. Negros e operários só teriam vez ou nos campos de várzea ou quando passaram a ser decisivos para que os times de brancos ricos ganhassem títulos.

Os muros erguidos em torno do futebol não resistiram à formação das metrópoles brasileiras. Foram demolidos pela massa de trabalhadores que encontrou nesse esporte a essência democrática que lhe era negada em todas as outras áreas. A profissionalização do futebol foi uma consequência óbvia disso – as competições começaram a atrair grande público, e os melhores jogadores passaram a ser disputados e remunerados por clubes cada vez mais interessados em competir para vencer. O futebol deixava de ser dândi e blasé.

Com a massificação, o futebol passou a ter também importância política. Sua capacidade de mobilização logo se impôs como elemento muitas vezes decisivo para definir o humor de um eleitorado crescentemente menos controlável. O mundo do poder político e ideológico também se reproduziu dentro dos campos de futebol – a Copa do Mundo da Itália, no auge do fascismo, em 1934, é talvez o melhor símbolo disso.

Quando se tornou global, o futebol passou rapidamente a ser o campo das disputas por hegemonia planetária. Ter o "melhor futebol do mundo" virou uma obsessão brasileira, perseguida como um projeto de afirmação nacional. A realização da Copa de 1950 no Brasil traduziu esse sonho, mas a força da ideia ficaria mais clara na Copa de 1970, quando a Ditadura Militar transformaria cada vitória brasileira em sintoma das nossas imensas possibilidades.

Mais tarde, porém, em meio a crises econômicas e à bagunça administrativa, o futebol brasileiro se transformou em exportador de craques no final dos anos 1980 – a chamada "década perdida". O fenômeno coincidiu com a "desnacionalização" do futebol por meio da formação de times europeus a partir da colheita de atletas de todas as partes do mundo. A globalização entrou em campo e exigiu como premissa a descaracterização do elemento nacional. Para ver seus melhores jogadores em campo, os brasileiros não precisavam mais ir ao estádio. Bastava ligar a TV e assistir a qualquer campeonato da Europa. A seleção brasileira se transformaria, a partir dos anos 1990, em seleção "estrangeira".

Mas a vitória brasileira na Copa de 2002, com a conquista do pentacampeonato, mostrou que ainda existia um *"primus inter pares"* no futebol, isto é, mesmo com toda a pasteurização das táticas e técnicas e a pulverização das fronteiras culturais, restava algo que ainda fazia o Brasil "superior entre os iguais". O triunfo no Mundial disputado na Coreia e no Japão, simbolizado por um Cafu orgulhoso de sua origem social miserável, coincidiu com um momento de transformação do país, em que a afirmação nacional, ainda que tímida diante dos desafios, somou-se à maturidade da democracia brasileira e à promessa do resgate de séculos de dívida social.

Este livro, portanto, é otimista. Eu o escrevi por acreditar que, tanto no futebol como na vida brasileira, mesmo um time mais fraco é capaz de vencer.

O sotaque britânico, na economia e no futebol

O futebol brasileiro deu uma sorte danada assim que nasceu. Embora tenha sido introduzido por aqui no final do século XIX com um inconfundível sotaque britânico, o tipo de jogo adotado possuía em seu DNA características que logo o distinguiriam do futebol então praticado na Europa. Charles Miller, um dos principais introdutores do futebol no Brasil, era adepto do "*dribbling*", ou do drible, maneira insinuante de superar os zagueiros para chegar ao gol. Miller poderia gostar do *passing*, isto é, da troca de passes, que desde aquela época faz do futebol europeu essencialmente técnico e eficiente – e monótono. Se nosso pioneiro não tivesse em seu próprio código genético o traço brasileiro, talvez tivéssemos sido somente súditos do jogo em que apenas a vitória interessa, e provavelmente não faríamos história como o país que encantou o mundo com seus malabarismos e sua arte imprevisível.

Charles William Miller nasceu em São Paulo, em 24 de novembro de 1874, filho do engenheiro escocês John Miller e da brasileira Carlota Alexandrina Fox Miller. Carlota, por sua vez, era filha dos ingleses Henry Fox e Harriett Mathilda Rudge Fox. Ou seja, a família Miller tinha acentuado sotaque britânico, resultado de um conjunto de fatores que transformaram São Paulo em centro de atração do capital inglês no final do século XIX.

O pai de Miller viera ao Brasil para trabalhar na São Paulo Railway, ou San Paulo (Brazilian) Railway Company, Limited, como consta nos documentos da empresa na Inglaterra, em meio ao *boom* de construção de ferrovias no Brasil. Em 1851, havia apenas 15 quilômetros de estradas de ferro no país; menos de 70 anos depois, esse número saltaria para cerca de 28.600 quilômetros. O capital para esse tipo de construção era basicamente inglês, primeiro apenas como investimento indireto, depois com empresas totalmente britânicas atuando no setor. Era esse precisamente o caso da São Paulo Railway, que ficou com a "joia da Coroa" das ferrovias nacionais: a que ligava o Vale do Paraíba a Santos. Eram apenas 139 quilômetro, mas tornou-se um dos empreendimentos mais importantes da economia brasileira na ocasião, porque serviu para escoar a produção de café, cujo valor na pauta de exportações do Brasil havia assumido posição insuperável em meados do século XIX – foi o principal produto brasileiro no exterior durante quase um século, e o Brasil controlava 80% do mercado mundial. Foi o ciclo de riqueza gerado pelo café que alavancaria não só a economia, por meio da industrialização e da entrada de capital externo, como também a vida social, com a entrada maciça de imigrantes e a consequente introdução de hábitos e cultura estrangeiros, no meio dos quais estava o "esporte bretão".

O sotaque britânico, na economia e no futebol

Tamanha riqueza, como era previsível, atraiu a atenção da principal potência mundial na época, o Império Britânico. O investimento seguiu o padrão daquele que ficou conhecido como "o século dos ingleses" na América Latina. A partir da segunda década do século XIX até o final da Primeira Guerra Mundial, o Reino Unido liderou os investimentos em infraestrutura e bens de capital no continente, acompanhando os movimentos de independência. Enquanto a Europa, capitaneada por ingleses, prussianos e russos, tentava derrotar Napoleão, a América Latina absorvia um terço das exportações de manufaturados britânicos. No caso específico do Brasil, as relações privilegiadas dos britânicos datavam pelo menos desde a vinda da família real portuguesa para o Rio e a consequente transferência da Corte para cá, em 1808.

O avanço do investimento de infraestrutura, sobretudo de transportes, resultou na expansão das cidades, gerando outros tipos de demanda. Mesmo as grandes concentrações urbanas brasileiras não passavam de povoados com pouca ou nenhuma estrutura. Em 1872, São Paulo tinha somente 27,5 mil habitantes, e o Rio, então capital do Império brasileiro, meros 275 mil. Números pífios se forem comparados, por exemplo, ao de Paris, que na mesma época tinha 1,8 milhão de habitantes. Isso tornava as cidades brasileiras uma mina de oportunidade para empresas britânicas de eletricidade, gás, esgoto e transporte. Em pouco mais de 50 anos, São Paulo passaria a ter 580 mil habitantes, e o Rio, 1,16 milhão. O Brasil viraria o século vivendo a revolução urbana que a Europa experimentara a partir da Segunda Revolução Industrial, nos anos 1800.

As comunidades britânicas atraídas para trabalhar no Brasil são insignificantes do ponto de vista demográfico, razão pela qual não aparecem entre os maiores contingentes de imigrantes recebidos pelo país entre o final do século XIX e o começo do século XX. Os registros indicam que os ingleses viviam em grupos de até 300 funcionários das empresas do Reino Unido e trabalhavam em tarefas específicas, como ajustar trilhos e operar máquinas. Raros eram os ingleses pobres – estes imigraram para os EUA, e não para o Brasil. São Paulo recebeu ingleses das classes média e alta, gente "com os bolsos recheados de moedas de prata", em busca de "grandes empreendimentos" e com "um certo padrão de educação", conforme descreve Charles Reginald Enock, viajante britânico, em *The Republics of Central and South America*, livro de 1913.[1]

Os fundadores do futebol brasileiro se enquadravam na definição de Enock. Embora São Paulo e Rio já tivessem boas escolas no final do Império e no começo da República, havia um quê exibicionista, entre os imigrantes mais ricos e a aristocracia local, em mandar os filhos estudar na Europa. Charles Miller, por exemplo, foi mandado pelos pais à Inglaterra para estudar quando tinha 9 anos, em 1884. A família esperava que, no Banister Court School, em Southampton, ele se formasse para entrar na administração dos negócios ingleses em São Paulo. A escola não era propriamente um destaque no mundo acadêmico britânico. Minúscula, tinha somente três professores e sua especialidade maior era desenvolver caráter, bem ao gosto da Inglaterra vitoriana. Para Miller, no entanto, aquilo foi um achado – foi lá que ele descobriu o futebol e pôde desenvolver suas habilidades. O garoto ficou na Banister até 1894.

Já Oscar Alfredo Cox, que ajudou a introduzir o futebol no Rio de Janeiro, conheceu o esporte quando estava no colégio La Chatelaine, em Lausanne, na Suíça. Cox nascera no Rio, filho de George Emmanuel Cox, equatoriano que trabalhava como diplomata para os ingleses e havia se radicado na capital do Brasil. Ter ido para a Suíça não era, portanto, nada excepcional para quem vivia entre os rapapés da vida aristocrática do Rio. Junto com Cox, no La Chatelaine, estudava o também carioca Antonio Casemiro da Costa. O "Costinha", como era conhecido, viria a ser o primeiro presidente da Liga Paulista de Futebol, organização embrionária do futebol de São Paulo. Além da Suíça, "Costinha" viveu na França e na Inglaterra – ou seja, era outro exemplo claro de que a iniciativa do futebol no Brasil cabia aos endinheirados.

Comparado ao que acontecia na própria Inglaterra, era um paradoxo e tanto. O futebol inglês nasceu em meio ao crescimento da massa operária. Era um jogo que trazia para locais públicos toda a raiva das classes baixas do país, atulhadas nas cidades cada vez mais hostis. A repressão ao futebol jogado na rua, comum no início do século xix na Inglaterra, é a prova de que o esporte era visto como coisa da ralé, ainda mais porque invariavelmente acabava em pancadaria e depredação. Por causa disso, o futebol passou a ser jogado em locais específicos, principalmente nas escolas públicas. Foi a primeira tentativa de uniformizar as regras do jogo, isso por volta de 1850.

Multiplicaram-se os times, que já nasciam com vocação profissional, uma oportunidade rara para os operários e estudantes ganharem algum dinheiro – o futebol inglês era, assim, jogado majoritariamente por gente pobre. O jogo continuou violento, mas, a partir de 1863, contava com regras aceitas pela maioria – inclusive uma que impedia o zagueiro de dar um pontapé no atacante para impedi-lo de chegar ao gol. Era um grande avanço.

No Brasil, por outro lado, o pedigree elitista do futebol permeava tudo, inclusive a estrutura do esporte. O primeiro campo oficial do país foi o terreno da Chácara Dulley, no Bom Retiro, onde já se jogava críquete, então o esporte preferido dos ingleses no Brasil. A chácara pertencia à família de Charles D. Dulley, engenheiro americano que chefiou a construção da ferrovia entre São Paulo e Rio, aberta em 1877. O terreno ficava a poucos metros da Estação da Luz, onde hoje está um quartel da Polícia Militar, e a avenida Tiradentes, ao final da rua Três Rios – que, na época, chamava-se rua Marquês de Três Rios, porque fora aberta pelo tal marquês, que lá também tinha uma propriedade. Na mesma Chácara Dulley, como a confirmar esse traço de nobreza, houve a introdução do golfe no país. Mas o futebol, por razões diversas, acabou predominando.

Aos ingleses bem-sucedidos juntou-se a elite cafeeira paulistana. O primeiro estádio de futebol digno desse nome no Brasil foi uma adaptação do Velódromo Paulistano, erguido em 1892 por encomenda de Antonio da Silva Prado, ou simplesmente conselheiro Antonio Prado. Empresário de vários negócios, inclusive no setor ferroviário, Antonio Prado era neto do barão de Iguape e herdeiro de uma das famílias mais ricas do Brasil, ligada ao café e às estradas de ferro. Teve também forte carreira política, chegando a ser prefeito de São Paulo. O terreno onde foi construído o

Velódromo era da mãe de Prado, Veridiana de Almeida Prado, ou simplesmente "Dona Veridiana". Ficava onde hoje é a Praça Roosevelt, e nas redondezas jogava-se pelota basca. Na época, o ciclismo era moda em São Paulo, e a ideia era ter um lugar fechado onde a elite paulistana pudesse exercitar-se – ao local afluíam os amigos da família Prado; mais tarde, surgiria ali o Clube Athletico Paulistano. Em 1901, foi adaptado para receber jogos de futebol.

Até esse momento, porém, o futebol era praticado em condições bastante precárias, de acordo com os registros da época. Em 1864, ou seja, 30 anos antes de Charles Miller regressar ao Brasil com o futebol na bagagem, marinheiros estrangeiros, sobretudo ingleses, foram vistos disputando peladas nos capinzais desertos do litoral brasileiro. Há ainda registro de jogos nas mesmas condições entre 1874 e 1878. A praia da Glória, no Rio, e um descampado em frente à residência da princesa Isabel são citados como locais desses prélios, dos quais participavam funcionários de firmas inglesas de navegação, de cabos submarinos, bancos, docas e ferrovias, como The Leopoldina Railway Company. A participação de brasileiros aparenta ser rara, a não ser como assistentes ou coadjuvantes desse estranho esporte. Jogava-se também no interior de São Paulo – em Jundiaí, um certo "Mr. Hugh" organizou jogos entre brasileiros e ingleses da São Paulo Railway; em Itu, um padre jesuíta do São Luiz, colégio da elite cafeeira fundado em 1867 e que em 1918 se mudaria para seu atual endereço, perto da avenida Paulista, estimulou os alunos a jogar à maneira de Eton, tradicionalíssima escola inglesa onde os estudantes chutavam bola contra a parede, na falta de local apropriado para esse esporte. Como se nota, são iniciativas esparsas e movidas por mera diversão, sempre coordenadas por ingleses ou inspiradas por eles. Não havia campo adequado nem equipamento – as bolas, por exemplo, eram uma raridade. O que Miller introduziria no Brasil seria o perfil competitivo do futebol, com suas regras, limitações e artimanhas, provável razão pela qual ele é considerado o pioneiro desse esporte no país.

Mesmo com Miller, porém, o futebol experimentou, em seus primeiros momentos de organização no Brasil, um bocado de amadorismo e simplicidade, e isso talvez não tenha sido involuntário, por mais que soe para-doxal em relação à riqueza de que dispunham os primeiros amantes desse esporte no país. Jogar em campos improvisados, com menos jogadores do que manda a regra, em condições claramente adversas e sem nenhum tipo de remuneração, apenas por amor ao esporte, tudo isso simbolizava o ro-mantismo que cercava o futebol da época, mesmo na Inglaterra. O caso do "Corinthians britânico" é exemplar.

Fundado em 1882, em Londres, o Corinthians (ou "Corinthian", como aparece em alguns registros) recusou-se terminantemente a participar de competições que dessem qualquer tipo de prêmio. Excursionava pelo mun-do com o objetivo de disseminar o futebol. Numa turnê de dois meses nos EUA e no Canadá em agosto de 1906, o *New York Times* da época registrou que a vinda do "maior time amador inglês", formado "exclusivamente por estudantes", criou "boa impressão" do "esporte britânico" em terras ameri-canas. "Seu estilo único de jogo não mudou. Os atacantes jogam um jogo muito aberto. Eles conduzem a bola rapidamente e vão direto em direção ao gol sem a menor hesitação ou procrastinação", elogiou o *Times*.[2]

Pode-se dizer que, sem compromisso com a vitória e com títulos, o Corinthians britânico, orgulhosamente amador, podia jogar de modo destemido, sem preocupações defensivas ou táticas. Por essa razão, serviu de inspiração, ao menos como ideal, ao futebol do resto do mundo. Mais tarde, o Paulistano, por exemplo, que fora várias vezes campeão paulista, decidiu abandonar o futebol depois que o esporte estava definitivamente profissionalizado em São Paulo.

Esses casos provam o caráter desinteressado do jogo em seus pri-mórdios, em contraste com o crescente profissionalismo que já inspirava reservas entre os europeus, principalmente os ingleses. O embate entre amadorismo e profissionalismo seria a tônica do futebol brasileiro nas pri-meiras três décadas do século XX.

Mas ainda não chegamos lá. Por ora, o que importa é mostrar que havia um pronunciado desejo de ao menos parecer amador entre os funda-dores do futebol brasileiro. Como se tratava de gente da elite europeia e da nascente aristocracia paulistana e carioca, esse desejo soa estranho; afinal, eles poderiam muito bem ter usado seu dinheiro para melhorar as condições do jogo e mesmo de torná-lo financeiramente viável como competição. Não foi isso o que se viu nos primeiros anos, em parte justamente porque os pioneiros viam no amadorismo o maior charme do jogo, uma maneira de acentuar o cavalheirismo e a noção de *"fair play"* dos atletas, distinguindo-os daquilo que eles viam como costumes rasteiros da massa de imigrantes iletrados e de ex-escravos – e dos próprios operários e desocupados ingleses que haviam criado o futebol.

Há bons casos que mostram esse espírito. Num jogo de 1899 entre o Mackenzie e um time formado pela comunidade alemã de São Paulo, o professor Augusto Shaw, organizador do Mackenzie, advertiu um de seus jogadores que ele não poderia entrar em campo se não ajeitasse a gravata. O próprio Mackenzie revelaria, por essa época, o patrono do *"fair play"* brasileiro: João Evangelista Belfort Duarte. De seu folclore, consta que Belfort Duarte, jogando como zagueiro, denunciou ao árbitro um pênalti que ele mesmo havia cometido contra um atacante adversário. Nascido no Maranhão, Belfort Duarte jogou pelo Mackenzie e pelo São Paulo Athletic. Em 1908, mudou-se para o Rio e integrou-se ao América, onde, como técnico, era duro com jogadores que bebiam, fumavam e eram violentos em campo ou fora dele. Criou a saudação do time aos torcedores nas arquibancadas, gesto gentil que todos os times brasileiros fazem até hoje.

Assim, a primeira década do futebol brasileiro estava impregnada de uma poesia que em pouco tempo se veria desafiada pela massificação e pela profissionalização. Até que isso acontecesse, porém, o amadorismo e a precariedade prevaleceram.

O primeiro jogo de futebol disputado no Brasil mais ou menos dentro das regras oficiais, de acordo com os registros mais aceitos, ocorreu em São Paulo em 14 ou 15 de abril de 1895. Promovido por Charles Miller, reuniu funcionários da Companhia do Gás (The Team of Gaz Company) e da São Paulo Railway. A partida teve lugar na Várzea do Carmo, nas proximidades das ruas do Gasômetro e Santa Rosa, conforme descreveu mais tarde o próprio Miller, que conhecia bem a região – afinal, ele nascera no Brás. O terreno era da Companhia Viação Paulista, empresa de transportes sob a qual se unificaram todas as outras companhias de bondes de São Paulo. Ela dispunha de 77 bondes, todos de tração animal, embora já houvesse experiência de bondes a vapor. Os bondes elétricos só chegariam a São Paulo em 1900, pelas mãos, claro, de uma companhia canadense devidamente autorizada pela rainha Vitória, a Light de São Paulo. No ano seguinte, a Light encamparia a Companhia Viação Paulista, e os bondes puxados por burros seriam atropelados pela modernidade elétrica. No entanto, quando Charles Miller e seus colegas resolveram bater bola naquele terreno da Várzea do Carmo, tiveram de enxotar os burros que pastavam no local para poder jogar, em romântica demonstração da simplicidade a partir da qual nasceria o futebol no Brasil.

A situação perduraria ainda alguns anos. O Internacional, clube paulistano fundado em 1899 para a prática do futebol, também treinava e jogava na Várzea do Carmo. "Quantas vezes tivemos de limpar esses pastos para que pudéssemos realizar os jogos!", relatou Hans Nobling, outro pioneiro do futebol brasileiro, comerciante alemão que ajudou a estabelecer o Internacional e o Germânia.[3]

Mesmo quando o futebol já era jogado de modo oficial, a pobreza franciscana não desapareceu. Num amistoso entre o Fluminense e o Germânia em 1904, no Velódromo, o jogo demorou a começar por um motivo inusitado, relatado assim pelo *Jornal do Commercio*:

> *Um movimento de atenção correu por todos os espectadores que, ansiosamente, principiaram a esperar o sinal do "referee" para o início do jogo, mas o sinal não vinha. O tempo ia passando e a ansiedade crescendo. Por fim soube-se a razão da demora: não havia bola. Por uma distração, quase íamos escrever imperdoável, o Germânia havia esquecido de trazer a bola. Foi preciso recorrer-se ao Athletic. Daí a demora.*[4]

Na Bahia, segundo estado brasileiro a organizar um campeonato, as condições eram semelhantes, relata Tomás Mazzoni em *História do futebol no Brasil*, livro de 1950. O campo de jogo estava ocupado pelo Circo

Lusitano. O dono do circo não quis briga e aceitou colocar a lona fora das quatro linhas, nas "cabeceiras do campo, não empatando assim o campo propriamente dito". E o dono do circo, "um grande amigo dos esportes", emprestou cem cadeiras "que eram colocadas nos dias de jogos, em volta do campo para assento das senhoras e autoridades".[5]

Anos antes, no histórico "primeiro jogo" realizado no Brasil e vencido pelo São Paulo Railway por 4 a 2 contra o The Team of Gaz Company, não havia uniformes para todos, e muitos jogadores tiveram de atuar usando as calças compridas que vestiam. Nada disso, porém, reduziu o ânimo de Charles Miller e de seus colegas, e a festiva novidade esportiva, desprovida de luxo, logo atrairia a atenção dos operários das redondezas, conforme veremos adiante.

Torcedores elegantes no Velódromo, em 1914, retratados na revista *A Vida Moderna*: o futebol e a elite eram inseparáveis.

SABER VIAJAR

é uma arte tão difficil como o saber viver.

O Costinha sabe viajar. Conhece todas as subtilezas dessa arte. Sente-se tão bem no mar como se estivesse entre as quatro paredes do seu quarto.

Na ultima viagem que fez á Europa levou em sua companhia um rapaz, que viajava pela primeira vez. Quando o transatlantico se fez ao largo, o amigo, do alto do tombadilho, olhava o mar, assombrado, no terror de um mergulho...

A' noite, á hora de deitar, os dois amigos foram partilhar da mesma cabine. Entraram, installaram-se no leito.

O Costinha, com um sorriso cruel:

— Agora vaes ver como eu sei viajar.

E dizendo isto, vestiu uma saia de mulher, poz uns seios posticos, uma cabelleira loira, uma blusa de rendas, uma touca de noite guarnecida de fitas variadas e deitou-se commodamente.

O amigo, que olhava tudo aquillo, sem comprehender, perguntou:

— Porque essa transformação?

— Eu te explico. E aqui é que está a minha sciencia de viajante. Como deves saber, todo navio está mais sujeito a naufragar que chegar ao porto.

— Ein?

— E' isso mesmo. Em caso de naufragio salvam-se primeiro as mulheres. Phantasio-me de mulher para illudir os salvadores.

O team S. Bento e Ypiranga que jogou domingo ultimo contra a Squadra Italiana no Velodromo Paulista

VELODROMO PAULISTA

Outro aspecto das archibancadas no domingo ultimo.

Na Chácara Dulley a situação não era muito melhor. Embora tivesse menos buracos do que a Várzea do Carmo e não estivesse sujeita às enchentes, dispunha apenas de um pavilhão para que os atletas pudessem trocar de roupa. O gramado não tinha as dimensões regulares, e a bandeirinha para marcar o escanteio era um adereço inexistente. As traves eram feitas de bambu, amarradas com barbante. Os torcedores, claro, ainda não haviam nascido.

Mas nasceriam. E era uma torcida muito bem educada, como se podia esperar em se tratando de um esporte alimentado por gente rica. No Rio, o "belo sexo em peso afluiu" ao jogo de abertura do primeiro campeonato de futebol da cidade, entre Fluminense e Paissandu, em maio de 1906, conforme relato de um jornal local citado por Tomás Mazzoni. "Se todas as reuniões forem assim, pode-se contar com um sucesso muito grande que terá esse sport", sentenciou o jornal.[6] Dois anos mais tarde, o mesmo periódico, a título de mostrar o cavalheirismo entre os torcedores, relatou um suposto diálogo entre um simpatizante do América e um do Botafogo, na véspera de um jogo entre os times. Os dois torcedores faziam uma aposta sobre quem seria o vencedor. O América venceu (2 a 0), e o que havia apostado no Botafogo pagou "500 por 100", conforme o combinado. O que venceu propôs então que se comemorasse com champanhe, ao que o perdedor respondeu: "À nossa boa amizade". E então o jornal comenta: "E, é assim mesmo, passadas as tormentas, e as disputas dos 'matchs', os 'footballers' são sempre amigos. São rapazes finos de nossa sociedade, e sabem se prezar. Não brigam a sério".[7]

Em São Paulo, as arquibancadas do Velódromo, onde ocorreram as primeiras disputas oficiais do futebol da cidade, estavam sempre cheias de cavalheiros, de senhoras e de senhoritas. No primeiro campeonato paulista, disputado em 1902, as mulheres se destacavam entre os torcedores: elas ostentavam "riquíssimas *toilettes*", formando "o adorno da festa". A final desse primeiro torneio, entre o São Paulo Athletic e o Paulistano, foi acompanhada por quatro mil pessoas "ansiosas e delirantes de entusiasmo", segundo relatos da época. O *Times of Brazil*, semanário britânico citado por Mazzoni, relata que nas arquibancadas do Velódromo, aos domingos, aparecia "tudo o que de mais seleto havia na Pauliceia".[8]

No já citado amistoso entre Fluminense e Germânia, aquele em que não havia bola, o quadro era semelhante. Uma hora antes do início do jogo, já era difícil conseguir um lugar nas arquibancadas do Velódromo, que estavam cheias de moças para ver o "belo *sport* inglês". O jogo atraiu um público refinado, mas também torcedores comuns, que disputavam espaço com as famílias da classe alta, acotovelando-se até mesmo sobre telhados ou em cima de árvores. Como se nota, o futebol, citado na época como um esporte "violento e bem imaginado", tinha vocação para se popularizar desde seu início.

O primeiro sintoma disso foi que a paz nas arquibancadas começaria logo a ser perturbada por elementos estranhos à elite – gente que provavelmente já havia entendido como funcionava o jogo, já havia adotado algum time ou jogador como favorito e, portanto, exigia bom desempenho. Esses torcedores passaram a usar aquela que seria sua arma mais eficiente: a vaia. Em 1904, num jogo entre São Paulo Athletic e Germânia, o *Jornal do Commercio* registraria a ocorrência de apupos e ofensas, algo tão inusitado que mereceu dura reprimenda do jornal – que via nas vaias uma ameaça ao próprio futuro do esporte no Brasil:

> *Antes de terminarmos essa notícia, temos de fazer uma grave censura a grande parte dos espectadores que assistiram ao match de ontem. Esses assistentes, por diversas vezes, vaiaram jogadores e juiz, quando algum fato por eles praticado não era de seu agrado e, o que mais nos dói dizer (oh! vergonha) notamos com grande sentimento que até rapazes de outros clubes, cegamente interessados pela vitória de um ou outro team, para a boa colocação daquele a que pertencem, também se excediam, fazendo protestos pouco dignos de suas posições. Esperamos que tão reprováveis cenas não se repitam, sob pena de não haver mais quem aceite o cargo esse interessante esporte, e isso, afinal de contas, pela má orientação do público.[9]*

Na Bahia, em 1906, ocorreu semelhante comportamento de torcedores, num jogo entre o Internacional, de São Paulo, e o Vitória local. A reação contra a "malta de desocupados" foi dura, e já havia quem considerasse que tais manifestações tinham de ser tratadas como caso de polícia.

Antes que a massa de torcedores se tornasse uma realidade irresistível no futebol brasileiro, a graça e o cavalheirismo das arquibancadas, ao menos nos primeiros anos, refletiam a intenção declarada dos pioneiros do futebol de fazer do esporte uma expressão de sua educação e de seu espírito esportivo. No livro *Cousas do football*, de 1920, Odilon Penteado do Amaral, que era árbitro diletante, se dedica a explicar aos *"footballers"* como é que se jogava aquele esporte. Antes de mais nada, deveria estar a preocupação com o jogo limpo e a boa educação, como se esses fatores fossem decisivos para a qualidade intrínseca do futebol:

> *Si procederdes cavalheiramente para com vosso adversário, para com os assistentes, e acatando todas as decisões dos dirigentes da pugna, tendes demonstrado possuir uma alevantada educação e, com isso, não restará a menor dúvida de que o transcurso do match será infalivelmente prenhe de lances belíssimos e emocionantes. [...] Tão pronto tenhaes maguado um vosso leal adversário, atingindo-o casualmente com o pé, numa rebatida falsa, não vos demoreis em solicitar-lhe desculpas pelo incidente, pois ele, cavalheiro que é, não se lastimará por certo em ter a reconhecer a involuntariedade da falta. [...] Deveis empregar os vossos melhores esforços para evitar toda e qualquer discussão em campo, ou fóra delle – quer com os vossos adversários, quer com os vossos próprios companheiros. Deveis egualmente, abster-vos de gesticular, ou levantar os braços para o alto, com o propósito de reclamardes, quer contra o juiz, quer contra os vossos companheiros por não passarem a pelota. Elles saberão o que estão fazendo. Tendes, pois, paciência. Quem assim não proceder, demonstra ser muito indisciplinado. [...] Tendes o direito de formular qualquer reclamação. Fazei-o, porém, sempre estribado em boas e educadas maneiras. Assim tendes patenteado sabeis ser um "sportsman".*[10]

No início, a coisa toda se parecia mais com as atuais "peladas" de fim de semana. O Internacional e o Mackenzie treinavam juntos na Várzea do Carmo e, ao final, quem quer que fosse o vencedor, o triunfo era celebrado com uma chopada alemã. Em 1901, nos primeiros amistosos entre times do Rio e de São Paulo, citados em *Supremacia e Decadência do Futebol Paulista*, de Leopoldo Sant'ana (1925), os jogos, "verdadeiras festas ao ar livre", eram disputados em clima de "cordialidade" e "camaradagem". Sant'ana considerava que o interesse maior não era a vitória, mas o "desenvolvimento físico da raça".

A menção à raça, aqui, não é gratuita. O movimento eugênico brasileiro só se organizaria no final da primeira década do século XX, mas havia já uma nítida preocupação com o espectro da mistura racial a rondar os centros urbanos após a abolição da escravidão. O conde Artur de Gobineau, o autor do famoso *Ensaio sobre a desigualdade das raças*, livro de cabeceira dos teóricos racistas, esteve no Brasil na segunda metade do século XIX e escreveu que a única saída para os brasileiros brancos era promover a entrada de imigrantes europeus a fim de evitar o cruzamento com os negros, cujo resultado seria a degeneração da raça branca. A mensagem disseminou-se nas classes superiores sem dificuldade, e não surpreende a preocupação com o "desenvolvimento físico da raça". A questão racial dominaria o futebol do Brasil, fundindo-se com debate semelhante na própria sociedade brasileira. A presença do negro no futebol brasileiro seria tema controverso até pelo menos os anos 1970 do século XX.

Mas ainda estamos nos primeiros chutes, e apenas brancos das classes superiores haviam descoberto o futebol. Nos já citados amistosos entre cariocas e paulistas, em 1901, fica claro que a festa era mais importante que a disputa. Sant'Ana relata os "sacrifícios pecuniários" dos organizadores das partidas – que deviam prever transporte dos convidados e até mesmo um banquete para todos os participantes. Em meio aos brindes depois do primeiro jogo (empate em 1 a 1), Casemiro da Costa, o já citado "Costinha", primeiro presidente da Liga de Futebol de São Paulo, encerrou o banquete brindando ao presidente do Brasil, Campos Salles, e também, porque afinal estava entre muitos ingleses, ao rei Eduardo VII.

Os primeiros times brasileiros formais surgiram em meio a esse mundo aristocrático. Quando Charles Miller aportou no Brasil depois de sua temporada acadêmica na Inglaterra, em 1894, ele procurou o único clube paulistano existente na época, o São Paulo Athletic, para convencer seus associados a praticar futebol. Fundado em maio de 1888, era o reduto dos funcionários ingleses que trabalhavam na cidade, sobretudo no ramo ferroviário. Jogava-se críquete, esporte em que, aliás, Miller era craque, e ninguém por ali pareceu interessado em ceder aos apelos daquele rapaz e suas estranhas bolas de futebol. O São Paulo Athletic, no entanto, acabaria adotando o futebol em 1896, e Miller foi seu principal destaque.

Dois anos depois surgiria o Mackenzie, primeiro clube do Brasil fundado somente para o futebol e integrado apenas por brasileiros – todos, claro, com bom pedigree, a exemplo do Internacional e o do Germânia, que seriam criados no ano seguinte.[11] Em 1900 seria a vez do Paulistano, até hoje um clube que se orgulha de seu exclusivismo. No Rio deu-se semelhante fenômeno. O primeiro clube estabelecido para o futebol foi o Fluminense, em 1902, integrado pelas famílias tradicionais da capital do país. Outros estados, como Bahia, Minas e Rio Grande do Sul, adotaram o futebol entre o final do século XIX e o começo do XX, seguindo essa mesma característica.

Nesse período, destacaram-se as figuras do brasileiro Oscar Cox e do alemão Hans Nobiling. Em certo sentido, Cox, no Rio, e Nobiling, em São Paulo, foram mais importantes para a organização do futebol do que o próprio Charles Miller, a quem se pode atribuir o pioneirismo do futebol no Brasil, mas não sua disseminação de modo organizado. Esse papel coube primeiro a Cox.

Em 1891, antes de Miller realizar o primeiro jogo de futebol no Brasil dentro das regras oficiais (na medida do possível), Cox tentou fazer com que o clube de críquete do qual era sócio no Rio, o Paissandu, aderisse ao futebol. Mandou trazer uma bola de Londres, mas aparentemente o terreno de jogo no Paissandu não permitiu o desenvolvimento das partidas, e os associados preferiram usar a bola para jogar rúgbi. Aos poucos, Cox foi arrebanhando adeptos, a despeito da popularidade do remo – clubes como Flamengo, Botafogo e Vasco eram "de regatas" e só adotariam o futebol já com o século XX em andamento. Assim, ele conseguiu formar uma equipe, o Rio Team, para disputar uma série de amistosos, em 1901, contra um time de paulistas, em São Paulo. No ano seguinte, os amistosos se repetiriam, e Cox entendeu que era hora de fundar um clube no Rio que fosse dedicado ao futebol. Nasceria o Fluminense – curiosamente, em uma reunião numa casa no bairro do Flamengo.[12]

Hans Nobiling seguiu trajetória semelhante. Ex-jogador de um time de Hamburgo, o Germânia, Nobiling chegou a São Paulo em 1897 com disposição para difundir o futebol no Brasil. Com dificuldade de encontrar clube que aceitasse o esporte, formou um time, o Hans Nobiling Team, que desafiou os times de então, o Mackenzie e o São Paulo Athletic – que, até aquela oportunidade, não jogavam senão como recreação. Estava lançado o embrião da primeira competição de futebol no Brasil. Em 1899, os três times se enfrentaram.

Após a série de amistosos, Nobiling e seus amigos decidiram fundar um clube, no quarto alugado de uma casa na rua Senador Queiroz, em 19 de agosto de 1899. Deram a ele o nome de Sport Club Internacional, em homenagem "ao internacionalismo dos jovens" que participavam: eram 25 rapazes de diversas nacionalidades: brasileiros, alemães, franceses, portugueses e ingleses. Nobiling discordou do nome – queria Sport Club Germânia. Em protesto, retirou-se do clube e, 18 dias depois, em 7 de setembro, fundou o Germânia, que mais tarde se tornaria o atual Esporte Clube Pinheiros.

Nobiling, assim como Cox, sabia que somente por meio dos clubes o futebol fincaria raízes no Brasil e deixaria de ser um mero passatempo da elite. As competições oficiais e a formação das ligas de futebol não tardariam – a Liga Paulista de Futebol surgiu em dezembro de 1901, com os cinco clubes de então: São Paulo Athletic, Mackenzie, Internacional, Germânia e Paulistano. O primeiro torneio paulista foi disputado no ano seguinte. Agora com *status* de esporte nobre, o campeonato ganhou cobertura da imprensa, que antes tendia a desprezar o futebol. No entanto, o relato dos jogos ainda deixava claro que o futebol era um esporte de estrangeiros. Eis como o jornal *O Estado de S. Paulo* descreveu a final do torneio, entre São Paulo Athletic e Paulistano, em outubro de 1902:

> *O snr. Egydio de Souza Aranha dá sinal para o início da luta. João da Costa Marquez, forward do Paulistano, é logo vítima dum desastre, destroncando um braço. Coube ao Paulistano dar o 1º Kik, porém com tal infelicidade que resultou um Corner. Após conquistada a bola pelos ingleses que conduzem-na até a linha de 11 Yards, é daí shootada por Rubião. Boyers, do Athletico, consegue levá-la além da linha de 11 Yards, donde passa-a a Charles Miller, que com belo shoot, marca o primeiro goal para o Athletico. A luta torna-se, então, renhida de lado a lado. Após o 1º goal é a bola atirada fora do campo por um do Paulistano, cabendo a Biddel atirá-la para dentro. Biddel, com grande perícia, entrega-a a Motandon, que por sua vez passa a Charles Miller, que, com extraordinário shoot rasteiro, marca o 2º goal para seu clube. Logo após momentos, é dado o sinal de halftime. Depois dum pequeno descanso dá-se início ao 2º tempo, com ataque mais desenvolvido e forte do Paulistano. A bola volta para perto do goal do Paulistano, donde é muitas vezes shootada pelos Inglezes e rebatida por Jorge Miranda Filho. Os forwards do Paulistano, em belos passes, levam-na até a linha de 11 Jards, donde é passada a Alvaro Rocha, que, com magistral shoot, marca o 1º goal para seu clube. Logo em seguida o referee dá signal de terminado o jogo, com a vitória do Athletico, cabendo-lhe a taça de 1902. Após o jogo esta foi solenemente entregue aos vencedores. Em brinde aos jogadores, é servido champagne na Taça, onde todos beberam, e a bola que serviu durante o match foi banhada também no champagne.*[13]

Um dos mais novos dos cinco clubes de São Paulo, o Paulistano, havia surgido em 1900, estabelecido por brasileiros que haviam aparentemente sido preteridos no São Paulo Athletic. Materializava-se assim a tendência brasileira de traçar contrapontos nacionais em relação aos estrangeiros pela via do futebol, o que se revelaria, não muito tempo mais tarde, como uma

Charles Miller (sentado com a bola) e seus companheiros do São Paulo Athletic em 1904: o mais importante pioneiro do futebol brasileiro.

maneira de afirmar a identidade do próprio país. Munido desse espírito antropofágico, que marcaria o mundo intelectual brasileiro nos anos seguintes, o Paulistano criou um grito de guerra, o "aleguá", junção das palavras francesa "*allez*", inglesa "*go*" e indígena "*ack*" – todas com o mesmo significado: avante. Esse incentivo seria adotado também pelo Fluminense, com quem o Paulistano tinha estreita relação, entre outras razões devido à sua origem comum na elite brasileira e no orgulho de ser formado por brasileiros.

Como se nota, não tardou a surgir, no registro do futebol brasileiro, a ideia de que tínhamos um traço distintivo do qual nos orgulhar. O próprio Charles Miller seria o primeiro jogador a ter seu nome acompanhado de adjetivos comumente associados a craques singulares, e junto a isso ele seria reconhecido como um jogador de características "brasileiras". Nas partidas que disputou na Inglaterra, Miller arrancou da assistência "vibrantes, entusiásticos aplausos", fazendo propagar "célere sua fama", segundo o livro de Tomás Mazzoni. "Antes de existir o 'association' em nosso país, o moço brasileiro tornara-se perito futebolista em campos estrangeiros", diz Mazzoni, acentuando a brasilidade de Miller.[14] Inventivo, criou um drible que ainda é famoso, a "chaleira" (corruptela de "Charles"), ou "letra", em que o jogador toca a bola por trás do corpo com o calcanhar.

Ironicamente, porém, um dos primeiros grandes craques do futebol brasileiro foi um alemão: Herman Friese, que atuou pelo Germânia. Reconhecido como atleta completo e grande conhecedor do esporte (foi técnico e árbitro também), introduziu o conceito de "futebol-força" – era especialista no que seus contemporâneos chamavam de "marreta", isto é, o jogo de ombro contra o marcador – aliado a uma técnica refinada ressaltada em vários registros. Dizia-se que Friese, "homem colosso", era capaz de "dribles pasmosos".

A descrição de *O Estado de S. Paulo* de um jogo do Germânia contra o São Paulo Athletic, em 9 de agosto de 1903, dá uma amostra do assombro. Diz que Friese "fora o deus-ex-machina de seu time", isto é, como no teatro grego, ele foi o personagem que surgiu de modo improvável no campo do jogo para desembaraçar a trama e conseguir a vitória:

> *Antes de a bola lhes chegar em momentos extremos de ataque, lá estava Friese, Friese extraordinário. Friese, onividente, Friese Prometeu, concentrando em si, como uma muralha viva. Na qual se iam anular todos os esforços adversários, toda a defesa do seu time [...]. Acossado de todos os lados, multiplicando-se por toda a parte, servindo-se da cabeça, do joelho, dos calcanhares e do peito, quando não se podia servir dos pés, foi ele quem salvou seu time de uma derrota [...]. Todos quantos conhecem futebol compreendiam isso, e o seu nome era, de instante em instante, repetido no meio de patéticas aclamações [...]. E Friese continuava a dominar o campo de luta e o bolo dos jogadores, como Ajax telamoneu dominava os combatentes na Ilíada [...]. E ninguém discordará de nós, ao deixarmos afirmada uma coisa: que nunca jogador de futebol se cobriu em São Paulo de tanta glória e simpatia como o senhor Friese ontem.[15]*

Um outro sinal de que os brasileiros ainda tinham muito a aprender antes de se candidatar a "país do futebol" foram os amistosos entre times daqui contra estrangeiros no princípio do século XX. O primeiro jogo desse tipo foi disputado em 31 de julho de 1906. Uma equipe de ingleses da África do Sul foi convidada para jogar com um combinado paulista – menos os jogadores do Palmeiras (sem relação com o atual Palmeiras), que havia rompido com a Liga naquele ano. A crônica esportiva da época registra que esse time sul-africano era formado por atletas "já de idade madura" – um deles era careca e foi objeto de troça da torcida no Velódromo, apinhado de gente "da fina flor da alta sociedade paulista", inclusive o então presidente da República, Afonso Pena. Mas, apesar de aparentar velhice, o tal jogador acabou dando "lições" de futebol e de preparo físico aos jogadores brasileiros. Resultado do jogo: 6 a 0 para os estrangeiros e a clara noção de que o Brasil ainda tinha muito a aprender – tanto é que, em 1907, chegaria ao Brasil o primeiro técnico de futebol contratado, o inglês John Hamilton, que treinaria o Paulistano por três meses.

A sensação de que o futebol brasileiro engatinhava se consolidou dolorosamente em 1908, quando um grupo de argentinos veio disputar partidas amistosas em São Paulo, Santos e Rio. A maioria deles tinha sobrenome inglês. O combinado paulista que os enfrentaria nem sequer treinou, convencido de que seria fácil. O primeiro jogo, em 2 de julho de 1908, foi 2 a 2, mas, daí em diante, só deu Argentina: 6 a 0 e 4 a 0. Autênticas surras. No Rio, os argentinos jogaram e venceram três partidas: 3 a 2; 7 a 1; 3 a 0, seja contra times formados por estrangeiros no Rio, seja contra cariocas legítimos. Em Santos, outra goleada: 6 a 1 contra o Internacional local. Como se sabe, derrotas para os argentinos costumam deixar marcas nos brasileiros.

O futebol do país, no entanto, terminaria sua primeira década em meio a decisivas transformações, que acabariam por determinar seu futuro. A primeira delas foi a entrada do elemento operário, fruto do avanço da indústria em São Paulo.

Uma das qualidades que tornam o futebol um esporte de vocação popular é justamente a possibilidade de jogá-lo sem que seja necessário gastar muito dinheiro. Nos primeiros anos do esporte no Brasil, porém, todo o equipamento adequado para a prática do jogo tinha de ser importado. Charles Miller, como se sabe, trouxe as primeiras bolas, além de uma bomba para enchê-las e parte dos uniformes de dois times ingleses. Em 1900, a Casa Fuchs, que vendia arreios ingleses para cavalos, apetrechos para pesca e artigos esportivos, passou a importar bolas de futebol, o que facilitou as coisas. No final da primeira década do século XX, os clubes ainda reclamavam que o governo mantinha em níveis altíssimos os impostos sobre importação de produtos ligados ao futebol, como redes para gol, bolas e chuteiras. Não surpreende, portanto, que o futebol, em seus primórdios brasileiros, demorasse a se difundir classes abaixo.

Reprodução de página do jornal *S. Paulo Sportivo* mostra anúncio de cigarro com jogador de futebol, em 1905: o futebol se orgulhava de ser amador, mas desde o início já era explorado economicamente.

S. Paulo Sportivo

SEMANARIO ESPORTIVO DE MAIOR CIRCULAÇÃO NO BRASIL

CASA CASTRO
O maior e mais variado sortimento de taças e medalhas para todos os esportes
R. 15 de Novembro, 4-D
S. Paulo

| ANNO III | Redacção: LADEIRA DO CARMO N. 25 TELEPHONE: CENT. 5626 | S. Paulo, 4 de Setembro de 1922 | Director CARLOS REIS FILHO | Num. 124 |

O CORINTHIANS PAULISTA BATEU-SE NOVAMENTE COM O CAMPEÃO CARIOCA, "AMERICA"
A NOSSA REPORTAGEM ESPECIAL

RECOMEÇOU O NOSSO CAMPEONATO — YPIRANGA x PORTUGUEZA — SANTOS x PALMEIRAS

AMERICA F. C.

Corinthians

RODRIGUES

Corinthians

AMILCAR

Corinthians

GELINDO

Corinthians

NECO

Cinco valorosos defensores das cores do campeão carioca, na pugna de hontem.

GOAL
CIGARROS DE LUXO
DA Cia. CASTELLÕES
Esta marca traz em cada Carteirinha, artistico retrato de um "PLAYER" Paulista

Mas ele se difundiu. Pelo menos desde 1903, os operários que trabalhavam nos empreendimentos ingleses, morando em bairros que seguiam as linhas ferroviárias, começaram a praticar futebol com times e clubes montados entre eles. Nesse aspecto, a popularização do futebol, embora rejeitada pelos seus praticantes aristocráticos, pode ter sido vista na época como apaziguador social, em meio aos primeiros movimentos de organização operária. Os ingleses sabiam bem o que isso significava – afinal, como já vimos, o futebol servira exatamente para essa finalidade em meados do século XIX na Inglaterra.

No Rio, a capoeira, tornada definitivamente marginal depois dos conflitos com a Revolta da Vacina (1904), deu lugar ao futebol entre os pobres, ainda que seus times tivessem de jogar na Liga Suburbana de Futebol, criada em 1907, e não na liga oficial da cidade, cujo estatuto vetava atletas amadores "de cor". Em São Paulo, os times de operários se agruparam primeiramente na Várzea do Carmo, que havia sido o mesmo berço do futebol da elite. O nome "várzea", por essa razão, acabou servindo para designar qualquer time e qualquer campo com as características amadoras, em jogos sempre aos domingos. Aliás, a esse propósito, o espírito amador da várzea não era muito diferente daquele manifestado pelos estudantes brancos europeizados filhos de famílias ricas que haviam adotado o futebol. Já nos anos 1950, Tomás Mazzoni, o principal historiador do início do futebol brasileiro, lamentou que a várzea estivesse desaparecendo, graças à urbanização acelerada de São Paulo, e lembrava com nostalgia que, nos jogos varzeanos, havia vontade de simplesmente jogar, e não de ganhar dinheiro sem a devida dedicação esportiva: "Havia jogadores de fato, a camisa ficava molhada".

A profissionalização do futebol não tardou, a despeito de todo o romantismo dos primeiros dias. Em 1901, no momento da criação da Liga de Futebol de São Paulo, estabeleceu-se a cobrança de ingressos para os torcedores, ficando metade da renda para a liga e metade para os clubes. Em pouco tempo, a capitalização do futebol, em paralelo à sua expansão, esvaziou o caráter amador de que se orgulhavam clubes como o Paulistano.

A fase de transição do futebol coincidiu com a da própria sociedade do Brasil. A primeira década do século XX terminaria ainda dividida entre o amadorismo e o profissionalismo, entre o caráter elitista e popular do futebol e entre a alvura dos seus jogadores e a introdução do elemento negro, que mudaria drasticamente o cenário do esporte no Brasil.

Como veremos no próximo capítulo, essa "crise de identidade" brasileira, que se refletia na economia e no perfil das cidades mais importantes do país, pode ser resumida em um único nome: Arthur Friedenreich.

Notas

[1] Leslie Bethel (org.), *História da América Latina:* de 1870 a 1930, São Paulo, Edusp, 2002, p. 595.
[2] "Two 'soccer' trial games; to select Association Football Team to meet Corinthians", em *The New York Times*, New York, 19 ago. 1906, p. 5.
[3] Tomas Mazzoni, *História do futebol no Brasil*, São Paulo, Leia Edições, 1950, parte 11.
[4] Apud Tomas Mazzoni, op. cit., parte 38.
[5] Tomas Mazzoni, op. cit., parte 43.
[6] Idem, parte 48.
[7] Idem, parte 62.
[8] Idem, parte 3.
[9] Idem, parte 37.
[10] Odilon Penteado do Amaral, *Cousas do Football*, São Paulo, O Estado de S. Paulo, 1920, introdução.
[11] Sobre o "primeiro clube de futebol fundado no Brasil", contudo, há controvérsias. Para a antiga CBD (Confederação Brasileira de Desporto), atual CBF (Confederação Brasileira de Futebol), o primeiro clube brasileiro fundado para praticar futebol foi o Sport Club Rio Grande, da cidade gaúcha de mesmo nome, em 19 de julho de 1900. Por esse motivo, o dia 19 de julho é considerado no Brasil como o "Dia do Futebol". Mas a escolha da CBD é arbitrária, porque o Mackenzie e o Internacional foram clubes fundados pelo menos um ano antes do Rio Grande com o objetivo de praticar futebol. Assim, o Rio Grande pode ser o clube mais antigo em atividade, mas não é, seguramente, o pioneiro.
[12] Na verdade, o primeiro clube dedicado ao futebol fundado no Rio foi o Rio Football Club, estabelecido alguns dias antes do Fluminense por um desafeto de Cox, um inglês com quem ele jogava bola no Rio Cricket and Athletic Association, um clube de Niterói. Mas os registros ignoram o Rio Football justamente porque o time nem sequer jogaria o primeiro campeonato carioca, em 1906, desaparecendo sem deixar vestígio. Curiosamente, o primeiro jogo do Fluminense foi justamente contra o Rio Football, e então Cox pôde se vingar: 8 a 0.
[13] *O Estado de S. Paulo*, 16 out. 1902, p. 2.
[14] Tomas Mazzoni, *História do futebol no Brasil*, São Paulo, Leia Edições, 1950, parte 2.
[15] *O Estado de S. Paulo*, 9 ago. 1903, p. 3.

Anos 1910-1920

O Brasil se urbaniza
e o futebol ganha sua vocação popular

Arthur Friedenreich foi o primeiro grande herói do futebol brasileiro. Era um craque de recursos praticamente inesgotáveis, a se acreditar nos relatos de gente que o viu jogar. Tomás Mazzoni escreveu a respeito de Fried em 1950 – antes, portanto, de Pelé aparecer para o futebol:

Fried foi um fenômeno extraordinário no futebol. Tornou-se a figura número um do "association" do nosso país, como foi a de Carlos Gomes na música, de Rio Branco na diplomacia, Rui Barbosa na jurisprudência, Bilac na poesia, Santos Dumont na aviação etc. Mereceu ser chamado em 1919 um dos "maiores brasileiros vivos". Então sua fama atingiu o auge, juntamente com a fama do futebol nacional. Seu nome imortalizou-se. Fried, sem dúvida, é um imortal para o nosso esporte. Seu nome saiu da cidade, foi para o interior, para o sertão, atravessou fronteiras. Sua figura é lendária, e será recordada eternamente pelo mundo brasileiro esportivo. A criança prodígio de 1909, que já era orgulho daquele que fora o autor de seus dias, Oscar Friedenreich, e que foi também seu maior animador e torcedor, até finar sua honrada existência, devia ser "El Tigre" de 1919. Depois foi o "sábio", o "vovô" de 1935. Nos seus 26 anos de faustosa carreira futebolística, Fried descobriu todos os segredos da arte da pelota. Herói de mil batalhas, o artífice de mil vitórias. Os seus tentos foram pequenos 'capolavoros'. Toda a ciência do popular jogo ele a conheceu. Foi completo. Completíssimo... Tudo ele teve, nada deixou de fazer com a bola. Foi técnico e estilista, improvisador e construtor, artilheiro e fintador, compassado e astuto. A sua arte, uma maravilha... Jogou com imaginação e intuição, com inteligência e vivacidade, com lealdade, elegância, correção e audácia. Os seus tentos, os seus passes, as suas fintas tiveram precisão mecânica e estilo inconfundível, segurança absoluta e técnica acabada. Todo o seu jogo foi um espetáculo, como raro outro avante, desde que o futebol existe no mundo, executou. Em um quarto de século, o jogo de Fried criou um verdadeiro dicionário da sua arte. Em arte, tanto o foi de futebol científico, como bizarro, de fantasia, volúvel e positivo, alegre e efetivo. Que gênio! Que fenômeno![1]

Mas as qualidades geniais de Fried não bastam para explicar sua importância. A biografia desse craque é uma espécie de síntese da formação do Brasil, dos seus contrastes e singularidades, razão pela qual seu nome deveria inspirar muito mais do que as estatísticas sobre seus gols, geralmente exageradas – criou-se inclusive o mito de que ele fez 1.329, mais até do que

Pelé, autor de comprovados 1.282; hoje, sabe-se que o número atribuído a Fried foi um erro grosseiro de contabilidade, que não obstante se perpetuou e frequentou inclusive compêndios da Fifa, prova de que o futebol cria, difunde e cristaliza lendas com enorme facilidade. Fried fez algo em torno de 560 gols, talvez um pouco menos, de acordo com registros frágeis reunidos por estudiosos ao longo dos últimos anos, o que é assombroso assim mesmo (sua média de gols é melhor que a de Pelé, afinal), mas é pouco relevante diante de outros atributos desse impressionante personagem brasileiro.

Fried nasceu em 18 de julho de 1892, no bairro da Luz, um dos berços do futebol nacional. Seu pai era o judeu Oscar Friedenreich, um dos tantos comerciantes alemães que haviam apostado no Brasil do final do século XIX como uma terra de oportunidades, em que tudo estava por fazer e para onde o capital inglês afluía com vigor, conforme vimos no capítulo anterior. Oscar havia montado seus negócios em Blumenau, núcleo catarinense de forte presença alemã, mas transferira tudo para São Paulo.

A mãe de Fried era Matilde, que geralmente aparece nos registros sobre o craque como "uma lavadeira negra", sem nome completo nem dados biográficos. Consta apenas que era uma ex-escrava, o que não diz muito sobre ela, uma vez que a escravidão fora recém-abolida e a maioria absoluta dos negros brasileiros se encaixava nessa categoria. A historiografia a respeito do futebol e de Friedenreich parece se satisfazer apenas com os traços raciais de Matilde e com suas poucas qualificações profissionais – ou talvez fosse o caso de dizer "desqualificação". Fried é justamente o resultado da relação íntima entre o ousado branco alemão Oscar, aquele que entre tantos veio ao Brasil para "fazer a América", e a anônima negra, cuja única habilidade reconhecível era lavar roupas.

Tal vício historiográfico provavelmente resulta daquilo que Caio Prado Júnior, em *Formação do Brasil contemporâneo*, identificou como "subproduto da escravidão" no Brasil. As escravas negras são aquelas que satisfarão as "necessidades do colono privado de mulheres de sua raça e categoria".[2] Os brancos estavam sempre rodeados "de negra ou mulata fácil", como assinala Gilberto Freyre em *Casa-grande e senzala*.[3] "Exprimiu-se nessas relações o espírito do sistema econômico que nos dividiu, como um deus todo-poderoso, entre senhores e escravos", escreve Freyre.[4] Isso decerto

O Esporte Paulista

PREÇO 200 REIS

ANNO I — Redacção e officinas: Rua 24 de Maio, 59-A - Telep. cid. 1989 — Domingo, 22 de Março de 1925. — Director: PAULO PAULISTA — NUM. 7

O Paulistano na Europa
O Sensacional encontro de hoje
O C. A. Paulistano vence brilhantemente o "Stade Français" pela contagem de 3 a 1.
A lucta esteve interessante. Assistencia foi calculada em 40 mil pessoas

«O Paulistano, a verdadeira gloria do FUTEBOL BRASILEIRO conseguiu com brilho, com enthusiasmo, marcar mais um feito nas paginas esportivas do Brasil.

O Club Athletico Paulistano com a galhardia que lhe é peculiar, com o valor intrinsico, real e insophismavel, bate em lucta leal e cavalheiresca, um bando forte, um quadro em fórma e disposto a vencer custasse o que custasse.

O «Esporte Paulista» que sempre acatou a politica interna do valoroso Club do Jardim America, sente-se, agora, a vontade para lhe tecer os mais calorosos elogios pelos feitos brilhantes que aquelles valentes moços em terra extranha, vem realizando.

Sim, porque a bravura dos elementos do Paulistano reflecte nitidamente a politica criteriosa, ponderada dos que estão á testa de suas cores.

Ao distincto deputado, sr. Antonio Prado Junior, acatado presidente do Paulistano, o «Esporte Paulista» envia as suas sinceras felicitações, angurando para o seu querido club outras victorias.

A victoria do «glorioso» em Paris, falla bem alto do valor, da technica e notadamente da disciplina que reina entre os seus elementos. E no entanto, esse quadro tantas vezes victorioso injustamente espizinhado por certa imprensa da nossa capital, que hoje mostra bem alto o quanto póde, o quanto é, e... quanto poderá fazer.

O Paulistano, fica desta arte bem provado, não é o clube que impõe uma politica commodista, o Paulistano não é o clube que implanta a desordem, a anarchia a indisciplina no seio da entidade a que está filiado. O «glorioso» Club Athletico Paulistano, vencendo em terra extranha, com torcida fraca, sinão fraca, com as differenças climatericas, não é, como apregoam os maldizentes,

«EL TIGRE» — o mais perfeito centro avante do mundo

os invejosos os despeitados, o clube que só vence quando o juiz o favorecer...

A ironia é dura mas é o que se costuma dizer após certos jogos em que aquelle quadro torna parte.

Mas... o «glorioso» é o «glorioso» como dizem os fanaticos. O Paulistano sempre representou o esporte de S. Paulo, sempre forneceu elementos de valor nos torneios interestaduaes e internacionaes, sempre teve jogadores formados em seu seio, e... a ira dos invejosos jamais o attingirá.

A lucta segundo referem as communicações telegraphicas, desenvolveu-se com brilhantismo, sendo muito apreciada a actuação do quadro brasileiro, principalmente da linha de avantes. Friendereich foi o homem do dia, distribuindo com proficiencia, o jogo. A assistencia foi calculada em cerca de 40 mil pessoas.

O quadro do Paulistano estava assim constituido:
KUNTZ
CLODOALDO
BARTHO
SERGIO
NONDAS
ABBATE
FILÓ
MARIO
ARTHUR
JUNQUEIRA
NETTINHO

"Stade Français"

Resultado durante o primeiro tempo:

Paulistano 0
Francezes 1

Resultado final:

Paulistano 3
Francezes 1

Como se vê, os elementos do Paulistano, apesar de inferioridade numerica durante a 1.a phase, conseguiram marcar os pontos da victoria, e assim elevar mais ainda o renome esportivo do Brasil.

Daremos 2a edição com resultado completo do Paulistano, do Palestra e do Jardim America.

Anos 1910-1920

facilitou a mistura racial e social no Brasil, o que dá a sensação de mobilidade social, mas acentua também a relação de subordinação absoluta de negros ante os brancos, a partir da mais primitiva das relações, a sexual. Aos negros resta, portanto, sempre, o papel secundário na cultura nacional, dependente do branco e vinculado a seus desejos.

Ironicamente, foi o traço negro brasileiro, aquele de sua mãe menosprezada pela historiografia, que distinguiu Fried. Deu-se então que Fried era um "mulato de olhos verdes", na descrição de Mario Filho.[5] O mulato jogava bola como nenhum outro de sua época, enquanto os olhos verdes e o sobrenome alemão eram o passaporte para o mundo dos brancos.

Como muitos meninos na sua época, Fried conheceu um futebol ainda em estado bruto. A bola era de bexiga de boi, substituta comum para as caríssimas bolas europeias, que não eram afinal muito melhores. Embora tenha tido chances raras para um mulato, graças ao dinheiro e à alvura germânica do pai, foi um estudante medíocre.

No Mackenzie, onde estudou até os 16 anos, apaixonou-se pelo jogo de futebol e, segundo observadores da época, já mostrava habilidade incomum. Mais uma vez, a origem do pai abriu-lhe as portas para atuar em um time forte como o Germânia, mesmo com a dificuldade institucional que os negros tinham de se integrar ao mundo do futebol. Como os clubes eram todos da aristocracia paulistana, dificilmente a barreira racial seria eliminada. No Rio, por exemplo, em que a mistura étnica parecia ameaçar a hegemonia branca dos clubes de modo mais acentuado, a liga de futebol proibiu explicitamente jogadores "de cor". Mas o velho Oscar, apaixonado por futebol e consciente da capacidade de seu filho, empurrou Fried para dentro do higiênico território do esporte britânico.

Fried, contudo, perdeu rapidamente a condição de negro por causa de sua ascendência europeia e em virtude de sua transformação em herói nacional. Como assinala Caio Prado Júnior, "uma gota de sangue branco faz do brasileiro um branco", porque "a classificação étnica do indivíduo se faz

---

Primeira Página do jornal *O Esporte Paulista*,
em que Friedenreich é destaque do time do Paulistano que fez furor numa excursão à Europa em 1905.

43

no Brasil muito mais pela posição social".[6] Ou seja, se o negro estivesse bem posicionado socialmente, deixaria de ser negro.

Um dos dois mestiços a atuar pela seleção brasileira de 1919, na disputa do Campeonato Sul-Americano, e autor do gol que deu o primeiro título internacional à seleção brasileira, Fried, como por encanto, deixou de ter raça. "Nem branco nem mulato, sem cor, acima dessas coisas", ironizou Mario Filho.[7] Mesmo antes disso, Fried procurava ele mesmo esconder como pôde sua condição de mulato, alisando vigorosamente o cabelo antes de entrar em campo (razão pela qual era sempre o último a aparecer, o que acabava chamando ainda mais a atenção para ele). Era, conforme Mario Filho, o "mulato que queria ser branco".[8]

Ele foi apenas o caso mais conhecido, mas houve muitos outros semelhantes. Um deles, o do jogador Carlos Alberto, entrou para a antologia do futebol pelo inusitado: mulato, ele passava pó de arroz no rosto para disfarçar a raça quando jogava pelo Fluminense. A torcida adversária não perdoava e gritava "pó de arroz". O apelido não pegou apenas no jogador, mas no próprio time carioca, conhecido por seu elitismo.

O feito de Fried no Sul-Americano, contudo, teve um peso que transcendeu os limites da disputa esportiva. Configurou-se, na verdade, no divisor de águas do futebol brasileiro como aglutinador democrático de raças e de classes sociais, ainda que somente no ambiente controlado do campo de jogo.

O Sul-Americano foi marcante por vários outros aspectos. Era a primeira vez que o Brasil organizava um torneio internacional entre seleções, fato que dividiu as atenções da elite brasileira com o noticiário sobre as negociações, em Paris, para o fim da Primeira Guerra Mundial. Também na mesma época o mundo era assolado pela gripe espanhola – devastadora epidemia que começara nos campos de batalha da guerra e se alastrara para todo o planeta, levada pelos soldados. A gripe matou milhões de pessoas em poucos anos. No Brasil, foram trezentas mil vítimas, entre as quais o presidente Rodrigues Alves, em janeiro de 1919, quatro meses antes do início do torneio.

O campeonato foi disputado por Brasil, Argentina, Uruguai e Chile. O Uruguai havia vencido as outras duas edições do certame e era naturalmente o favorito. Mas o Brasil estava entusiasmado com o futebol. Apenas

O mulato Friedenreich, de gorro, aparece no time do Germânia em 1914:
o primeiro gênio do futebol brasileiro não queria parecer negro de jeito nenhum.

cinco anos antes, em 1914, o país havia formado sua primeira seleção oficial e naquele mesmo ano faturara seu primeiro título, a Copa Roca, contra a Argentina. Além disso, tinha Friedenreich em sua equipe. "Antes do campeonato, o football aqui já era uma doença: agora é uma grande epidemia, a coqueluche da cidade, de que ninguém escapa", registrou o jornal carioca *A Rua*, em 7 de maio.[9] O estádio das Laranjeiras, do Fluminense, "um soberbo campo", na descrição do *Rio Jornal*, foi construído especialmente para a disputa e, claro, o alto preço dos ingressos foi determinante para que os mais pobres se contentassem em saber os resultados dos jogos na porta do *Jornal do Brasil*.[10]

Vinte mil pessoas, entre elas o presidente da República, Delfim Moreira, foram ver a decisão, na qual Brasil e Uruguai se enfrentaram. No mesmo dia ocorreu um eclipse solar, mas, segundo o jornal *A Razão*, a cidade "pouco se preocupou com isso", porque, afinal, um eclipse era "uma coisa tão banal" perto de uma decisão tão importante.[11]

Foi uma final desgastante – além dos 90 minutos regulamentares, sem conseguirem sair do 0 a 0, as duas seleções tiveram de jogar duas prorrogações, porque naquele tempo não havia decisão por pênaltis. Aos 13 minutos do primeiro tempo da segunda prorrogação, após 150 minutos de futebol, Friedenreich marcou o gol da vitória, um gol histórico. O jornal *A Noite* descreveu assim o tento:

> *Não havendo resultado nos trinta minutos de prorrogação foi pelo juiz ordenada a segunda prorrogação. A saída foi dos uruguaios e os brasileiros atacam, obrigando os adversários a um corner. Pouco depois Arnaldo é dado como off-side, mas os brasileiros não desanimam. Néco corre pela direita, centra, sendo a bola recebida de cabeça por Heitor, que a passa a Friedenreich. Este, com um shoot de meia altura, ao meio do poste, marca o 1º goal brasileiro. Hurrah! Friedenreich! Hurrah – Brasil! [...] Final: Brasileiros 1 goal Uruguaios 0 goal – Com este resultado foram os brasileiros aclamados campeões da América do Sul.*[12]

A partir desse gol de Fried, o Brasil notou que seus negros e seus pobres (o que quase dava no mesmo) podiam ter algum valor. O país, inebriado pela conquista inédita, enamorado de seu craque exótico e já com sintomas evidentes de estar tomado pela febre do futebol, concedeu que esse esporte havia transbordado as muralhas dos clubes de ricos brancos, ainda que estes não suportassem essa ideia, resistindo a ela o quanto podiam. Equipes já estavam se formando em todos os cantos, o que foi considerado uma heresia pelos clubes pioneiros, conforme registra *O Estado de S. Paulo* em 1912:

> *São Paulo transformou-se num vasto campo de futebol. Há sociedades por todos os cantos. Os clubs da Liga acolheram em seu seio rapazes da várzea. Fizeram bem? Achamos muito justo que os operários, os humildes, participem das refregas, mas os operários e humildes que compreendem seus deveres de sportsmen.*[13]

Avizinhava-se um "conflito de civilizações".

Nesse contexto é que aparece o Corinthians. Em setembro de 1910, um grupo de trabalhadores do Bom Retiro decidiu fundar um clube – diz a lenda que esses cinco abnegados se inspiraram na passagem do cometa Halley, que então mobilizava as atenções dos paulistanos, entre outros motivos porque se dizia que o mundo ia acabar.

O Bom Retiro, de novo, aparecia como protagonista de um marco do futebol. No caso do Corinthians, por causa do perfil dos moradores do bairro: imigrantes de várias partes da Europa – italianos, espanhóis, portugueses, alemães e poloneses – que não tinham intenção de trabalhar nas lavouras do interior paulista. Eles preferiram ficar no Bom Retiro por ser um bairro próximo das áreas valorizadas da cidade, como Campos Elíseos e Vila Buarque, oferecendo boas oportunidades de negócios. Então, esses imigrantes, geralmente trabalhadores das ferrovias inglesas ou pequenos artesãos, instalaram-se na região. O trabalho manual e o ímpeto empresarial, desprezados pelos brancos brasileiros desde a época da colônia, tornam-se traços da vida dos imigrantes europeus de baixa extração em São Paulo.

O bairro também ficou conhecido por sua movimentada vida estudantil – ali foi fundada a primeira escola de odontologia, e funcionavam também a Escola Politécnica e a Escola de Farmácia. Em 1910, ano da fundação do Corinthians, o Bom Retiro vivia, portanto, a efervescência do impulso industrializante e urbanizador paulista, ainda que fosse um bairro com ares rurais, de que a Chácara Dulley, um dos locais dos primeiros jogos de futebol em São Paulo, é eloquente testemunha.

O ano de 1910 marcou também a primeira eleição presidencial em que efetivamente houve disputa. O acordo entre São Paulo e Minas Gerais para a alternância no poder fazia água, e surgiu o nome do marechal Hermes da Fonseca, apoiado pelo Rio Grande do Sul, por Minas e pelos militares. Os paulistas, aliados aos baianos, optaram pela candidatura de Rui Barbosa, bastante identificado com a defesa dos ideais democráticos e com o voto secreto. Rui, que liderou a chamada "campanha civilista" contra o militar Hermes, era visto pela intelectualidade da época como o símbolo da luta contra o atraso rural e oligárquico. A vitória de Hermes foi uma decepção para esse restrito grupo, mas a campanha evidenciou um sistema político e eleitoral viciado, que desconsiderava a massa de trabalhadores que começava a se formar nas grandes cidades e que, em poucos anos, começaria a se fazer ouvir.

Os fundadores do Corinthians eram egressos desse universo. Um deles era Antonio Pereira, pintor de paredes que trabalhava para o engenheiro Ramos de Azevedo e que acabou se tornando um pequeno empreiteiro. Os outros quatro eram Joaquim Ambrósio, Carlos da Silva, Rafael Perrone e Anselmo Correia, que trabalhavam nas oficinas da São Paulo Railway. Foi justamente no meio dos ferroviários e outros operários que esses rapazes procuraram arregimentar sócios em sua empreitada. Foram vistos com ceticismo, uma vez que havia muitos clubes de várzea fundados do mesmo jeito, mas, aparentemente, eles foram obstinados o suficiente para transformar a ideia do Corinthians num projeto singular entre tantos.

Eles queriam um time de brancos e negros, o que talvez os tenha ajudado a "laçar" jogadores de outros times, expressão da época para "contratar". Vários aderiram, inclusive boa parte do time do Botafogo, um dos principais da várzea paulistana, conhecido pela "marra" de alguns jogadores. Seria o "clube dos operários", o "clube do povo" – não tinha sede nem dinheiro, mas tinha time e vontade de ingressar naquele fechadíssimo círculo do futebol da elite que já apaixonava a cidade.

Tanta paixão que, em agosto de 1910, a vinda ao Brasil do Corinthian Football Club, o famoso time amador inglês, se tornara um evento social. Como já vimos no capítulo anterior, a equipe era uma espécie de "embaixadora" do futebol, recusando-se a ganhar dinheiro com o esporte e, ao mesmo tempo, massacrando os adversários com goleadas implacáveis e futebol fino. Inspiração e elegância eram suas marcas. Antes de vir a São Paulo, o Corinthian havia passado pelo Rio e, em três jogos, marcou 23 gols, contra 5 dos pobres adversários. Foram homenageados com jantares de gala, e a imprensa os chamava de "Corinthians", com "s".

Os operários que queriam fundar o "clube do povo" não conseguiram ver os jogos em São Paulo, quando o Corinthian fez o que dele se esperava, contra adversários que não lhe puderam conter a força no Velódromo. O ingresso era caro: o mais baixo era dois mil réis, nas "gerais" do Velódromo, que era o lugar onde quem não tinha sangue azul podia se acomodar.

Mas eles ficaram sabendo das exibições vendo os "melhores momentos" no Teatro Radium, cujas sessões tiveram "extraordinária concorrência", segundo o jornal *O Estado de S. Paulo*.[14] Além disso, ouviram os relatos emocionados do pintor de paredes Antonio Pereira, que fora ver o jogo, assim com outros dois futuros fundadores do Corinthians, o cocheiro Alexandre Magnani, que fazia serviço de táxi na Estação da Luz, e o alfaiate Miguel Bataglia, que costurava os ternos dos professores das escolas do bairro – sim, naquela época professores, assim como os torcedores de futebol, usavam terno.

Os operários corintianos decidiram que era hora de fundar o clube. Bataglia, que já era amigo dos rapazes, aceitou ser o primeiro presidente, por ser considerado o mais preparado de todos os que tinham contato com o projeto corintiano. Dos operários que tiveram a ideia do "clube do povo", apenas um, Carlos Silva, figurava na diretoria – um indicativo talvez do receio de que o clube fosse visto como mais um "time de várzea"; era então necessário dar-lhe um verniz menos "operário" afinal, pelo menos em sua administração, para lhe facilitar a entrada no futebol da elite.

O nome, àquela altura, era óbvio: Corinthians. Antes, eles haviam pensado em Santos Dumont, para homenagear o aviador que no ano anterior havia feito seu último voo, e em Carlos Gomes, como lembrança do compositor brasileiro que fazia óperas em italiano, para deleite da comunidade italiana do Bom Retiro. Mas o nome "Corinthians" se impôs naturalmente, diante das fortes impressões deixadas pela passagem do time inglês por São Paulo, pelo fato de os britânicos terem goleado impiedosamente as equipes da elite branca paulista e também pelo espírito amador que impulsionava aquela equipe.

O Corinthians seria um time de operários, afinal, e portanto o dinheiro era o que menos importava, pelo menos no começo. Seus estatutos previam que o clube seria um local aberto a todos, "não se observando nacionalidade, religião ou política", o que era um enorme avanço na época. Esse empenho de mostrar abertura irrestrita traduz um momento em que os operários começavam a ter poder de organização em São Paulo.

Até então, a crescente massa trabalhadora era disforme e impotente. Para a elite, a questão operária era um problema de polícia, e não de política. Mas isso mudaria a partir da década de 20 do século passado, quando Rui Barbosa começou a ver o movimento dos trabalhadores das fábricas como força a ser considerada.

A entrada dos operários no futebol acentua também a mudança de perfil do esporte que já vinha sendo operada pelo menos desde 1905: o amadorismo, que serviu para deixar de fora do futebol quem não fosse da aristocracia, estava virando uma intenção apenas de fachada. Vários jogadores já atuavam sob contrato em São Paulo, como Mac Lean no Americano de Santos e o zagueiro Asbury no Paulistano, entre vários outros. O Corinthians não tinha dinheiro para dar a seus jogadores, mas operários eram convidados a jogar por diversos clubes em troca de dinheiro, porque o "espírito esportivo" dos primeiros anos já cedia lugar à obsessão pela vitória e por títulos.

A ruptura do futebol, de esporte de elite para esporte de massa, de esporte amador para esporte profissional, se daria mais concretamente na década seguinte, nos anos 1920, quando a Primeira República já dava sinais de desgaste em razão de seu desprezo atávico por tudo o que cheirasse a povo. Não seria uma trajetória fácil, como veremos no próximo capítulo, mas o marco estava definitivamente estabelecido. Surgiram as condições que fariam do futebol o mecanismo pelo qual o Brasil romperia, ainda que momentaneamente, os limites rígidos de sua hierarquia social.

O maior símbolo dessa mudança foi o Vasco da Gama.

Notas

[1] Tomas Mazzoni, *História do futebol no Brasil*, São Paulo, Leia Edições, 1950, parte 49.
[2] Caio Prado Júnior, *Formação do Brasil contemporâneo*, São Paulo, Brasiliense, 1999, p. 273.
[3] Gilberto Freyre, *Casa-grande e senzala*, Rio de Janeiro, Record, 1999, p. 284.
[4] Idem, p. 379.
[5] Mario Filho, *O negro no futebol brasileiro*, Rio de Janeiro, Mauad, 2003, p. 16.
[6] Caio Prado Júnior, op. cit., p. 109.
[7] Mario Filho, op. cit., p. 119.
[8] Idem, p. 144.
[9] João Marcos Weguelin, *O Rio de Janeiro através dos jornais*, disponível em <http://www1.uol.com.br/rionosjornais/>, acessado em 12 jul. 2008.
[10] Idem.
[11] Idem.
[12] Idem.
[13] Lourenço Diaféria, *Coração corintiano*, São Paulo, Fundação Nestlé de Cultura, 1992, p. 71.
[14] *O Estado de S. Paulo*, 2 set. 1910, p. 6.

Anos 1920-1930

A modernidade assusta: chega o profissionalismo

Antes de o Corinthians surgir, em 1910, um outro time poderia reivindicar a classificação de "clube de operários". Era The Bangu Athletic Club, fundado em 1904 no subúrbio do Rio e formado pelos trabalhadores da fábrica de tecidos Companhia Progresso Industrial. Diferentemente do time paulista, porém, o Bangu teve amplo patrocínio dos donos da empresa, que era britânica, e foi composto basicamente pelos empregados ingleses.

A despeito disso, no entanto, esse time ganhou importância por ser o primeiro a ter traços de profissionalismo fora do universo da elite do futebol.

Como faltassem jogadores para compor dois times, a solução foi convidar os operários brasileiros da fábrica a aderir ao jogo. Os que aceitaram tiveram alguns privilégios, como tarefas mais leves, para não gastar as energias que seriam usadas no jogo, e jornada de trabalho mais curta, para poder atuar pelo time e treinar. Além disso, a inclusão de operários brasileiros no time fez uma boa propaganda da Companhia Progresso. Ao fim e ao cabo, os jogadores do Bangu ganhavam promoções e garantias de que continuariam empregados. Tudo isso pode ser considerado uma espécie de compensação que, hoje, seria o equivalente ao salário pago aos jogadores.

Casos como o do Bangu, no entanto, rapidamente foram se transformando em regra. O futebol brasileiro entrou nos anos 1920 sob crescente pressão para se profissionalizar, e a defesa do amadorismo para manter intacta a elite do esporte, impedindo que trabalhadores entrassem nos times que disputam campeonatos oficiais, foi tomando ares de passado. O Bangu, assim como o Corinthians, representou o início da abertura democrática do futebol para a massa, a meio caminho de transformar-se em ganha-pão.

Ainda havia clubes que surgiam como resposta a demandas de uma comunidade. Foi o caso do Palestra Itália, atual Palmeiras, formado em 1914 com o objetivo de reunir jogadores italianos ou filhos de italianos. Afinal, como escreveu ironicamente na época um certo Vicente Ragognetti no jornal dos imigrantes italianos *Fanfulla*, em São Paulo havia "o clube de futebol dos alemães, dos ingleses, dos portugueses, dos internacionais e mesmo dos católicos e protestantes", razão pela qual era necessário ter o clube dos italianos, a maior comunidade estrangeira no estado.[1]

Mas o Palmeiras surgiu no fim dessa fase – o ano de 1915, por exemplo, foi o último em que jogaram os times exclusivamente ingleses tanto em São Paulo quanto no Rio, porque seu nível técnico decaíra muito. Na nova era que se abria, deixara de ser imprescindível ter jogadores que se identificassem de alguma maneira com as raízes ou as características dos times; o importante, cada vez mais, era vencer, e para isso era preciso ter os melhores jogadores – que, mesmo sendo de classes sociais inferiores, aca-

O time do Bangu em maio de 1905, antes de um jogo contra o Fluminense: mistura de negros e brancos, inusitada na época.

baram atraídos pelos clubes com propostas de vantagens financeiras e sociais. Nada disso se daria sem grande polêmica, como é possível imaginar.

Em 1913, por exemplo, houve uma cisão na Liga Paulista de Futebol exatamente por causa da massificação crescente do futebol. Enquanto um grupo dentro da Liga exigia que os times fossem formados por "rapazes delicados e distintos" – leia-se ricos –, outro achava que tal exclusivismo não era próprio do mundo esportivo, porque tanto o rico como o pobre tinham direito de jogar.

O primeiro grupo, que tinha como líderes os aristocráticos Paulistano, Palmeiras (que nada tem a ver com o atual Palmeiras) e Mackenzie, venceu a queda de braço e esvaziou a Liga Paulista de Futebol, fundando a Associação Paulista de Esportes Atléticos, embrião da atual Federação

Paulista de Futebol. Apesar disso, a abertura do futebol para os operários adquirira um impulso irresistível, e a rivalidade entre os times os faria permeáveis a jogadores que, mesmo não sendo endinheirados ou brancos, pudessem ser garantia de vitória.

Escancarou-se o chamado "falso amadorismo". Para atuar nos campeonatos, os jogadores tinham de ter algum emprego. Como não interessava aos clubes abrir mão de certos atletas desempregados, inventavam-se empregos fictícios para eles, apenas para constar. Multiplicavam-se casos de pagamento de prêmios (o hoje chamado "bicho") por vitória. Tudo isso era proibido pelos regulamentos, mas a enorme popularização do futebol verificada já nos anos 1920, tornando-se o esporte de todas as classes sociais, levou os clubes a ignorar ou driblar as normas para montar os melhores e mais competitivos times.

O caso do Vasco é, nesse aspecto, paradigmático. Fundado como um clube de remo em 1898, fundiu-se com o Lusitânia, um time formado apenas por portugueses, em 1915. Desde 1904, no entanto, o clube já mostrava uma face moderna e desafiadora: teve o primeiro presidente negro da história das agremiações cariocas, Cândido José de Araújo. Levando-se em conta que os clubes da então capital brasileira tinham sotaque inglês e pele clara, era um feito e tanto. A vocação revolucionária do Vasco não parou aí, porém.

Em 1922, o clube ganhou o direito de disputar o campeonato da primeira divisão do ano seguinte. Com um time formado em sua maioria por negros e operários, destoava dos adversários elitistas que enfrentaria – Flamengo e Fluminense, sobretudo.

Destoava também por outros motivos: o técnico vascaíno era o uruguaio Ramón Platero, que exigia de seus comandados uma maratona de treinos que não era comum nos demais times; graças aos esforços da comunidade portuguesa, os jogadores se alimentavam bem e tinham descanso nas dependências do clube, adquirindo preparo físico melhor que o dos adversários; finalmente, os jogadores eram atraídos ao clube com a promessa de remuneração por vitória – às vezes em dinheiro, às vezes em troca de animais (razão pela qual a prática viria a ser conhecido como o "bicho", hoje comum no futebol).

Como resultado dessa combinação, o Vasco venceu o campeonato de 1923, uma data histórica para o futebol brasileiro, porque mostrou que um time de negros e trabalhadores, se bem treinados e remunerados, podia desbancar os clubes de estudantes ricos do futebol brasileiro. O Vasco ainda sofreria, nos anos seguintes, com as normas do futebol que impediam a profissionalização de jogadores e a participação de atletas negros e analfabetos. Mas venceu as resistências, e seu sucesso – que inclui a construção, em 1927, do estádio de São Januário, então o maior do país, com dinheiro arrecadado entre torcedores do toda a cidade – dá a dimensão das transformações profundas pelas quais passava o futebol. Como disse Mario Filho:

> *Desaparecera a vantagem de ser de boa família, de ser estudante, de ser branco. O rapaz de boa família, o estudante, o branco, tinha de competir, em igualdade de condições, com o pé-rapado, quase analfabeto, o mulato e o preto para ver quem jogava melhor. Era uma verdadeira revolução que se operava no futebol brasileiro.*[2]

A crise do "falso amadorismo" no futebol e a popularidade do esporte inglês no Brasil, com o irresistível acesso das classes baixas ao universo antes reservado às elites nas duas primeiras décadas do século XX, de certa forma emula a transformação crítica do Brasil na mesma época, levando a intelectualidade brasileira a discutir de modo apaixonado não somente modelos políticos, mas também, o que nos interessa aqui, a própria identidade nacional.

O perfil da República, dominada desde sua proclamação, em 1889, por um grupo restrito de oligarcas, estava sob intenso questionamento. Assim como o futebol, o poder era reservado a uns poucos afortunados, eleitos por um punhado de brasileiros que pertenciam à mesma classe social, em pleitos cujo voto não era secreto e cujo processo se dava de modo totalmente permeável às pressões dos chefes locais. Em 1906, na eleição de Afonso Pena para presidente, apenas 1,4% da população votou; na de Júlio Prestes, em 1930, foram 5,7%.

A campanha eleitoral de 1909-1910, porém, já dava sinais do desgaste do regime, como vimos no capítulo anterior. Rui Barbosa, não obstante o apoio da oligarquia paulista, lançou-se candidato com o discurso da mudança. Defendia a abertura democrática e o voto secreto. Colocou-se como a modernidade liberal em contraponto ao arcaísmo do Brasil dos coronéis e dos conchavos políticos da elite. Perdeu a eleição para Hermes da Fonseca, o que causou enorme frustração entre os intelectuais, mas sinalizou que havia uma disposição para romper o ciclo de corrupção e desmandos da Primeira República.

Uma década mais tarde, o regime seria gravemente exposto mais uma vez, com a eclosão do movimento tenentista. Jovens oficiais (tenentes e capitães) se rebelaram contra a situação caótica dentro do Exército, depauperado após a Primeira Guerra Mundial (1914-1918). Os levantes eventualmente acabaram sendo direcionados também contra o governo, cobrando reformas políticas e sociais. Seria a pá de cal na Primeira República.

Curiosamente, contudo, nem mesmo esse movimento, que seria o mais representativo da agonia da República Velha, tinha como principal preocupação a massa de trabalhadores que estava se formando de modo acelerado. O motor do tenentismo não fazia reivindicações que dissessem respeito diretamente às condições de trabalho e de vida dos operários, embora a Coluna Prestes, que foi sua fase mais emblemática, seja comumente (e equivocadamente) associada ao socialismo.[3] Os militares, na falta de um programa sólido de exigências para o futuro do país, sentiam-se cada vez mais convencidos de que a saída era eles mesmos assumirem o poder, diante do que viam como grave risco institucional, em razão dos acordos políticos entre São Paulo e Minas Gerais e da corrupção endêmica. Cresciam as conspirações na caserna e o fervor nacionalista.

Paralelamente a essa mudança de humor político, os operários de Rio e São Paulo começaram também a se mobilizar, ainda que de forma confusa e sem unidade ideológica, a exemplo do que ocorreu com os tenentes. Essa organização não representou ganhos duradouros para os trabalhadores, mas já era um indicativo da emergência desse grupo social como classe disposta a se fazer ouvir de alguma maneira. A pressão explodiu em 1917, não por acaso o ano da Revolução Bolchevique na Rússia.

A Primeira Guerra Mundial havia ampliado a crise econômica da República, provocando desabastecimento e alta de preços dos alimentos no Brasil. Foi o estopim para que, entre 1917 e 1920, houvesse uma série de greves

Anos 1920-1930

que, afinal, chamaram a atenção da elite. As reivindicações não eram apenas, ou basicamente, ideológicas, mas econômicas e sociais – mulheres e crianças trabalhavam normalmente nas fábricas, em atmosfera que lembrava a pior face da Revolução Industrial na Europa do século XIX. Os operários, em resumo, queriam apenas melhores condições de trabalho, e que estas fossem reunidas numa legislação específica, até então inexistente. E não, necessariamente, mudar a sociedade ou as relações de produção, a despeito da influência da Revolução Russa no discurso de alguns líderes operários brasileiros.

A partir de 1920, apesar da fragilidade do movimento operário, as greves tiveram o efeito de obrigar o regime a elaborar uma legislação que atendesse algumas das reivindicações, ainda que esse processo só tenha sido levado a efeito de modo efetivo a partir dos anos 1930, como veremos no próximo capítulo. Por ora, estamos no momento em que as classes baixas, antes invisíveis para a aristocracia cafeeira e industrial, começam a se materializar na vida nacional.

Trata-se de um evidente salto para a modernidade, que no Brasil veio com relativo atraso – a Europa experimentava essa mudança desde meados do século XVIII. E veio também pela mão de uma intelectualidade bastante restrita, em parte anexada às esferas de poder arcaico que dizia combater – os bacharéis eram os filhos dos coronéis. Seja como for, essa intelectualidade percebeu o momento e se propôs a elaborar um novo modelo de país, de sociedade e de cultura. O movimento modernista surge aí, com força inaudita e influência notável.

Em 1917, o ano da primeira grande greve em São Paulo, Anita Malfatti, que voltava da Europa, montou uma exposição que apontaria igualmente para a ruptura. O impressionismo, em voga entre os europeus desde o final do século XIX, determinaria uma maneira de ver o mundo desligado do academicismo, em franco desafio ao realismo e aos métodos clássicos. Em resumo, a modernidade trazida por Anita indicava já a indisposição crescente com os velhos sistemas de pensamento e de organização social. A reação, obviamente, foi violenta.

Monteiro Lobato, rotulado de "pré-modernista", elaborou um artigo no jornal *O Estado de S. Paulo* a propósito da exposição de Anita, intitulado "Paranoia ou mistificação?". Diz o escritor:

57

Há duas espécies de artistas. Uma composta dos que veem as coisas e em consequência fazem arte pura, guardados os eternos ritmos da vida, e adotados, para a concretização das emoções estéticas, os processos clássicos dos grandes mestres. [...] A outra espécie é formada dos que veem anormalmente a natureza e a interpretam à luz das teorias efêmeras, sob a sugestão estrábica de escolas rebeldes, surgidas cá e lá como furúnculos da cultura excessiva. São produtos do cansaço e do sadismo de todos os períodos de decadência; são frutos de fim de estação, bichados ao nascedouro. Estrelas cadentes, brilham um instante, as mais das vezes com a luz do escândalo, e somem-se logo nas trevas do esquecimento. [...] Todas as artes são regidas por princípios imutáveis, leis fundamentais que não dependem da latitude nem do clima. As medidas da proporção e do equilíbrio na forma ou na cor decorrem do que chamamos sentir. Quando as coisas do mundo externo se transformam em impressões cerebrais, "sentimos". Para que sintamos de maneira diversa, cúbica ou futurista, é forçoso ou que a harmonia do universo sofra completa alteração, ou que o nosso cérebro esteja em desarranjo por virtude de algum grave destempero.[4]

Lobato considera, portanto, que fugir da realidade, desafiar "princípios imutáveis" e propor uma nova estética era fruto de rebeldia escandalosa, fugaz e sem mérito, resultado de uma alteração mental. A arte deveria manter-se "pura", atada às estruturas tradicionais, em resposta à ruptura articulada pelo movimento modernista, que ganhava corpo e sugeria a "antropofagia cultural" – a reelaboração brasileira das técnicas artísticas estrangeiras. Se tivessem a qualidade intelectual de Lobato, provavelmente os oligarcas teriam dito o mesmo, com palavras semelhantes, a respeito da sociedade e dos desafios impostos pelo espectro da massa de trabalhadores que estava surgindo no Brasil, ao mesmo tempo em que as ideias socialistas propunham alguma forma de reformulação social. Estava claro que as velhas estruturas de poder mais cedo ou mais tarde seriam abaladas pela vaga nova de homens e ideias. Os impérios haviam ruído, quase todos, no final da Primeira Guerra Mundial; a oligarquia brasileira duraria ainda um pouco mais, mas estava também perto de ser desafiada por um movimento irresistível.

A novidade da expansão urbana e da industrialização, criando uma nova classe social cada vez mais numerosa e preocupante, inspirava, assim, ideias sobre como controlar essa massa. A Revolta da Vacina foi um dos episódios da história brasileira da época que mostram de que maneira o poder oligárquico na Primeira República via as classes mais baixas – com profundo menosprezo e com a certeza de que podia dispor delas como bem entendesse. Em 1904, o sanitarista Oswaldo Cruz obteve autorização do Congresso para criar brigadas e invadir casas para matar mosquitos transmissores da febre amarela e aplicar a vacina à força. No entanto, houve reação imediata, e o Rio de Janeiro transformou-se em praça de guerra, o que mostrou à elite que sua capacidade de produzir a realidade social de acordo com seus caprichos estava seriamente desafiada pelas novas circunstâncias. O perigo da emergência da massa começava a ganhar corpo.

Por essa época, o futebol também começou a ser visto como uma forma de controle social relevante, a exemplo do que ocorrera na Inglaterra no século XIX, quando de sua criação. A vida crescentemente regulamentada das aglomerações urbanas era potencial geradora de monotonia e tédio. O futebol surgiu nesse contexto justamente porque permitia o prazer do contato físico, tão indesejado nas cidades, numa forma de confronto sem que houvesse vítimas reais e dentro de regras comuns a todos.

A popularidade do esporte, se por um lado desagradava profundamente aos aristocratas que queriam manter o futebol "puro" e impermeável aos pobres, por outro, como agora parece óbvio, oferecia a oportunidade de canalizar a violência para o campo controlado de um esporte popular. Novamente, foi Monteiro Lobato um dos que cedo perceberam esse potencial, no texto "O 22 da 'Marajó'", publicado em 1921. Um trecho diz:

> *Esse delírio que por aí vai pelo futebol tem seus fundamentos na própria natureza humana. O espetáculo da luta sempre foi o maior encanto do homem; e o prazer da vitória, pessoal ou do partido, foi, é e será a ambrosia dos deuses manipulada na terra. Admiramos hoje os grandes filósofos gregos, Platão, Sócrates, Aristóteles, seus coevos, porém, admiravam muito mais aos atletas que venciam no estado.*

Milon de Crotona, campeão na arte de torcer pescoços a touros, só para nós tem menos importância que seu mestre Pitágoras. Para os gregos, para a massa popular grega, seria inconcebível a ideia de que o filósofo pudesse no futuro ofuscar a glória do lutador.

Em França o homem hoje mais popular é George Carpentier, mestre em socos de primeira classe; e se derem nas massas um balanço sincero, verão que ele sobrepuja em prestígio aos próprios chefes supremos vencedores da guerra. Nos Estados Unidos há sempre um campeão de boxe tão entranhado na idolatria do povo que está em suas mãos subverter o regime político. Entre nós há o exemplo recente de Friedenreich, um pé de boa pontaria pelo qual nossos meninos são capazes de sacrificar a vida. E os delírios coletivos provocados pelo combate de dois campeões em campo? Impossível assistir-se a espetáculo mais revelador da alma humana que os jogos de futebol em que disputam a primazia paulistanos e italianos em São Paulo.

Não é mais esporte, é guerra. Não se batem duas equipes, mas dois povos, duas nações, duas raças inimigas. Durante todo o tempo da luta, de quarenta a cinquenta mil pessoas deliram em transe, extáticas, na ponta dos pés, coração aos pulos e nervos tensos como cordas de viola. Conforme corre o jogo, há pausas de silêncio absoluto na multidão suspensa, ou deflagrações violentíssimas de entusiasmo, que só a palavra delírio classifica. E gente pacífica, bondosa, incapaz de sentimentos exaltados, sai fora de si, torna-se capaz de cometer os mais horrorosos desatinos.

A luta de vinte e duas feras no campo transforma em feras os cinquenta mil espectadores, possibilitando um enfraquecimento mútuo, num conflito horrendo, caso um incidente qualquer funda em corisco as eletricidades psíquicas acumuladas em cada indivíduo.[5]

Essa eletricidade de certa maneira traduzia os novos tempos. O esporte de massa se tornou a referência do conflito controlado diante da confusão de referenciais trazida pela modernidade. É no campo de jogo que os indivíduos, massacrados pelo novo, descarregam suas tensões sem que isso implique crime ou violência real. Assim, o futebol, que no Brasil conseguiu rapidamente "aclimatar-se, como o café", segundo diz Lobato, e "transformou-se quase numa praga", passou a ser um dos símbolos da modernidade brasileira.

Contra isso uma parte da inteligência brasileira se insurgiu, misturando nacionalismo e medo do que o moderno significava. O principal porta-voz dessa revolta foi Lima Barreto. Crítico do regime republicano, e sem esconder seu espanto com o vertiginoso desenvolvimento urbano no Rio desde o final do século XIX, Lima Barreto, pré-moderno como Lobato, não via no futebol senão a expressão desse mundo transtornado que ele enxergava e rejeitava.

"O *football* é eminentemente um fator de dissensão", escreveu Lima Barreto na crônica "O football", publicada na revista *Careta* em 1922. Para ele, a questão da violência era central:

> *Não é possível deixar de falar no tal esporte que dizem ser bretão. Todo dia e toda a hora ele enche o noticiário dos jornais com notas de malefícios, e mais do que isto, de assassinatos. Não é possível que as autoridades policiais não vejam semelhante cousa. O Rio de Janeiro é uma cidade civilizada e não pode estar entregue a certa malta de desordeiros que se querem intitular sportmen. Os apostadores de brigas de galos portam-se melhor. Entre eles, não há questões, nem rolos. As apostas correm em paz e a polícia não tem que fazer com elas; entretanto, os tais footballers todos os domingos fazem rolos e barulhos e a polícia passa-lhe a mão pela cabeça. Tudo tem um limite e o football não goza do privilégio de cousa inteligente.*[6]

Nada disso, porém, altera a realidade de que o futebol se tornava um fato brasileiro. Lima Barreto reconhece:

> *De resto, as gazetas têm razão. Vão ao encontro do gosto do público, seguem-no e, por sua vez, excitam-no. Toda a gente, hoje, nesta boa terra*

carioca, se não fica com os pés ferrados, ao menos com a cabeça cheia de chumbo, joga o tal sport ou esporte bretão, como eles lá dizem. Não há rico nem pobre, nem velho nem moço, nem branco nem preto, nem moleque nem almofadinha que não pertença virtualmente pelo menos, a um club destinado a aperfeiçoar os homens na arte de servir-se dos pés.

O potencial social e político do futebol é, dessa maneira, inegável. O próprio Lobato atribuiu ao futebol "a honra de despertar o nosso povo do marasmo de nervos em que vivia". "Antes dele, só nas classes médias a luta política tinha o prestígio necessário para uma exaltaçãozinha periódica", diz o escritor.[7]

Ou seja: o futebol, naquele momento, adquiria força necessária para rivalizar com a política no que dizia respeito às paixões nacionais; em breve, com Getúlio Vargas e seus concorridos comícios em São Januário e no Pacaembu, essa característica do futebol no Brasil seria testada dentro da esfera de poder – de onde nunca mais sairia.

Notas

[1] Disponível em <http://palestrinos.sites.uol.com.br/Poemas_Cronicas/14-Vincenzo_Ragognetti.htm>, acessado em 20 jul. 2008.
[2] Mario Filho, *O negro no futebol brasileiro*, Rio de Janeiro, Mauad, 2003, p. 126.
[3] A Coluna Prestes foi liderada pelo capitão Luís Carlos Prestes, que, em meio aos combates com as tropas regulares do Exército, percorreu o país entre 1925 e 1927, até que seus integrantes se refugiaram em países vizinhos, como Bolívia e Paraguai. O movimento deu notoriedade a Prestes.
[4] Monteiro Lobato, "Artes e Artistas", em *O Estado de S. Paulo*, 20 dez. 1917, p. 4.
[5] Monteiro Lobato, *A onda verde*, São Paulo, Monteiro Lobato & Cia., 1921, p. 247.
[6] Lima Barreto et al., "O football", em *O Rio de Janeiro de Lima Barreto*, Rio de Janeiro, Rioarte, 1983, p. 224. (Obra publicada em 1º de julho de 1922).
[7] Monteiro Lobato, *Contos Leves:* Cidades Mortas, Negrinha e Macaco que se Fez Homem, Rio de Janeiro, Companhia Editora Nacional, 1941, p. 258.

Anos 1930-1950

Getúlio e o futebol como instrumento político

A primeira Copa do Mundo foi realizada em 1930, mesmo ano em que Getúlio Vargas chegava ao poder. Embora obviamente não tenham relação entre si, foram dois eventos reveladores do novo momento pelo qual passavam o futebol, em geral, e o Brasil, em particular.

Depois de divergências com o Comitê Olímpico Internacional sobre as competições que envolviam o futebol, a Fifa, presidida por Jules Rimet, decidiu em 1928 criar seu próprio torneio mundial. A entidade, que pretendia ser o centro da organização do futebol em todo o mundo, havia sido fundada em 1904, na Suíça, e ainda tinha poucos filiados. Para o campeonato de 1930, todos os integrantes da Fifa foram convidados: Argentina, Bélgica, Bolívia, Brasil, Chile, EUA, França, Iugoslávia, México, Paraguai, Peru, Romênia e Uruguai – que comemorava o centenário de sua independência e acabou sendo escolhido como país-sede. Entre as seleções europeias, apenas França, Romênia, Bélgica e Iugoslávia aceitaram vir – e ainda assim com as despesas bancadas pela Fifa. A caríssima aventura de uma viagem transatlântica era um luxo que as equipes da Europa, então em plena crise do entreguerras, não podiam se dar.

Um mundo em transformação era o que estava em campo no Uruguai. Enquanto havia a clara intenção da Fifa de profissionalizar o futebol – tanto em relação aos atletas como a respeito da organização –, os jogadores viviam ainda sob o espírito do amadorismo observado desde o final do século anterior. O caso do primeiro gol da Copa é exemplar. O tento foi marcado pelo francês Lucien Laurent, contra o México. Décadas mais tarde, ao comentar seu feito, Laurent disse ao site da Fifa: "Todo mundo estava feliz, mas não exageramos – ninguém percebeu que estávamos fazendo história. Um rápido aperto de mão e voltamos ao jogo. E não tivemos bônus; éramos todos amadores naqueles dias, até o fim".[1]

Mas esse amadorismo, como já vimos, agonizava. A Copa era o maior sintoma de que as coisas estavam mudando drasticamente. O Uruguai construíra um gigantesco estádio para o torneio, o Centenário, com capacidade para inacreditáveis 100 mil pessoas, que Jules Rimet chamou de "templo do futebol" e que dava a dimensão global desse esporte. Mesmo que o vencedor da Copa tenha sido o próprio Uruguai, como era de esperar, a sensação era que alguma fronteira histórica havia sido superada. O mundo despertava para o futebol como uma disputa entre identidades – os uruguaios, que já haviam sido bicampeões olímpicos de futebol, foram os primeiros a entender isso e venceram a sua Copa com o mérito dos pioneiros.

O sentido de que a pátria vestia chuteiras e entrava em campo ganharia formidável impulso a partir dali. Para ter sucesso, uma seleção não

Anos 1930-1950

podia prescindir dos melhores jogadores em atividade no país, ainda que não fossem brancos ou ricos – o craque da Copa, por exemplo, foi o negro uruguaio Andrade. O Brasil também mandou negros para a disputa – Fausto, que jogava no Vasco, ficou conhecido como "Maravilha Negra" no Uruguai. O problema brasileiro na Copa, porém, foi outro: a desorganização, motivada por uma rixa entre paulistas e cariocas. A Confederação Brasileira de Desportos, entidade máxima do futebol do país, criada em 1916 justamente para solucionar a rivalidade entre entidades paulistas e cariocas sobre quem mandava no futebol nacional e se responsabilizava pela seleção brasileira, convocou o que havia de melhor nos dois Estados, inclusive o paulista Friedenreich. Mas a Associação Paulista de Esportes Atléticos (APEA), que almejava a hegemonia, discordou do fato de só haver cariocas na comissão técnica. Como a CBD manteve-se irredutível, a APEA vetou a participação dos atletas paulistas – apenas o atacante Araken, que brigara com seu time, o Santos, furou o bloqueio e integrou-se à seleção no Uruguai. O rancor era imenso: na estreia do Brasil, contra a Iugoslávia, torcedores paulistas foram acompanhar o jogo em frente ao prédio do jornal *A Gazeta* – que recebia as informações por telex e as repassava ao público do lado de fora – e a derrota por 2 a 1 foi festejada como uma vitória.

Seja pela ausência dos paulistas, seja porque a seleção era inexperiente, o fato é que o Brasil fez uma estreia modesta em Copas – terminou em sexto lugar, sem passar pela primeira fase e com apenas uma vitória, contra a Bolívia. Estava claro que, se tivesse pretensões nas competições internacionais mais importantes, o Brasil deveria se preparar melhor, reunir os melhores atletas e construir um time a partir de dedicação exclusiva ao esporte – o que implicava, necessariamente, remuneração.

A Copa seguinte, em 1934, seria justamente o marco dessa ruptura. De novo, a seleção brasileira formou-se com as restrições de seu tempo: a CBD decidira levar somente jogadores amadores. Àquela altura, porém, uma outra entidade já reunia os atletas profissionais e não parava de crescer. Era a Federação Brasileira de Futebol (FBF), surgida em 1933 a partir de um acordo entre paulistas e cariocas, em franco desafio ao amadorismo defendido pela CBD. O boicote dos atletas profissionais, de sua federação e

65

dos seus clubes em relação à seleção – o Palestra Itália chegou a esconder jogadores em uma fazenda para que a CBD não os encontrasse – funcionou. Na reta final antes da Copa, a CBD ainda ofereceu dinheiro para jogadores recalcitrantes que aceitassem viajar, num paradoxo explícito – afinal, a mesma entidade que agora admitia recompensar os atletas era aquela que impedia a profissionalização do futebol. Foi um fracasso.

O time brasileiro, que se classificou para a Copa porque o Peru desistiu e abriu a vaga sem necessidade de disputa eliminatória, teve de ir à Europa com apenas 17 jogadores. Para cortar custos, a delegação decidiu viajar em cima da hora, sem tempo para treinamento e adaptação. Como resultado da desorganização e da teimosia, a participação brasileira na Copa de 1934 foi a mais rápida de sua história: durou apenas 90 minutos, tempo suficiente para ser eliminada pela fortíssima seleção espanhola por 3 a 1. As crônicas da época dão conta de que o time se arrastava em campo. Um vexame internacional diante de 21 mil espectadores.

A derrota virou a página do amadorismo no futebol do Brasil. A pressão era irresistível. Vários jogadores saíram do país para atuar na Europa ou nos vizinhos Uruguai e Argentina, que já remuneravam os atletas. Em 1932, um grupo de jogadores de futebol de São Paulo fez publicar em *A Gazeta* um manifesto em que exigia seus direitos profissionais dos clubes, formando uma "associação de classe" para defender seus interesses, "já bastante conspurcados pelos que se dizem mentores do esporte paulista". Entre outras coisas, eles queriam o fim do "regime de inscrição perpétua" entre jogador e clube, o que significava a possibilidade de mudar de clube se aparecesse uma boa proposta. Explicitamente, os atletas exigiam que os clubes deixassem o falso amadorismo: "Evitar terminantemente que os clubes tratem os jogadores como mercadorias, porquanto clubes há que, se receberem pedidos de 'passe', pedem indenizações às vezes exorbitantes, à revelia do próprio jogador, que se torna, desse modo, uma espécie de objeto que se vende no mercado".[2]

A mudança no futebol, como já é possível perceber, espelhava a transformação na vida política nacional, a que parte da historiografia brasileira chamou de "revolução", ainda que as relações de produção permanecessem

Anos 1930-1950

basicamente inalteradas. Mas, no futebol como na economia, operava-se uma renegociação dos modelos de exploração, a partir da emergência da chamada "burguesia industrial" e de suas pretensões políticas e sociais.

O cenário era de crise. No final dos anos 1920, o regime republicano fundado em 1889 passava por um importante colapso de legitimidade, acentuado sobretudo pela desvalorização do café – então o principal produto de exportação do Brasil – e pelo questionamento crescente dos acordos políticos entre São Paulo e Minas Gerais para a manutenção do poder. O estopim da ruptura seria justamente uma cisão havida entre as elites paulista e mineira.

No início de 1929, o então presidente paulista Washington Luís furou o "rodízio" de candidatos presidenciais com Minas ao indicar o governador de São Paulo, Júlio Prestes, à sua sucessão. Provavelmente, Washington Luís fez essa opção temerária porque considerava Júlio Prestes capaz de garantir a manutenção de seu plano de estabilização da moeda, mas sobre isso os historiadores do período não são unânimes. A reação, é óbvio, não tardou.

A elite mineira logo procurou uma aliança com o Rio Grande do Sul para uma candidatura de oposição – e assim nasceria a chapa encabeçada pelo então governador gaúcho, Getúlio Vargas. O movimento que se formou para impulsioná-la, a chamada Aliança Liberal, representava uma negação da hegemonia cafeeira na política nacional. Entre outros itens, seu programa defendia a diversificação da pauta de produção do país, o que atendia à elite industrial e rural de outros estados. É notável, para os nossos propósitos, que sua plataforma também incluísse reivindicações de caráter político, como liberdades individuais e reforma político-eleitoral, e de perfil social – sobretudo direitos trabalhistas, que incluiriam mulheres e menores de idade.

O governo de Washington Luís considerava a questão social brasileira um "caso de polícia" – as greves eram duramente reprimidas, e os jornais operários, impedidos de circular; além disso, os imigrantes estrangeiros que participavam dos movimentos trabalhistas acabaram deportados, enquanto os brasileiros eram enviados a prisões longínquas no norte do país.

67

Assim, a plataforma da Aliança Liberal recebeu forte apoio da classe trabalhadora em São Paulo, numa fusão circunstancial de interesses entre os liberais e os operários que ameaçava isolar as forças da antiga ordem.

Paulo Nogueira Filho, então membro do Partido Democrático, cujas bases eram a classe média "quatrocentona" paulista e que defendia os ideais liberais, descreveu o clima de um comício de Getúlio no centro de São Paulo, cuja marcha passou pelos lugares onde o futebol havia nascido e que concentrava a massa de operários da cidade:

> *[...] o cortejo se pôs em marcha pela Avenida Rangel Pestana no Brás, o bairro industrial. Muita gente postada na calçada [...]. O que começou a surpreender foi que, aclamado o candidato, aquela gente toda, ao invés de regressar às suas casas, se incorporava ao cortejo que ia se avolumando espantosamente [...]. Assim que por volta das 20h despontou o cortejo na Várzea do Carmo, tive um arrepio. Não era possível o que via! Caminhava não um cortejo, mas uma imensa multidão. Que sucederia quando aquela gente toda se encontrasse com a que estava acima da ladeira? A multidão, como nunca São Paulo vira igual, repetia: Nós queremos Getúlio, nós queremos Getúlio! Daí por diante tudo foi de roldão [...]. Falaram com extrema dificuldade os oradores escalados. Era um vozerio só e imenso a se alçar nos céus de Piratininga. A não ser aqui ou ali, os acordes do Hino Nacional, nada mais se ouviu a não ser: Nós queremos Getúlio. Nós queremos Getúlio![3]*

Exageros à parte, próprios de quem apoiava Getúlio, trata-se de uma amostra das possibilidades revolucionárias abertas pela conjuntura de turbulência que se consolidava, alimentada pela ascensão da classe média urbana e engrossada por operários que perceberam a chance histórica que se oferecia.

Então veio a crise mundial de outubro de 1929. O colapso da economia dos EUA, cujo efeito mais vistoso foi a quebra da bolsa de valores de Nova York em outubro daquele ano, arrastou a conjuntura financeira internacional para uma era de grande incerteza, justamente em meio à reconstrução e ao desenvolvimento após a Primeira Guerra Mundial. O reflexo imediato disso no Brasil foi a queda drástica dos preços do café no mercado externo, atingindo em cheio os cafeicultores que se haviam endividado por conta da promessa de lucros garantidos pelo governo. Como o presidente Washington Luís se recusou a abandonar o programa de estabilização da economia para ajudar os cafeicultores, o descontentamento com o governo se alastrou inclusive em áreas normalmente alinhadas com os interesses oficiais.

Ainda que não tivesse havido uma ruptura de fato, estava claro que os pilares da estabilidade institucional estavam severamente ameaçados, principalmente em São Paulo – forjou-se uma aliança entre as oligarquias dissidentes e os tenentes do movimento rebelde do início dos anos 1920, cuja intenção era o uso da força para alterar o regime. "Façamos a revolução antes que o povo a faça", recomendou o então governador de Minas Gerais, Antonio Carlos, um dos principais articuladores da revolução e símbolo do desprezo oligárquico pelas liberdades políticas: "A democracia seria boa se não fosse o sovaco", dizia sobre o "cheiro do povo".[4]

Apesar das fraudes, a vitória de Júlio Prestes na eleição não foi o estopim do golpe de Estado, e sim um incidente fortuito – o assassinato de João Pessoa, governador da Paraíba e que fora vice na chapa de Getúlio. O crime ocorreu por razões pessoais – havia uma divergência entre ele e o assassino, num caso que envolvia política local e uma relação amorosa. Mas a oposição tratou de instrumentalizar o episódio, servindo como eixo da articulação revolucionária, que se tornaria irresistível a partir de 3 de outubro. Exato um mês depois, quando Getúlio tomou posse como presidente, num "governo provisório" que duraria 15 anos, estava formalmente encerrada a República Velha.

Em seu lugar, surgiria um Estado altamente centralizador, que tinha em vista o desenvolvimento industrial, com apoio nuclear do Exército. Com Getúlio, além disso, o governo tratou de atrair os trabalhadores urbanos para forjar uma aliança cuja formidável força se faria sentir nos anos seguintes.

Nesse aspecto, se não havia um plano claro de administração assim que Getúlio assumiu o poder, havia nele, por outro lado, um messianismo típico dos movimentos fascistas de então e que seria sua marca. Em seu diário, no dia da revolução, 3 de outubro de 1930, ele escreveu:

> *Aproxima-se a hora. Examino-me e sinto-me com o espírito tranquilo de quem joga um lance decisivo porque não encontrou outra saída digna para seu estado. A minha sorte não me interessa, e sim a responsabilidade de um ato que decide o destino da coletividade. Mas esta queria a luta, pelo menos nos seus elementos mais sadios, vigorosos e ativos.[5]*

Uma única frase pode ser reveladora do modo como Getúlio via o mundo e seu papel nele, e essa frase parece ser precisamente o caso. Num momento, ele procurou se amalgamar com a "coletividade" – Getúlio não se diferenciava do "povo", e assim colocou-se acima do próprio Estado, transformando todo o movimento de oposição a seu governo em movimento de oposição ao "povo". Em outro momento, ele invocou os "elementos mais sadios, vigorosos e ativos" da sociedade, o que implicava dois aspectos: o primeiro, que ele enxergava no movimento que liderava a irresistível marcha dos "melhores", dos "superiores"; o segundo, que ele considerava haver elementos "inferiores" na sociedade – e, como tais, passíveis de, eventualmente, serem descartados.

Tudo isso tem um nome: fascismo – que reconfigura as relações entre o indivíduo e a coletividade, de modo que o indivíduo não tem direitos fora do interesse da comunidade. Além disso, pouco importa a doutrina, uma vez que o fascismo se sustenta na união mística com o destino histórico de seu povo. O fenômeno abriu a era da política de massas, que desafiaria a democracia liberal em todo o mundo – o Brasil não seria exceção.

Há enorme controvérsia na historiografia brasileira sobre se Getúlio Vargas pode ser enquadrado nesse movimento surgido na Itália no início do século xx, controvérsia da qual este livro não vai tratar. O que importa, aqui, é perceber os mecanismos por meio dos quais Getúlio construiu sua intensa relação com os brasileiros, sobretudo a percepção dos desejos da massa trabalhadora que transformava a paisagem brasileira de modo acelerado. O mundo do futebol representaria, aqui, papel significativo.

Nos anos 1930, futebol e fascismo pareciam ter nascido um para o outro, e essa impressão se consolidou em 1934, quando a Itália de Mussolini realizaria sua Copa do Mundo. Ainda nos anos 1920, Mussolini centralizou a institucionalização do futebol, mandou construir estádios em todo o país e tentou usar o esporte como elo nacional, criando uma seleção que seria imbatível nos anos 1930 – ganharia duas Copas do Mundo e uma Olimpíada. A equipe italiana não era apenas um punhado de jogadores. Eram "gladiadores", de quem dependia a honra da Itália como nação. A onipresença desse esporte era a chave fascista para criar a sensação de unidade necessária para os projetos do regime e para a ideia da formação do "novo homem".

Na Copa de 1934, a pressão de Mussolini para que a seleção italiana ganhasse mostrou o tamanho da importância dada pelo regime ao futebol. Há fortes suspeitas até mesmo de que o ditador pessoalmente pressionou árbitros para que favorecessem a Itália. Outra irregularidade foi a formação da própria seleção italiana. A Itália apelou a seus *"oriundi"*, filhos de italianos que jogavam futebol em várias partes do mundo. Contra as regras, e provavelmente influenciada pela pressão brutal de Mussolini, a Fifa aceitou a formação da seleção com jogadores "importados". Anfilogino Guarisi, o Filó, que jogava no Corinthians, atuou pela Itália, tornando-se o primeiro brasileiro a ser campeão do mundo.

Getúlio também tinha noção dos novos tempos e da importância do futebol neles. A Copa de 1934 seria a primeira em que a seleção brasileira sofreria efetivamente a pressão do poder, ainda que em escala consideravelmente menor que no caso italiano. O projeto getulista abrangia o esporte como central para a transformação do brasileiro e também para a superação das diferenças políticas, duas circunstâncias fundamentais para a consolidação do regime. "Compreendo que os desportos, sobretudo o futebol, exercem uma função social importante", declarou Getúlio, conforme registro de João Lyra Filho – que era o responsável pelo esporte no

Estado Novo e que chefiaria a delegação brasileira na Copa de 1954. "A paixão desportiva tem poder miraculoso para conciliar até o ânimo dos integralistas com o dos comunistas, ou pelo menos para amortecer transitoriamente suas incompatibilidades ideológicas", continuou o presidente, para em seguida manifestar sua preocupação em ter as rédeas de uma força social e cultural tão formidável: "É preciso coordenar e disciplinar essas forças, que se avigoram a unidade da consciência nacional".[6]

Getúlio, de fato, empreendeu esforços consideráveis para estatizar o controle do futebol no Brasil, e isso acelerou o processo de sua profissionalização – afinal, como já ficou sugerido, está claro que articular a recompensa financeira aos "trabalhadores da bola" era uma forma de atrair o apoio dos atletas e das classes pobres para as fileiras do governo. Isso tinha uma dupla função: ampliar a base social do regime, isolando as oligarquias, e fazer crer que havia uma espécie de "democracia racial" no Brasil. O "homem brasileiro" tomava forma a partir dessa plataforma, e o veículo era o controle institucional dos corpos.

Ainda antes do Estado Novo, instaurado em 1937, o governo de Getúlio buscou organizar a sociedade brasileira de acordo com esse modelo, tendo as manifestações nacionais e o controle sobre o fluxo de informações como prioridades, a exemplo de outros países de regime fascista, como a Itália e a Alemanha. O esporte era visto como um veículo das aspirações nacionais e do perfil do brasileiro, razão pela qual Getúlio tratou de controlá-lo. Inventa-se, a partir desse processo, uma "raça brasileira". As manifestações culturais populares são incorporadas ao projeto, como sintoma dessa "brasilidade", mas submetidas às normas emanadas do Palácio do Catete. O samba começou a ser usado para repudiar o comunismo e exaltar os valores nacionais, como em "Glória ao Brasil", do cantor Nuno Roland, que dizia:

> *Brasil, ó rincão querido*
> *Invejado pelo mundo novo*
> *Com ele está o teu futuro*
> *porque pretendiam dominar teu povo*

Surgiu Getúlio Vargas, o
grande chefe brasileiro
Que entre seus filhos como
herói foi o primeiro.

Desse modo, até o malandro, símbolo do individualismo na capital da república, estava sendo domesticado – o mesmo Nuno Roland, a serviço de Getúlio, também eternizaria as marchinhas "Pirata da Perna de pau" e "Tem Gato na Tuba". Para isso, foi necessário criar uma estrutura de controle cultural de grande abrangência. Getúlio não esperaria a consolidação do regime ditatorial para formalizá-la. Já em 1931, ele estabeleceu o Departamento Oficial de Propaganda. A partir de 1934, as preocupações do governo já eram bem mais amplas, e surgiu o Departamento de Propaganda e Difusão Cultural, embrião do temido Departamento de Imprensa e Propaganda (DIP), que seria um dos pilares do Estado Novo.

Nesse período, o cinema já estava tomado pelos filmes produzidos pelo governo, mas foi o rádio que ganhou enorme importância como veículo de controle social. E o governo Vargas soube usá-lo. O maior símbolo foi a "Hora do Brasil", que encontrava o ouvinte ainda em casa, de manhã. No entanto, foi a novidade das transmissões esportivas que fez do rádio o companheiro dessa massa de trabalhadores que já se inclinava por Getúlio.

O rádio ainda era uma conquista relativamente recente no Brasil. As primeiras transmissões formais datam do início dos anos 1920. Mesmo naquela oportunidade, porém, esse veículo já demonstrava sua vocação para a mobilização – a emissão inaugural foi em 1922, com um discurso do então presidente, Epitácio Pessoa, no centenário da Independência. Mas foi Getúlio quem anteviu o caráter popular das rádios ao autorizar, dez anos depois, a inserção comercial. Até então, as rádios tinham caráter erudito, sendo bancadas como "clubes" por seus associados, razão pela qual eram chamadas de "rádio clube" e "rádio sociedade"; a partir de seu financiamento pela via publicitária, elas se tornaram veículos de massa, e apareceram os programas de auditório e os de informação.

A primeira transmissão integral de um jogo de futebol no Brasil data de 19 de julho de 1931 – até aquele momento, só havia boletins sobre as partidas. Nesse dia, o jovem locutor Nicolau Tuma, de 20 anos, da Rádio Sociedade Educadora Paulista, narrou o jogo entre as seleções do São Paulo e do Paraná. Como os jogadores não tinham números às costas, Tuma teve de ir aos vestiários do Campo da Floresta para memorizar as características dos atletas. Também não havia muitos receptores de rádio, motivo pelo qual o jogo foi transmitido por alto-falantes numa confeitaria do Anhangabaú. O placar de 6 a 4 para os paulistas fez Tuma gritar gol várias vezes, com tal paixão e riqueza de detalhes que se tornou conhecido como "*speaker* metralhadora". Estavam consagrados tanto Tuma – que viria a ser o locutor das notas revolucionárias paulistas do movimento constitucionalista de 1932 – quanto o futebol no rádio.

A criatividade dos locutores e o crescente alcance do rádio deram outra dimensão ao futebol. O esporte, que já era popular, tornou-se um ser vivo, pulsante, um drama de cores épicas descrito pelos narradores. Ao ponto de, em 1933, os dirigentes esportivos do São Paulo ameaçarem proibir as transmissões dos jogos porque, em sua visão, elas tiravam o público dos estádios. Ou seja: em certos casos, o jogo era mais emocionante no rádio do que ao vivo, e isso ajudou a transformar os narradores de futebol em verdadeiras celebridades.

No princípio, as transmissões eram obviamente precárias. Na maioria dos casos, os jogos eram narrados com o locutor muito próximo dos torcedores – senão no meio deles. Era comum que o grito de gol se perdesse em meio à balbúrdia da assistência. Isso exigia criatividade dos locutores, e o maior exemplo disso foi Ary Barroso, que, em vez de gritar gol, tocava uma gaita. Assim, os ouvintes sabiam que havia saído um gol, mesmo que não se pudesse ouvir a voz do narrador. Em pouco tempo, a gaita tornou-se a marca de Ary, um locutor folclórico por sua paixão irrefreável pelo Flamengo, que o fazia torcer em vez de narrar o jogo quando o rubro-negro estava em campo. Era um apaixonado também pela seleção brasileira.

Esse amor foi provado na final do Campeonato Sul-Americano de Futebol de 1936-37, aliás o primeiro torneio internacional a ter transmissão direta pelo rádio para o Brasil. A seleção brasileira enfrentava a Argentina, anfitriã, e Ary foi personagem direto do jogo. Em dado momento, o jogador brasileiro Jaú foi chutado pelo argentino Zozaya e deslocou a clavícula; como não houvesse médico na comissão técnica brasileira, o atleta correu para a lateral do campo e encontrou Ary, que lhe emprestou a gravata para servir de tipóia, e assim Jaú pôde jogar até o fim. Ary sofreu todo tipo de agressão dos argentinos e acrescentou heroísmo à sua movimentada biografia.

A criação de mitos e heróis pelo rádio esportivo, e posteriormente pela imprensa em geral, ajudou a formatar o caráter nacionalista e épico atribuído ao futebol. A seleção brasileira começava a representar a pátria, e o futebol, em geral, era uma robusta manifestação de brasilidade. A união desses dois fenômenos da história brasileira – o futebol, que mobilizava a massa de brasileiros cada vez mais urbanos, e o rádio, que cumpria o papel de levar a essa massa todo tipo de informação e entretenimento, ao vivo e com emoção – gerou enormes possibilidades políticas, como Getúlio, com sua impressionante capacidade de adaptação, não tardou a perceber.

Ainda em 1932, o Brasil foi disputar um torneio denominado Copa Rio Branco, que, na verdade, era apenas um confronto com o Uruguai. A seleção brasileira, que já havia triunfado em 1931, reeditou sua campanha e venceu em Montevidéu por 2 a 1, com dois gols de Leônidas da Silva. Os craques brasileiros foram recebidos como heróis na capital federal. E Getúlio estava no balcão do Palácio do Catete, a saudar os jogadores.

Dois anos depois, o Brasil disputaria a Copa da Itália em meio à já mencionada crise entre amadores e profissionais, que acabaria fazendo o Brasil dar vexame histórico. A despeito disso, Getúlio já havia tratado de estabelecer sua zona de influência dentro da seleção, entre outras razões porque certamente acreditava em seu potencial, a exemplo do que fizera Mussolini. O chefe da delegação brasileira era Lourival Fontes, personagem crucial do varguismo.

Lourival era homem forte de Getúlio, cujo perfil não dava margem a dúvidas: em 1931 ele fundou uma revista de extrema direita chamada *Hierarquia* e participou dos debates dos quais nasceria a Ação Integralista

Brasileira, espécie de frente do fascismo à brasileira. Em 1934, ano da Copa do Mundo, Lourival foi conduzido por Getúlio ao Departamento de Propaganda e Difusão Cultural. Nesse posto, ele foi o responsável por estudar os meios de comunicação para transformá-los em veículos de propagação dos interesses do governo. Não surpreende, portanto, que um homem com esse perfil fosse escolhido para chefiar a delegação brasileira na Copa de 1934. Havia uma óbvia confluência de interesses entre as partes, num momento em que o mundo começava a se polarizar de modo drástico. No grande quadro, o esporte tornara-se necessariamente instrumento político. Apenas competir já não era o que importava, em se tratando da pátria e da ideologia.

Lourival fez o que dele se esperava. A seleção brasileira estava com dificuldade para formar o time, graças ao boicote dos atletas profissionais. Os que furaram o boicote e se integraram à equipe foram considerados "patriotas" por Lourival, que recomendou aos jornais que parassem de criticar a seleção. Foi atendido. Ato contínuo, a CBD o convidou para ser o chefe da delegação.

No Sul-Americano de 1936-37, diante da violência argentina – da qual Ary Barroso foi testemunha e vítima –, houve uma explosão de patriotismo, que chegou a preocupar o próprio Getúlio. Ele anotou em seu diário: "O jogo de futebol entre argentinos e brasileiros em Buenos Aires, transmitido por informantes exaltados, deu lugar a algumas explosões inconvenientes."[7] Não foi à toa. Além dos pontapés, os argentinos receberam a seleção brasileira aos gritos de "macaquitos", apelido que remonta à Guerra do Paraguai (1864-1870), inventado pelos paraguaios para se referir aos soldados brasileiros, em sua maioria ex-escravos negros que haviam sido alforriados para ir ao front. O técnico da seleção, Ademir Pimenta, fez a preleção aos jogadores antes da partida ao lado de uma bandeira do Brasil. A seleção caiu em campo como um Exército – e a derrota foi devidamente incorporada ao imaginário brasileiro como uma aventura épica, em que perder acrescentou mais heroísmo do que uma vitória teria feito.

Assim, a derrota para a Argentina e suas consequências populares foram prontamente capitalizadas pelo Estado. A delegação brasilei-

Anos 1930-1950

ra foi recebida no Rio como soldados que haviam lutado numa guerra. O Hino Nacional foi executado duas vezes por bandas militares, com salvas de canhões e discursos inflamados do chefe da delegação, José Maria Castello Branco, para quem os jogadores brasileiros portaram-se como valorosos patriotas diante de um rival violento e desleal. Forjava-se assim, no imaginário brasileiro, a ideia de que o adversário era um inimigo a ser derrotado como num campo de batalha – e, quando o adversário era a Argentina, isso foi levado ao nível do paroxismo.

Além disso, agora tínhamos com quem nos comparar. Nos primeiros tempos do futebol brasileiro, como já vimos, a ideia de que o Brasil pudesse produzir seu próprio estilo de jogo demorou a se firmar, ainda mais porque os pioneiros eram majoritariamente europeus. Um dos melhores jogadores a atuar nos primórdios paulistas foi o atlético alemão Friese. Nos anos 1930, porém, os craques brasileiros já eram festejados como grandes artistas – desde Friedenreich, que teve suas chuteiras exibidas como joias. Faltava, contudo, a centelha para que o futebol passasse a produzir também sentimentos nacionais. O jogo contra a Argentina no Sul-Americano de 1936-37 foi essa ignição.

No ano seguinte, 1938, o Brasil disputaria sua terceira Copa do Mundo, dessa vez com um nível de organização bem superior ao verificado quatro anos antes e com renovada disposição – inclusive política. O país já vivia os ares do Estado Novo, que se estabeleceu em 1937, mas a escalada autoritária (ou fascista, como querem alguns) se apresentava como alternativa tentadora desde os anos 1920, no entreguerras, em que a democracia liberal fora colocada em xeque. Houve movimentos de perfil claramente fascista, como é o caso do integralismo, que se opunha ao capitalismo financeiro e também ao socialismo – mesmo o ódio aos judeus, vistos como detentores do capital pela ideologia antissemita que movia o nazi-fascismo europeu, era parte da ideologia integralista, a despeito das críticas de seu líder, Plínio Salgado, ao nazismo. O relativo sucesso do integralismo – chegou a atrair até duzentos mil seguidores, num país conhecido por sua apatia política – prova a força do ideário de extrema direita no Brasil.

Assim, o integralismo parece ter sido, de fato, apenas uma caricatura reveladora de uma genuína vocação autoritária no país. Isso se deu, em parte, por culpa dos próprios liberais, que se negavam, sempre que podiam, a permitir reformas sociais no Brasil. Mas a dificuldade de organização política contribuiu decisivamente para que o fortalecimento do Estado fosse visto como desejável. A partir dele, os "excessos" – liberdades individuais que punham em risco a união e a coesão social – seriam combatidos sem trégua. A diferença entre o fascismo europeu e o "fascismo" varguista é que o primeiro tinha como veículo o "partido", e o segundo, o próprio Estado, naturalmente capitaneado por uma vanguarda iluminada, protegida pelos líderes militares.

Duas datas são importantes na gestação desse Estado. A primeira delas é 1934, quando foi promulgada a nova Constituição, que nacionalizava o subsolo, dava autonomia sindical e criava uma série de direitos trabalhistas, além de estabelecer o ensino público gratuito obrigatório. A Assembleia Constituinte elegeu Getúlio presidente em 15 de julho, com mandato até 1938, quando haveria eleições diretas para sua sucessão. O período constitucional, porém, foi marcado por uma série de greves e pela explosão da animosidade entre comunistas e integralistas. O governo aproveitou para aprovar uma Lei de Segurança Nacional, que criminalizou o confronto de classes e as dissidências militares, além de limitar bastante a criação de partidos políticos cujo objetivo fosse fazer oposição ao regime.

A segunda data crucial para a criação do Estado Novo é 1935. Nesse ano, a esquerda brasileira se alinhou na Aliança Nacional Libertadora (ANL), fundada de acordo com a orientação da URSS no sentido de agregar elementos moderados às fileiras anticapitalistas em vez de boicotá-los, como acontecera na Alemanha, permitindo a subida dos nazistas ao poder. Assim, Luís Carlos Prestes, Carlos Lacerda e outros uniram-se sob a ANL contra Getúlio, numa plataforma nacionalista e pelas liberdades populares, tendo bem mais do que o movimento operário como base. Como era previsível, a repressão à ANL foi grande, e o Partido Comunista Brasileiro precipitou-se numa tentativa de golpe de Estado, em novembro de 1935.

O levante, chamado de "Intentona" pelo regime, foi rapidamente debelado, mas facilitou a implantação definitiva do perfil autoritário do governo, especialmente porque deu forma e conteúdo ao espectro do perigo comunista. Com um Congresso acuado e subserviente, Getúlio aproveitou o clima para multiplicar as instâncias de controle social – ele deu poder paralelo à polícia, representada pela figura do ex-tenente Filinto Müller, para ser quase um Estado dentro do Estado.

A sucessão presidencial, prevista na Constituição, era de uma fragilidade evidente. Bastava um motivo, qualquer um, para que o processo fosse interrompido e Getúlio pudesse consolidar sua ditadura. O motivo de ocasião foi o chamado "Plano Cohen", uma peça de ficção elaborada por um militar integralista sobre como seria um golpe comunista e que foi convenientemente considerada verdadeira pelo Exército. Ato contínuo, as liberdades individuais foram cassadas, com apoio do Congresso, e uma nova Constituição deu a Getúlio o amplo poder discricionário que ele almejava desde 1930.

A chancela a Getúlio se deu, sobretudo, entre os industriais, aqueles mesmos que haviam, de certa maneira, tentado impedir sua ascensão no início dos anos 1930. Eles se renderam à ideia segundo a qual somente um Estado forte poderia tirar o país de seu atraso econômico. Formou-se assim um consenso em torno de Getúlio, que ademais contava com o apoio, ou a apatia, das massas – especialmente depois que o regime reprimiu os movimentos sociais e o Partido Comunista.

A partir da construção desse consenso, Getúlio perseguiu um novo modelo de país. No plano econômico, houve o forte incentivo para a substituição das importações, o que implicava uma reorganização do sistema produtivo nacional, estimulando a industrialização em massa. A proximidade da Segunda Guerra Mundial acelerou esse processo, uma vez que o conflito certamente dificultaria as importações. Mas esse modelo, por outro lado, tinha um forte apelo nacionalista, que acabou sendo a marca do regime, embora Getúlio tivesse hesitado em vários momentos sobre esse caráter.

O novo modelo estava também baseado no controle das massas, e isso ficou evidente na legislação trabalhista criada por Getúlio com base na experiência fascista italiana. Ao mesmo tempo em que garantia direitos

Vargas entrega a Ademir prêmio pelo Pan-Americano de 1952:
o futebol e seu forte apelo popular estavam na agenda do presidente, que no entanto preferia golfe.

amplos aos trabalhadores e criava o salário mínimo, a iniciativa getulista amarrou os sindicatos ao Estado e criminalizou as greves. Consolidava-se a imagem de Getúlio como "pai dos pobres" e "protetor dos trabalhadores".

Entre 1939 e 1944, essa figura mítica reuniu milhares de pessoas no estádio do Vasco, em São Januário, para de tempos em tempos anunciar alguma nova medida em favor dos trabalhadores. Estava claro que Getúlio entendeu o poder que aquele espaço, o estádio de futebol, tinha sobre a massa. Sua esperteza foi ter unido as pontas.

A primeira medida concreta nesse sentido, no mundo do futebol, foi a intervenção na legislação esportiva, que até 1933 ainda determinava que o futebol era coisa para amadores. Assim, os jogadores de futebol tornavam-se trabalhadores, o que abriu uma nova era para esse esporte no Brasil e deu às classes pobres uma nova e imensa possibilidade de ascensão. Entre as simbologias que Getúlio lutava para construir, essa certamente era uma das mais potentes.

Mas o futebol entrou definitivamente na agenda getulista na Copa de 1938. Naquela oportunidade, estava claro que o esporte em geral se transformara em veículo da afirmação da superioridade nacional – basta lembrar a Copa de 1934, na Itália fascista, e a Olimpíada de 1936, na Berlim nazista. A importância que o evento possuía para a consolidação do Estado Novo se evidenciou na escolha da "madrinha" da seleção, a própria filha de Getúlio, Alzira Vargas. Por trás disso estava a disposição do governo de financiar a seleção e de esperar dela uma resposta à altura das ambições do regime e da formação desse "novo homem" brasileiro.

A seleção que disputou a Copa de 1938 foi a perfeita tradução dos objetivos do varguismo. Sua formação incluiu jogadores negros e brancos, inspirando conclusões sobre as vantagens da miscigenação brasileira, inclusive no que dizia respeito à harmonia social, tão perseguida pelo regime. Leônidas da Silva, o "Diamante Negro", era o símbolo de um time feito para levar ao mundo a força de um país que se afirmava como singular, razão pela qual recebeu atenção especial de Getúlio em pessoa quando o time se despediu para disputar o certame na França.

O Brasil chegou à França com *status* de "país exótico" dado pelos europeus. "Eis os brasileiros, com seu café e seus violões", destacou o jornal *Petit Parisien* quando a delegação desembarcou.[8] Ou seja: o Brasil não era ainda o país do futebol, mas do café e da música popular. Ledo engano, como sabemos. O futebol já havia tomado o Brasil de modo irrefreável, produzindo craques capazes de decidir a favor da seleção contra equipes sul-americanas fortes, e somente a tradicional ignorância europeia a respeito do país explica a ironia do jornal parisiense.

Numa Europa tomada pela xenofobia nacionalista, porém, aquele grupo de jogadores era visto apenas como um punhado de malabaristas sem eficiência técnica e incapaz de vencer. Os europeus se viam como o futuro moderno, enquanto reservavam aos primitivos sul-americanos o rótulo de "artistas", o que mal esconde o menosprezo. A resposta dos "primitivos" foi dada no campo.

O Brasil superou a Polônia na primeira partida com uma épica vitória, por 6 a 5, em jogo decidido apenas na prorrogação. Em seguida, empatou com a poderosa Tchecoslováquia, por 1 a 1, e venceu os tchecos no jogo de desempate, num dramático 2 a 1, de virada. Classificada às semifinais, a seleção enfrentaria a poderosa Itália, campeã do mundo e favorita ao bicampeonato, segundo todos os prognósticos. O time brasileiro, porém, jogaria sem sua estrela máxima, Leônidas, e acabou sucumbindo aos italianos – não sem uma grande polêmica acerca de um pênalti cometido por Domingos da Guia e que seria decisivo para a vitória italiana por 2 a 1. Houve uma comoção nacional em torno da derrota, com ares de tragédia. Getúlio chegou a registrar em seu diário, em 16 de junho: "Não houve audiências. O jogo de *football* monopolizou as atenções. A perda do *team* brasileiro para o italiano causou uma grande decepção e tristeza no espírito público, como se se tratasse de uma desgraça nacional".[9]

O caráter nacional da "desgraça", conforme anotado por Getúlio, foi possível graças, sobretudo, ao rádio, que transmitiu pela primeira vez ao vivo jogos realizados na Europa. As autoridades locais, incentivadas pelo governo, abriram a possibilidade de dispensa do expediente para que os trabalhadores pudessem acompanhar os jogos nas ruas, por alto-falantes ou pelo rádio de carros. Criava-se a sensação de uma experiência coletiva – o ouvinte do jogo no Rio sabia que os torcedores de São Paulo estavam acompanhando o mesmo jogo, no mesmo momento. Getúlio se fez incluir nessa corrente, como registrou a revista *O Cruzeiro*:

> *O presidente Getúlio Vargas, bem como sua esposa, Dona Darcy Vargas, e sua filha, a senhorita Alzira Vargas, num testemunho eloquente do quanto reconheceram o mérito da tarefa confiada aos craques brasileiros, seguiram todos os jogos pelo rádio, acompanhando a vibração da alma popular numa demonstração de solidariedade que há de ser um incentivo grandioso para o esporte nacional.[10]*

O jornal *A Gazeta* registrou, na estreia do Brasil contra a Polônia, o sentimento nacional: "Impossível que não vencêssemos tal jogo, daí o desespero indisfarçável que se apoderou de todos, a atmosfera pesada que envolveu São Paulo como teria envolvido o país inteiro".[11]

A partir desse sentimento, é possível dimensionar a importância do futebol como elemento de definição nacional, devidamente explorado pelo governo. Um telegrama do então ministro da Educação, Gustavo Capanema, à delegação brasileira após a vitória sobre a Tchecoslováquia é uma das provas disso: "A vitória de hoje tem um sentido: tudo pelo Brasil. Peço levar aos nossos invencíveis lutadores a minha palavra de entusiasmo e louvores".[12] O óbvio contraste entre a "colorida" seleção brasileira, com seus improvisos e sua malícia incipiente, e os alvos europeus, com sua técnica mecânica, inspirou boa parte do orgulho patriótico de então.

"Nunca o Rio assistiu a uma tão exaltada demonstração de simpatia, e nunca os brasileiros em geral tiveram ensejo de aquilatar da enorme vantagem do futebol, como elemento de propaganda no estrangeiro", registrou *A Gazeta*. "O que a nossa diplomacia mal pode realizar, o que as nossas missões de expansão no resto do mundo mal conseguem fazer, o futebol levou a cabo num abrir e fechar de olhos. A equipe dos nossos patrícios tornou o nome do Brasil bastante conhecido entre os milhões de europeus que acompanharam, lá, o jogo, com o mesmo interesse com que o acompanhamos aqui."[13]

O Brasil, assim, começava a se enxergar como singular a partir do futebol. A intelectualidade da época não tardou a traduzir o fenômeno. O excelente desempenho da seleção na Copa da França – terminaria em terceiro lugar – levou o sociólogo Gilberto Freyre a considerar o futebol como a expressão das vantagens da democracia racial. "Creio que uma das condições de vitória dos brasileiros nos encontros europeus prende-se ao fato de termos tido a coragem de mandar à Europa desta vez um *team* francamente afro-brasileiro. Tomem os arianistas nota disto",[14] declarou Freyre ao *Correio da Manhã*, deixando entrever a luta, no meio da inteligência brasileira, entre projetos de país distintos – um, de acordo com o fascismo purificador europeu, e outro, afeito às qualidades intrínsecas do Brasil. Getúlio transitava entre ambos, mas Freyre tinha um lado bem definido, e usou o futebol como veículo dessa afirmação em artigo no *Diário de Pernambuco*:

Nosso futebol mulato, com seus floreios artísticos cuja eficiência – menos na defesa que no ataque – ficou demonstrada brilhantemente nos encontros deste ano com os poloneses e os tchecoslovacos, é uma expressão de nossa formação social, democrática como nenhuma e rebelde a excessos de ordenação interna e externa; a excessos de uniformização, de geometrização, de estandardização; a totalitarismos que façam desaparecer a variação individual ou espontaneidade pessoal. No futebol, como na política, o mulatismo brasileiro se faz marcar por um gosto de flexão, de surpresa, de floreio que lembra passos de dança e de capoeiragem. Mas sobretudo de dança. Dança dionisíaca. Dança que permita o improviso, a diversidade, a espontaneidade individual. Dança lírica. Enquanto o futebol europeu é uma expressão apolínea de método científico e de esporte socialista em que a ação pessoal resulta mecanizada e subordinada à do todo – o brasileiro é uma forma de dança, em que a pessoa se destaca e brilha.[15]

O ano de 1938 é assim o marco histórico, se precisamos de um, da descoberta do Brasil como o "país do futebol", unido de modo nacional à noção de brasilidade emanada de sua seleção em campos estrangeiros, jogando com características próprias e que, com o tempo, se tornariam indissociáveis da própria definição que o brasileiro faria de si mesmo. Getúlio Vargas – embora pessoalmente fosse aficionado de golfe – não poderia ficar alheio a esse fenômeno cultural. Como vimos, tratou de vincular o futebol ao Estado e explorou cada centímetro da paixão brasileira a favor de seus projetos de coesão social.

Tudo isso contabilizado, faltava ao Brasil organizar sua própria Copa do Mundo. A hora havia chegado, segundo a sensação geral. Logo depois da Copa da França, ainda em 1938, o jornalista Célio de Barros, representante da Confederação Brasileira de Desportos em um congresso da Fifa realizado em Paris, sugeriu a candidatura do Brasil à Copa de 1942. A Alemanha já havia se oferecido e era favorita para organizar o torneio, deixando o pleito brasileiro com remotas chances. Mas aí veio a Segunda Guerra, em setembro de 1939, provocada pela própria Alemanha nazista.

Anos 1930-1950

Como resultado, a disputa do mundial de futebol teria de esperar mais 11 anos. Ao final dos combates, com a Alemanha derrotada e responsabilizada pelo maior confronto militar da história, a Fifa foi levada a confirmar o Brasil como sede da primeira Copa do pós-guerra, inicialmente marcada para 1949 e, por sugestão brasileira, transferida para 1950.

O Brasil ganharia então a chance de comprovar a superioridade de seu futebol e, por tabela, a emergência de suas possibilidades mundiais e o sucesso de seu modelo de democracia racial. Mal sabíamos a tragédia que estava por vir.

Notas

[1] "A historical link with the French-Comté", disponível em <http://www.fifa.com/aboutfifa/developing/refereeing/news/newsid=71490.html>, acessado em 10 maio 2008.
[2] "Os jogadores da Apea estão tratando da fundação de uma entidade de classe", *A Gazeta - Edição Esportiva*, São Paulo, 29 fev. 1932, p. 7.
[3] Apud Hélio Silva, *O ciclo de Vargas*, São Paulo, Civilização Brasileira, 1964, p. 406.
[4] Apud Lígia Maria Leite Pereira e Maria Auxiliadora de Faria, *Presidente Antonio Carlos:* um Andrada na república, o Arquiteto da Revolução de 30, Rio de Janeiro, Unipac/ Editora Nova Fronteira, 1998, p. 488.
[5] Getúlio Vargas, *Diário*, São Paulo, Siciliano/Rio de Janeiro, Fundação Getúlio Vargas, 1995, v. 1: 1930-1936, pp. 4-5.
[6] João Lyra Filho, Cachimbo, *Pijama e chinelos:* memórias, São Paulo, Edaglit, 1963, p. 264.
[7] Getúlio Vargas, *Diário*, São Paulo, Siciliano/Rio de Janeiro, Fundação Getúlio Vargas, 1995, v. 2: 1937-1942, p. 18.
[8] Arlei Sander Damo, "Selvagens da Bola", em *Revista de História da Biblioteca Nacional*, disponível em <http://www.revistadehistoria.com.br/v2/home/?go=detalhe&id=2024>, acessado em 4 out. 2008.
[9] Getúlio Vargas, *Diário*, São Paulo, Siciliano/ Rio de Janeiro, Fundação Getúlio Vargas, 1995, v. 2: 1937-1942, p. 140.
[10] Denaldo Achnorne de Souza, *O Brasil entra em ação:* construções e reconstruções da identidade nacional (1930-1947), São Paulo, Annablume, 2008, p. 67.
[11] "Estrangeiros, mas brasileiros", *A Gazeta*, São Paulo, 7 jun. 1938, p. 10.
[12] Apud Denaldo Achnorne de Souza, op. cit., p. 67.
[13] "O jogo Brasil-Polônia e a confraternização das colônias", *A Gazeta*, São Paulo, 8 jun. 1938, p. 1.
[14] Plínio José Labriola de C. Negreiros, *Futebol e identidade nacional:* o caso da Copa de 1938, disponível em <http://www.efdeportes.com/efd10/copa382.htm#nota21>, acessado em 2 mar. 2009.
[15] Gilberto Freyre, *Sociologia*, Rio de Janeiro, José Olympio, 1957, v. 1, p. 433.

Anos 1950

O desastre de 1950 e a volta por cima: o complexo brasileiro

A Segunda Guerra Mundial fez muito mais do que adiar o sonho do Brasil de fazer sua Copa. Ela custou o governo de Getúlio. Mesmo tendo colocado o Brasil junto dos Aliados contra os nazistas a partir de agosto de 1942, o ditador e seu regime eram fortemente identificados com a extrema direita agora derrotada na Europa. Seu Estado Novo foi marcado por perseguição a opositores, tortura, censura e forte controle político, ou seja, um extenso cardápio antidemocrático que nada tinha a ver com a nova ordem que se estabelecia depois da derrota do nazi-fascismo.

Ao contrário do que se pode supor, o governo de Getúlio não tinha alinhamento automático com a Alemanha nazista ou com a Itália fascista, como as aparências sugerem muitas vezes. A política externa brasileira no período pré-guerra foi marcada pelo pragmatismo – ora aproximando-se dos EUA, que emergiam como potência, ora da Alemanha, que estava em vias de dominar a Europa. Era uma forma de explorar a competição entre alemães e americanos pelos "corações e mentes" dos latino-americanos. Getúlio tratava os alemães como parceiros comerciais privilegiados, mas escolheu Osvaldo Aranha, um notório simpatizante dos EUA, como chanceler. Havia, entre os dirigentes militares brasileiros, forte apreço pelos nazistas, mas o governo chegou a expulsar o embaixador alemão, em 1938, em meio à suspeita de infiltração de agentes do Terceiro Reich no Rio Grande do Sul.

Com a guerra, o governo se viu pressionado por manifestações populares a aderir aos Aliados contra os nazistas. O envolvimento culminou com o envio de 20 mil soldados da Força Expedicionária Brasileira, que lutaram até 1944. O retorno desse contingente, recebido com grande emoção no Brasil, acelerou a demanda pela abertura democrática. Getúlio aceitou a abertura, mas acabou sendo deposto pelos militares que haviam feito a revolução com ele, 15 anos antes, porque estava claro que manobrava para se manter no poder.

Novamente por força da vontade militar, a história republicana brasileira mudava de rumo. Começava, com a eleição de 2 de dezembro de 1945, o chamado "período democrático", que duraria até 1964. Ao contrário do que o nome sugere, não foi uma época de estabilidade política. As conspirações se multiplicaram, em meio à continuidade dos projetos de industrialização e modernização do Brasil iniciados por Getúlio.

O general Eurico Gaspar Dutra venceu as eleições de modo surpreendente – pouca gente apostava nele, visto como contraponto atrasado da candidatura do brigadeiro Eduardo Gomes, representante das classes médias urbanas e do pensamento democrático liberal. Apoiado por Getúlio,

Dutra triunfou e assumiu a presidência em janeiro de 1946. O varguismo ainda dava sinais de vida, sobretudo porque um dos partidos criados por ele, o PSD, fez maioria absoluta no novo Congresso, que elaboraria uma nova Constituição.

Mas o clima internacional estava cada vez mais pesado, reabrindo no Brasil a temporada de caça aos comunistas. O Partido Comunista acabaria banido em janeiro de 1948, no início do período conhecido como Guerra Fria, em que o mundo do pós-guerra se reconfigurava no confronto entre o Ocidente capitalista e o Oriente comunista. O elemento anticomunista ganhou força e seria, em muitos aspectos, decisivo na formulação da ideia de Brasil naquele período – o fantasma vermelho, dali em diante, seria usado como argumento para a eventual supressão das liberdades individuais e alimentaria as conspirações da caserna.

Por outro lado, o Brasil aproveitou os ventos econômicos favoráveis da recuperação mundial e cresceu a uma taxa média de 8% ao ano entre 1946 e 1950. Isso gerou considerável sensação de impulso, cujo efeito colateral mais evidente foi a inflação, muito acima dos reajustes salariais. Desse modo, a sucessão de Dutra começou dois anos antes do fim de seu mandato, e com a sombra de Getúlio cada vez mais consistente, entre outros motivos porque parecia óbvio que os trabalhadores votariam em quem lhes prometesse mais proteção diante de um cenário econômico que apontava para o arrocho. O apoio do populista paulista Adhemar de Barros a Getúlio sacramentou essa impressão.

Foi nesse clima de incerteza política e econômica que Dutra investiu suas forças na realização da Copa de 1950. Dois anos antes, começou a construção do Maracanã, que viria a ser o maior estádio do mundo na época e que se tornaria o símbolo desse Brasil que almejava ser grande, a despeito dos problemas crônicos de sua eterna transitoriedade. Cerca de 3.500 operários foram mobilizados para a obra do estádio, que funcionou, no imaginário popular, como a nossa São Petersburgo – no século XVIII, a título de igualar-se às capitais europeias iluministas, o czar russo Pedro mandou construir uma cidade sofisticada às margens lodosas do rio Neva, mobilizando para isso todos os pedreiros de seu império. O Maracanã seria, do mesmo modo, a prova de que poderíamos eventualmente superar aquilo que de melhor havia na Europa, como prova da pujança nacional.

O atraso brasileiro era evidente. "Se na técnica futebolística somos os primeiros do mundo, em matéria de estádio perdemos até para o Equador, em cuja principal cidade, depois da capital, existe um estádio tão imponente quanto confortável", relatava a revista *O Cruzeiro* em fevereiro de 1949.[1] Assim, o Brasil da Copa de 1950 seria o país que não somente mostraria sua força no esporte mais popular do planeta, mas também seria capaz de erguer, do nada, o maior estádio do mundo.

Havia, portanto, uma clara continuidade da luta surda pela construção da identidade brasileira a partir do futebol. O triunfo brasileiro seria uma resposta àqueles que nos julgavam meros amadores primitivos. A intelectualidade do país se dividia a esse respeito. Por um lado, Gilberto Freyre, como vimos, liderava o grupo dos que viam na diversidade étnica o trunfo brasileiro, o motor de sua força e de sua vida. Até Rachel de Queiroz escreveu a esse respeito, também em *O Cruzeiro*:

> *Fala-se muito na indolência do mestiço nacional, já se escreveram bibliotecas acerca da incapacidade da nossa raça para tudo que exija esforço físico. Mas basta a paixão brasileira pelo futebol para mostrar exatamente o contrário: no ardor com que se entregam ao "esporte das multidões" nossos patrícios de todas as idades e de todas as condições sociais, está o maior desmentido da nossa preguiça.*[2]

Do outro lado estavam intelectuais refinados como Paulo Prado, egresso da Semana de 22 e respeitado no mundo acadêmico. É em *Retrato do Brasil* que ele apresenta uma ideia de Brasil subjugado à volúpia da natureza e do clima quente e úmido, em que a desgraça da miscigenação enfraqueceu decisivamente o brasileiro. "Afastada a questão de desigualdade [racial], resta na transformação biológica dos elementos étnicos o problema da mestiçagem. Os americanos do Norte costumam dizer que Deus fez o negro, mas que o Diabo fez o mulato. É o ponto mais sensível do caso brasileiro", escreveu ele. E mais adiante calculou em "cinco ou seis gerações" o tempo necessário para o surgimento da verdadeira civilização brasileira, a partir do desfazimento da miscigenação.[3]

A Copa de 1950 vinha assim num momento em que havia no Brasil o desejo de mostrar orgulho por suas origens e desenvolvimento, uma forma de provar que o país não era somente um lugar musical, luxuriante e improdutivo. A construção do Maracanã e a vitória na Copa dariam uma lição ao mundo. "Ufano-me do meu país!", escreveu Austregésilo de Ataíde em *O Cruzeiro*, a esse respeito.

> *Muita admiração tem tido o povo do Estádio Municipal. As proporções do monumento, sagrado pela orgulhosa afirmativa de ser o maior do mundo, as extraordinárias comodidades previstas para os seus frequentadores, a perfeição técnica da estrutura, lisonjeiam a nossa vaidade. Enfim, fizemos alguma coisa verdadeiramente única! Pois não é certo que, donos de um dos maiores países do mundo e onde tantas obras da natureza são agigantadas, sofremos de um complexo de mesquinhez que se revela pelo acanhado das realizações humanas?[4]*

O governo Dutra, por sua vez, tinha a clara intenção de colocar o Brasil entre os grandes no concerto internacional em tempos de Guerra Fria. Havia uma óbvia aproximação com os EUA, e o presidente encontrou na Copa a oportunidade de provar aos americanos a capacidade de organização brasileira, num evento que atrairia a atenção de todo o mundo.

De fato, o Maracanã arrancou elogios rasgados no exterior. "Não é somente o maior estádio, mas, acima de tudo, é o mais belo, a construção de beleza mais surpreendente em sua natureza no mundo", escreveu o respeitado jornalista austríaco Willy Meisl, especialista em futebol.[5] O jornalista francês Jean Eskenazi, por sua vez, lamentou a ausência da seleção de seu país na Copa brasileira, em termos indisputáveis:

> *Que fabuloso espetáculo perderam os jogadores franceses! Eu sei que jamais se consolarão [...]. Não estiveram no estádio mais lindo que eu jamais vi, dentro do qual não se acredita que seja tudo realidade,*

mais parece um sonho fantástico de Salvador Dali [...] Ou melhor ainda, um estádio que causa êxtase, como se ainda a gente estivesse diante da maquete do arquiteto, não se podendo imaginar que chegue um dia a ser real, palpável e vivo! E com quanta vida![6]

O caminho até esse deslumbramento, no entanto, foi tortuoso. Em 1947, um ano depois da escolha do Brasil para sediar a Copa de 1950, o Rio abriu licitação para a escolha do projeto que levantaria o Maracanã. O debate na Câmara Municipal, recém-reaberta após o fim do Estado Novo, foi liderado por Ary Barroso, que se elegera graças à sua popularidade como locutor de futebol na Rádio Tupi. Ary foi um entusiasmado defensor do estádio e, embora fosse da União Democrática Nacional (UDN, liberal), conseguiu o apoio dos vereadores do PCB para o projeto, garantindo sua aprovação. Na negociação, os comunistas esperavam que a prefeitura construísse pequenos estádios no subúrbio do Rio, o que acabou não acontecendo.

Houve acaloradas discussões na Câmara sobre o estádio, sobretudo entre os udenistas. O projeto de Ary foi criticado pelo vereador Tito Lívio, que questionou o gasto com o Maracanã e defendeu que o dinheiro fosse destinado à saúde. Carlos Lacerda, o vereador mais votado do Rio, era contra o tamanho previsto (150 mil lugares) e disse que não haveria cimento suficiente para a construção. "O Brasil vai importar cimento da Inglaterra para que o nosso colega, o sr. vereador Ary Barroso, possa irradiar jogos de futebol", discursou ele.[7] Lacerda acabou aceitando o estádio, mas queria a construção em Jacarepaguá, e com 60 mil lugares. Então Ary Barroso encomendou uma pesquisa do Ibope para saber onde o carioca gostaria que o estádio fosse erguido. A maioria absoluta (56,8%) escolheu o local indicado por Ary, a área do Derby Club, razão pela qual o Maracanã ficou inicialmente conhecido como "Gigante do Derby". Apenas 9,7% aceitaram a sugestão de Lacerda.

Sobre a necessidade de construção do estádio, a pesquisa era ainda mais clara: 79,2% achavam que o Maracanã tinha de ser erguido, e 53,6% se disseram dispostos a pagar mais impostos para que a prefeitura tocasse o projeto. O apoio popular fora obtido em grande medida pela atuação de Ary Barroso e, principalmente, do jornalista Mario Filho, que mobilizou a opinião pública com uma incansável campanha pelo Maracanã, nas páginas do *Jornal dos Sports*.

Mario Filho era uma espécie de "ministro sem pasta do futebol brasileiro", na definição de Ruy Castro.[8] Apaixonado pela força desse esporte, criou a Copa Rio, que trouxe times estrangeiros para o Brasil, e o Torneio Rio-São Paulo, chamado de Torneio Roberto Gomes Pedrosa, embrião do atual Campeonato Brasileiro. Com justiça, o Maracanã acabou sendo rebatizado com seu nome, logo após sua morte, em 1966.

O Maracanã era apenas o lado mais vistoso do esforço brasileiro para a realização da Copa. Dois anos antes do pontapé inicial, as perspectivas eram terríveis. Como vimos, o Brasil não tinha estádios de porte para uma competição desse nível, com perspectiva de grande público e atenção internacional. Só o Maracanã não seria suficiente.

Em 1948, havia apenas dois estádios que podiam ser considerados prontos para a Copa: o Pacaembu, em São Paulo, e o Durival Britto e Silva, em Curitiba, ambos novinhos em folha. Os demais estados, mesmo aqueles com times bastante competitivos – casos do Rio Grande do Sul e de Minas Gerais –, ainda estavam às voltas com projetos e disputa por verbas. Em Belo Horizonte, foi inaugurado em 25 de junho de 1950, um dia depois da abertura da Copa, o Estádio Raimundo Sampaio, conhecido como Independência, com capacidade para 18 mil pessoas. Foi o palco daquela que é considerada um das maiores zebras de todas as Copas, a derrota da Inglaterra para os EUA por 1 a 0 – a Copa de 1950 foi a primeira com participação dos ingleses, que até então haviam se recusado a disputar o torneio porque consideravam sua seleção muito superior às demais.

Em Porto Alegre, as arquibancadas de madeira do Estádio dos Eucaliptos, do Internacional, foram reformadas com concreto, com dinheiro da CBD. Seus menos de 15 mil assentos receberam três jogos da Copa. O outro estádio da competição foi o da Ilha do Retiro, do Sport de Recife, com capacidade para 35 mil torcedores. Receberia um jogo. As demais partidas foram disputadas no Pacaembu, no Durival Britto e, claro, no Maracanã.

As obras do estádio carioca terminaram uma semana antes da abertura da Copa, em 16 de junho de 1950. A tinta ainda estava fresca e muita coisa estava por fazer quando uma seleção carioca e uma paulista se enfrentaram naquele dia – o primeiro gol do "templo do futebol" foi marcado pelo carioca Didi, insuficiente para evitar a derrota por 3 a 1 para os paulistas. Na inauguração, o presidente Dutra cortou a fita, e o prefeito Angelo Mendes de Morais, general entusiasta da construção do estádio, batizado inicialmente com seu nome graças a isso, relatou ao público o hercúleo esforço para chegar até ali, a despeito do pessimismo.

O regozijo de Morais era uma maneira de assegurar que, no que dependesse das autoridades públicas, o Brasil venceria a Copa. Como a seleção era tida como favorita desde sua excelente performance na Copa de 1938, o Brasil foi para o Mundial com a sensação de que a vitória seria apenas consequência da superioridade do país. No *Jornal dos Sports*, já com a Copa em andamento, Morais foi claro quanto à obrigação da seleção depois dos imensos esforços públicos para que a Copa ocorresse: "Jogadores do Brasil! A batalha do Campeonato Mundial se compunha de duas partes. A primeira: a construção do Estádio, e ele aí está. A segunda é a vitória do Brasil no campeonato. O Governo Municipal, na parte que lhe competia, cumpriu o seu dever. Brasileiros, cumpri com o vosso."[9]

A seleção brasileira do treinador Flavio Costa estava, de fato, confiante. Dava-se ao luxo de escalar a equipe só com jogadores paulistas quando atuava em São Paulo, como agrado político que daí em diante se tornaria praxe. Em abril de 1948, o Brasil perdera a Copa Rio Branco para o Uruguai – na época, porém, o resultado não foi considerado um mau presságio do que viria a acontecer na Copa do Mundo. No torneio, estreava o goleiro Barbosa, o negro Barbosa, do Vasco da Gama, que seria o símbolo da tragédia bíblica que estava para acontecer. Em 1949, o Brasil sediou e faturou o Campeonato Sul-Americano, sem sustos, embora os adversários fossem desprezíveis – a Argentina não mandou sua seleção por estar brigada com a CBD, e o Uruguai enviou um time de juniores. Um mês antes do início da Copa, o Brasil disputaria e venceria ainda dois torneios, contra o Uruguai

Anos 1950

e contra o Paraguai, e muitos acham que o país começou a perder a Copa ali, graças ao desgaste. Difícil saber.

O Brasil estreou na Copa em 24 de junho de 1950, às 15h, diante de mais de 80 mil torcedores na novíssima Santa Sé do futebol, o Maracanã. O adversário foi o México, devidamente massacrado: 4 a 0. Quatro dias depois, Flavio Costa escalaria somente paulistas para o jogo contra a Suíça, no Pacaembu. A seleção ficou no 2 a 2, levando o gol de empate aos 43 minutos do segundo tempo, para decepção de cerca de 40 mil torcedores. Mas em 1º de julho o Brasil faria uma de suas melhores partidas, contra a Iugoslávia, vencendo por 2 a 0 e retomando a confiança, sacramentada nas espetaculares goleadas de 7 a 1 sobre a Suécia e de 6 a 1 sobre a Espanha – quando os mais de 150 mil torcedores no Maracanã cantaram em uníssono o sucesso "Touradas de Madri", de Braguinha.

Restava apenas o último jogo. O título seria disputado contra o conhecido Uruguai, que enfrentara muitas dificuldades em sua caminhada na Copa – no último jogo, a Celeste sofrera para virar e derrotar a Suécia no Pacaembu, por 3 a 2, comandada por Obdulio Varella. Por ter tido melhor campanha, o Brasil jogaria por um empate para ficar com o título.

O clima na véspera do jogo era de favas contadas. O jornal *A Noite* publicou uma página com as fotos de todos os jogadores da seleção sob o título "Estes são os campeões do mundo" – consta que Varella, o capitão uruguaio, comprou vários exemplares do jornal e mostrou a seus companheiros de time, para estimulá-los. Na véspera do jogo, em lugar de se concentrarem, os jogadores brasileiros foram levados para o estádio de São Januário, onde sofreram assédio de torcedores e de cartolas, ávidos por faturar em cima do sucesso garantido da seleção – essencial sobretudo num ano de sucessão presidencial como 1950. "Durante a Copa, jogadores receberam camisa, corte de terno, relógios e lustres", relatou, anos mais tarde, o atacante são-paulino Friaça. "Na concentração em São Januário, eu assinei autógrafos como 'campeão do mundo'. Assinei!"[10]

E então veio o grande jogo. Os números variam de 173 mil a 199 mil torcedores na decisão, de qualquer maneira o maior público da história das Copas. Todos devidamente confiantes no triunfo brasileiro. Ao contrário dos outros dois jogos, porém, a linha ofensiva da seleção – capitaneada pelo artilheiro Ademir de Menezes, o Queixada – parou nos zagueiros uruguaios. O primeiro tempo terminou em 0 a 0, e a torcida diminuiu um pouco seu ímpeto. Na volta para o segundo tempo, logo aos dois minutos de jogo, Friaça abriu o placar. Júbilo no Maracanã: como o empate servia ao Brasil, o gol ampliou a vantagem de modo considerado irreversível. A festa pelo título mundial começava. "Ali nós já éramos deuses", relembrou Friaça.

Mas os uruguaios não se sentiram convidados para a comemoração. O capitão Obdulio Varella reclamou de impedimento de Friaça, mas o juiz, o inglês George Reader, não lhe deu ouvidos. Então ele pegou a bola e a levou ao meio de campo, gritando para seus companheiros: "Chegou a hora de vencer". Aos 22 minutos, Schiaffino empatou o jogo, depois de um cruzamento de Ghiggia, que vencera o lateral Bigode na corrida. Nascia ali o drama brasileiro – e começava a ser criado um dos vilões da derrota, o negro Bigode, do Flamengo.

O Uruguai se lançou ao ataque, em meio a uma sufocante apreensão dos milhares de testemunhas do calvário. Doze minutos depois do empate, o mesmo Ghiggia, que estava infernizando a defesa brasileira, passaria novamente sem dificuldades por Bigode e avançaria em direção à área. Neste momento, surge o segundo vilão dessa história – Barbosa, o negro Barbosa, goleiro do Vasco, o time que havia colocado os negros pobres no centro do futebol brasileiro. Pois Barbosa, pensando que Ghiggia repetiria o cruzamento para Schiaffino, que entrava na área, deu um passo para fora do gol, a fim de se antecipar. Esperto, Ghiggia manteve a corrida e chutou direto para o gol. Esse lance, repetido milhões de vezes desde então, gravou-se no imaginário brasileiro a ferro.

Enquanto Ghiggia corria apontando para as arquibancadas o escudo de sua seleção estampado em seu peito, a torcida brasileira emudeceu. O silêncio do Maracanã, naquele dia 16 de julho de 1950, entrou para a história do futebol mundial. "A derrota foi um golpe", descreveu o *Jornal dos Sports*. "Ninguém deixou de senti-lo. Quando o Uruguai marcou o segundo gol o silêncio que se fez no estádio – o silêncio de duzentas mil pessoas –

chegava a assustar. Era a desolação da derrota."[11] Os jogadores brasileiros choravam copiosamente, e houve jogadores do Uruguai que choraram junto, tamanha a comoção. Em meio ao transe, nenhum organizador apareceu para entregar a taça aos vencedores – a tarefa ficou a cargo de um atônito Jules Rimet, presidente da Fifa, que havia preparado um discurso em português para saudar os campeões brasileiros.

Um dos melhores relatos da época sobre a tragédia foi publicado no jornal *Folha Carioca*. Até Napoleão é citado:

Aqueles que compareceram ao Estádio Mendes de Morais, na tarde de ontem, cheios de fé e alegria no onze brasileiro jamais poderiam imaginar que, numa partida decisiva, onde bastava o empate para nos dar o título máximo, pudéssemos deixar o gramado vencidos. E sobretudo vencidos por um quadro que, embora fazendo jus ao triunfo, por ter aproveitado as duas oportunidades que se lhe ofereceram, foi, no atual certame, menos produtivo e menos positivo do que a equipe brasileira.

Por isso mesmo, o espetáculo que se desenrolou aos nossos olhos, após o apito final de Georges Reader, foi desses que, por suas características impressionantes, tão cedo não sairá da retina daqueles que tiveram o ensejo, o triste ensejo, digamos assim, de presenciá-lo. Aquela multidão de duzentas mil pessoas não teve coragem de deixar o estádio.

Tinha-se a impressão que estávamos em um Dia de Finados, assistindo ao enterro de um ente querido. As dependências do "Colosso do Derbi", pareciam lotadas por milhares e milhares de parentes e amigos do suposto defunto, que o pranteavam, num silêncio só interrompido pelos soluços de muita gente que não resistiu à intensidade da dor. Lá embaixo, no gramado, os jogadores uruguaios, ao comemorar a grande conquista, pareciam ateus profanando um lugar sagrado...

Quando, minutos depois, a massa começou a deixar o estádio, a tristeza estava estampada em sua fisionomia. Por todas as ruas, por todos os cantos, a mesma decepção, a mesma dor. A cidade adormeceu de luto... [...]

O futebol explica o Brasil

Tristeza geral causou a vitória do Uruguai sobre a seleção brasileira, na tarde de ontem, justamente no momento em que o campeonato do mundo estava ao alcance de nossas mãos. Tristeza geral, repetimos, mas não a tristeza mansa dos que sabem perder; era antes uma espécie de revolta contra tudo e contra todos, a condenação inapelável dos nossos jogadores, a severa crítica contra a nossa tática de jogo e, finalmente, um mundo de acusações desabando, implacável, contra o técnico Flávio Costa. Numerosas substituições de jogadores começaram, de repente, a ser apontadas como necessárias a uma vitória que já estava bem distante.

Os mesmos jogadores que abateram com tremendas goleadas os selecionados da Espanha e da Suécia já não se apresentavam aos olhos do público como os esforçados "cracks" que tantos aplausos mereceram... Tudo estava esquecido, condenado, imprestável. Zizinho, apenas, era o condutor das mais belas jogadas. Mas Jair não passava de um fantasma dançando na tarde triste do Maracanã; e Ademir, o goleador em primeiro lugar na Copa do Mundo, era tão inútil quanto uma coisa morta. Esse o terrível julgamento do nosso público após soar o apito final...

Há, porém, muita coisa esquecida. Na pressa das conclusões ditadas pela decepção da grande surpresa, foi esquecido o próprio valor dos jogadores uruguaios; o fator sorte, tão importante em futebol, que favoreceu em todos os sentidos a seleção oriental; e, mais do que tudo, a própria razão de todos os acontecimentos.

Um dia, Napoleão, meio louco e meio soldado, saiu da França e começou a dominar o mundo. Os seus exércitos foram crescendo em entusiasmo e se transformaram numa gigantesca horda invencível. A História narra os seus feitos mais incríveis, as suas conquistas quase impossíveis, os seus lances de heroísmo. Ninguém podia vencer Napoleão e ele, em seus sonhos de louco, já se considerava o senhor do mundo. Mas nasceu a derrocada do inesperado: Waterloo. Seria possível a destruição dos exércitos e dos planos do poderoso conquistador? Em Santa Helena, sozinho e amargurado, ele próprio não encontrou

*a explicação que o universo inteiro procurava, atônito. Ele apenas
perdera a batalha...*

A seleção do Uruguai equivale ao nosso Waterloo na Copa do Mundo.[12]

O silêncio do Maracanã entrou também para a História do Brasil. Daquele momento em diante, a identidade brasileira, tão vivamente construída durante as décadas de 1930 e 1940 a partir da noção de que nossa singularidade residia na nossa diversidade racial, entrou em parafuso. A força daquelas circunstâncias pode ser medida pela repercussão que o resultado inesperado e profundamente simbólico teve do outro lado, isto é, no Uruguai. Relata o escritor uruguaio Eduardo Galeano:

*No nosso caso, há de se ter em conta que foi o futebol que pôs no mapa
do mundo, lá por volta dos anos 20, este pequeno país. [...] Os uruguaios encontraram no futebol um meio de projeção internacional
e uma certeza de identidade: ainda hoje, sobrevivem com mais vigor na nostalgia que na realidade, mas restou o costume. O futebol
continua sendo uma religião nacional e, a cada domingo, esperamos
que nos ofereça um milagre. A memória coletiva vive consagrada às
liturgias do Maracanã: o feito histórico vai cumprir meio século [o
autor escreve em 1998], e o recordamos nos mínimos detalhes, como se
tivesse ocorrido na semana passada, e à sua ressurreição encomendamos nossas almas.*[13]

Para o Brasil, o impacto dessa derrota teria importância bastante semelhante. "Se podemos ser bons no esporte, podemos ser em outros setores", dizia o *Jornal dos Sports* na véspera da final.[14] O país, que começava a se orgulhar de seus feitos, e o Maracanã era um dos mais vistosos deles naquela oportunidade, viu-se de repente como um derrotado, no momento mesmo em que todas as circunstâncias lhe pareciam favoráveis, como se o destino não quisesse que o Brasil fosse grande, afinal.

Um dos questionamentos mais discutidos foi suscitado pela presença dos jogadores negros na seleção – ou seja, aquilo que era tido como trunfo passou a ser visto como fardo. Barbosa e Bigode eram negros e foram responsabilizados diretamente pela inesperada derrota, além do zagueiro Juvenal, que também falhou. A derrota não era apenas da seleção, mas aparentemente também de um projeto de país, de um sentido de comunidade que se estava construindo, tendo o futebol como símbolo e a mulatice freyreana como representação.

Toda a trajetória de abertura do futebol estava colocada em xeque, como escreveu Mario Filho em *O negro no futebol brasileiro*: "O Campeonato do Mundo de 1950, em vez de glorificar um novo ídolo do futebol brasileiro, que, segundo todas as probabilidades, seria outro mulato ou preto à imagem e semelhança de Arthur Friedenreich e Leônidas da Silva, o que fez foi reavivar um racismo ainda não de todo extinto."[15] Os "bodes expiatórios", como Mario Filho os chama, foram, claro, Barbosa, Bigode e Juvenal. "Era o que dava, segundo racistas que apareciam aos montes, botar mais pretos e mulatos do que brancos num escrete brasileiro."[16]

Outros negros foram poupados, em especial Zizinho, o grande craque brasileiro da época, ídolo de gente como Pelé. Zizinho, ou Thomaz Soares da Silva, começou cedo no Flamengo, e naquele time, que até a década de 1940 abrigava a aristocracia carioca, formou com Leônidas da Silva, Fausto e Domingos da Guia um grupo de jogadores negros que fez história e alavancou a popularidade do time. Zizinho e seus companheiros foram os responsáveis pelo sensacional tricampeonato carioca obtido pelo Flamengo (1942-43-44).[17] Acabou poupado das críticas em 1950 talvez porque fosse um craque negro sobre quem não recaíam suspeitas. Mas foi deixado de fora da seleção que disputaria a Copa de 1954, como veremos adiante.

Seria preciso quase uma década para começar a cauterizar essa ferida, cuja origem remonta à própria estrutura vertical, rigidamente hierárquica, de uma sociedade brasileira mal saída de quatro séculos de escravidão. O negro despertava (e ainda desperta) no Brasil sentimentos ambíguos. Serve para explicar o sucesso e o fracasso do país. E 1950 foi a prova definitiva disso.

Goleiro Barbosa, escolhido como bode expiatório da derrota brasileira em 1950: os jogadores negros pagam o pato coletivo.

Com a derrota, também entrou em parafuso a certeza de que o Brasil estava apto a pleitear um lugar entre as grandes nações do mundo. Mario Filho ainda tentou, em suas crônicas, levantar o ânimo dos brasileiros, ao dizer que o importante não era ter conquistado a Copa, mas ter sido capaz de realizá-la. Com esse estado de espírito os brasileiros foram às urnas em outubro daquele ano, para escolher o sucessor de Dutra. Getúlio Vargas, com a promessa de impulsionar a industrialização do país e manter viva a chama do desenvolvimento, venceu e voltou ao poder.

Mas Getúlio voltou ao Catete para conduzir um país crescentemente rachado. O Exército, conhecido arrimo dos governos republicanos, se dividia entre os nacionalistas – aqueles que queriam a presença do Estado na economia e pregavam a industrialização, mas num sistema que não dependesse do capitalismo internacional – e os "entreguistas" – que defendiam um Estado menor, a abertura ao capital externo e a aproximação incondicional com os EUA. Em tempos de Guerra Fria é possível imaginar o clima que tal divisão gerou entre as Forças Armadas.

Além da caserna, Getúlio teve de enfrentar o descontentamento popular com a alta da inflação, que entre 1950 e 1953 havia saltado de 12,4% ao ano para 20,8%. O desafio era equilibrar-se entre as demandas trabalhistas e a promoção do crescimento, saneando, a partir de medidas impopulares, uma economia fragilizada após a guerra. Nesse período, o governo americano reduziu as linhas de investimento nos países em desenvolvimento, o que tornou ainda mais difícil para o Brasil obter crédito.

Getúlio, então, fez sua escolha. No Primeiro de Maio de 1951, diante de milhares de pessoas no estádio de São Januário, conclamou os trabalhadores a se unirem a ele na defesa dos interesses nacionais diante dos "especuladores e gananciosos". E sobraram sintomas de bonapartismo, isto é, a intenção de atropelar as camadas da democracia representativa, estabelecendo conexão direta com as ruas: "Não me elegi sob a bandeira exclusiva de um partido, e sim por um movimento importante e irresistível das massas populares".[18] O discurso assim indicava a disposição do presidente de ignorar as instâncias de representação democrática, apelando diretamente ao "movimento", expressão típica dos fascismos. Prometia uma "nova era de verdadeira democracia social e econômica", contra "uma democracia meramente política, que desconhece a igualdade social", e desafiou "os que pretendem separar-me do povo, ou separá-lo de mim". Estava dada a senha para o confronto institucional que só faria recrudescer dali em diante.

O caudilho não havia perdido a forma, mesmo em período democrático. O momento brasileiro, de crise econômica e de identidade, favoreceu o populismo de modo decisivo. A revista acadêmica *Anhembi*, a propósito da eleição de Getúlio, publicou:

> *No dia 3 de outubro, no Rio de Janeiro, era meio milhão de miseráveis, analfabetos, mendigos famintos e andrajosos, espíritos recalcados e justamente ressentidos, indivíduos que se tornaram pelo abandono*

de homens boçais, maus e vingativos, que desceram os morros emba-
lados pela cantiga da demagogia berrada de janelas e automóveis,
para votar na única esperança que lhes restava: naquele que se pro-
clamava o pai dos pobres, o messias-charlatão.[19]

Os liberais, dessa maneira, faziam um diagnóstico preciso de sua própria desgraça: a emergência das massas fora captada por um punhado de
líderes carismáticos capazes de cortejá-las e de lhes dar autonomia em
meio a um sistema viciado de representação. Houve quem lamentasse a
democracia de massas porque tornava a corrupção algo "coletivo" – ou seja,
os eleitores seriam "comprados" com promessas de ajuda direta. Os liberais, basicamente representados pela UDN, entenderam que, nesse sistema,
o importante era prometer, e não necessariamente cumprir.

Um sintoma importante da iminência do colapso do sistema político tradicional foi a eleição, em 1953, de um obscuro vereador chamado Jânio Quadros para prefeito de São Paulo, com uma campanha que
opunha o "tostão" ao "milhão" e que prometia "varrer a corrupção". A
mesma São Paulo cheia de operários e pequenos burgueses havia escolhido Adhemar de Barros como governador em 1947, numa aliança com
os comunistas. Getúlio elegera-se presidente em grande parte graças ao
voto paulista. Os três, de distintas formas, personificavam o Estado que
era desejado pela massa.

A resposta não tardou. O jornalista e político Carlos Lacerda, da UDN,
liderou uma feroz campanha contra Getúlio e defendia que, após a renúncia do presidente, deveria ser decretado estado de emergência para refor-
mar o sistema político de modo a limpá-lo do populismo. Em fevereiro de
1954, os militares lançaram um manifesto em que salientavam o "risco de
uma subversão violenta dos quadros institucionais da nação".[20]

No mesmo mês, Getúlio afastou João Goulart do Ministério do Trabalho. Jango estava sob intensa pressão por supostamente articular uma "república sindicalista". Mas Getúlio deu uma no cravo e outra na ferradura,
ao conceder também 100% de aumento no salário mínimo no momento
em que demitiu Jango. Além disso, começou a culpar o "capital estran-

geiro" pelos problemas econômicos e passou a investir pesadamente em estatais que substituíssem esse capital nas áreas de infraestrutura e energia – abril de 1954 marca a criação da Eletrobras, e no ano anterior havia sido inaugurada a Petrobras, estabelecendo o monopólio da exploração do petróleo. Reforçava, assim, o "nacionalismo populista" por meio do qual buscava apoio nas margens da burguesia liberal e que acabaria justificando o gesto dramático do suicídio, pouco tempo depois.

Três meses antes da morte de Getúlio, o país estava uma pilha de nervos, e isso se refletiu no desempenho da seleção brasileira na Copa do Mundo daquele ano. A instabilidade conjuntural vinha se somar à persistente impressão de que o "país do futebol" soava como uma farsa incômoda. O nacionalismo varguista encontrava no futebol um respaldo ressabiado, incompleto.

Em 1954, o torneio voltaria à Europa pela primeira vez depois da guerra e seria disputado na Suíça, país considerado neutro no conflito. O time brasileiro teve de enfrentar uma fase eliminatória pela primeira vez. A despeito do clima de desconfiança, ainda derivado do desastre de 1950, o time era considerado muito bom e passou por seus adversários sem muitos problemas, em quatro jogos entre fevereiro e março. No entanto, havia jogado três torneios entre 1952 e 1954, e o desempenho deixara o torcedor com um pé atrás – como se precisasse de mais motivos para isso.

No primeiro, o Pan-Americano de 1952, o Brasil sagrara-se campeão em cima do Uruguai, em jogo tenso e violento, na primeira das inumeráveis "revanches do Maracanazo". Dessa vez, Ghiggia não teve espaço, e Didi comandou o triunfo brasileiro, apagando um pouco a imagem negativa deixada pela equipe dois anos antes. Em seguida, porém, a seleção, com jogadores bastante jovens, chegaria apenas em quinto lugar em sua primeira Olimpíada, a de Helsinque, em 1952. Os brasileiros ficaram contentes mesmo foi com Ademar Ferreira da Silva, no salto triplo, ganhador da segunda medalha de ouro da história do esporte brasileiro. Ele quebrou o recorde mundial quatro vezes no mesmo dia, e voltaria a quebrá-lo três anos depois, nos Jogos Pan-Americanos do México. Esses feitos foram tão importantes que mereceram duas estrelas sobre o escudo do clube de

Ademar, o São Paulo, que o time de futebol ostenta até hoje. Aplaudido no estádio após seu triunfo olímpico em Helsinque, Ademar retribuiu correndo na pista, dando aquilo que se tornaria conhecido, dali em diante, como "volta olímpica".

Ou seja, o Brasil começava a descobrir-se talentoso e competitivo em outros esportes – especialmente porque o futebol estava em baixa. Na Olimpíada, o vexame foi ainda maior porque o time fora desclassificado pela Alemanha num jogo em que os brasileiros abusaram da violência e se desequilibraram emocionalmente ao final da partida. Foi um jogo duríssimo – o Brasil vencia por 2 a 1 até o último minuto, quando levou o empate. Na prorrogação, deu Alemanha. O trauma de 1950 estava mais vivo do que nunca na memória coletiva do futebol do Brasil.

Mas desastre mesmo ocorreu no Sul-Americano de 1953. O técnico na ocasião era o fluminense Aymoré Moreira, substituto do irmão Zezé, que vivia sendo pressionado – afinal, apesar da vitória no Pan-Americano, o time havia empatado com o frágil Peru e mostrava futebol claudicante, mesmo tendo craques como Djalma Santos, Didi e Ademir de Menezes. Zezé era considerado excessivamente defensivo, mas teve lá sua contribuição – implantou a marcação por zona.

Aymoré montou dois times para disputar as partidas em Lima, no Peru, e foi duramente criticado pela "inovação", que na verdade não passava de uma ação política para acomodar a pressão da imprensa paulista em favor dos jogadores de São Paulo. O ambiente ficou conturbado.

A campanha começou tranquila (três vitórias em três jogos, inclusive uma goleada de 8 a 1 contra a Bolívia), mas então a seleção perdeu para o Peru por 1 a 0 e escancarou suas fragilidades. Tanto que a CBD enviou Zezé Moreira e Flávio Costa para dividir o comando da seleção com Aymoré. O time chegou à decisão contra o Paraguai, e o Brasil foi derrotado nos dois jogos – no segundo, chegou a estar perdendo por 3 a 0. Zizinho, que havia sido escalado por Aymoré para disputar o primeiro jogo da decisão mesmo estando machucado, voltou ao Brasil antes do desfecho do torneio e fez duras acusações contra o chefe da delegação, o escritor José

Lins do Rego – que anotara em relatório que o jogador carioca havia sido o responsável pela cizânia entre os jogadores de São Paulo e Rio.

Anos mais tarde, Zizinho disse que havia no elenco reclamação sobre o pagamento da premiação, que teria sido inferior ao combinado. Além disso, ele afirmou que Lins do Rego lhe pediu que tomasse uma injeção para aliviar a dor de uma contusão para que jogasse a final, o que ele se recusou a fazer. Lins do Rego escreveu então um texto na revista *O Cruzeiro* chamando os jogadores de mercenários, e Zizinho ameaçou contar o que sabia sobre a seleção. Ele nunca cumpriu a ameaça, mas estava claro que a seleção brasileira estava entregue a uma atmosfera de desequilíbrio emocional que em grande medida ainda era fruto da desconfiança sobre si mesma. O próprio Lins do Rego havia escrito, quando o Brasil perdeu a Copa de 1950, que "o brasileiro é um adorador de vitórias, o homem que não admite o fracasso".[21] Depois do Maracanazo, a derrota, qualquer uma, não era somente a prova de que éramos inferiores ao adversário: como notou o escritor, era a prova de que éramos os piores do mundo. Não havia meio termo.

Foi nesse momento confuso que Zezé Moreira reassumiu a seleção para levá-la à Copa de 1954. A título de renovação, não convocou Zizinho – fica difícil acreditar que não tenha sido uma punição ao jogador. Desde o Pan-Americano de 1952, a seleção abandonara o uniforme branco, com o qual perdeu a Copa de 1950, e adotou o amarelo. Foi apelidada de "seleção canarinho" pelo radialista Geraldo José de Almeida, imagem que se perpetuou.

Sob a linha dura imposta por Zezé, a seleção demonstrou não ter superado seus problemas. O time transpirava tensão, sobretudo porque a seleção brasileira de 1950 havia sido acusada de não ter tido "raça" contra os uruguaios – um suposto tapa de Ghiggia em Bigode, que não teve resposta do jogador brasileiro, foi usado exaustivamente como exemplo desse suposto torpor. A pressão foi coroada por Getúlio, que, ao se despedir dos jogadores, no Catete, declarou: "E não esqueçam que representarão lá fora a habilidade, a força e a resistência de uma raça. Ser vencerem, o Brasil será o vitorioso. Se perderem, quem perderá será o Brasil".[22]

Os jogadores estavam muito nervosos. Um exemplo eloquente disso quem deu foi o meia Bauer, do São Paulo. Ele vinha resistindo a renovar seu contrato com o time paulista, mas, diante das incertezas que cercavam os jogadores da seleção, pressionados a ganhar na Suíça, ele decidiu assinar o compromisso, para evitar o desemprego em caso de fiasco. Conforme registra Mario Filho, Bauer considerava que jogar pela seleção naquela época era como alistar-se para uma guerra, e "uma derrota podia marcar um jogador para o resto da vida".[23]

A estreia contra o México, em 16 de junho, foi tranquila, com vitória por 5 a 0. O jogo seguinte, porém, demonstrou o quanto a seleção estava desequilibrada e despreparada: o time empatava em 1 a 1 com a Iugoslávia, resultado que classificaria ambos os times para as quartas de final, mas os jogadores brasileiros desconheciam o regulamento e lutaram como nunca para fazer o segundo gol. "Quando terminou o primeiro tempo, os próprios iugoslavos tentaram nos avisar, mas não entendíamos", contou Djalma Santos, em entrevista à *Folha de S. Paulo*. "Aí o segundo tempo foi aquela correria. O Brandãozinho e o Bauer perderam uns cinco quilos cada um naquela partida. O jogo acabou, nós fomos pro vestiário chorando e só lá soubemos que havíamos passado de fase. Nenhum dos dirigentes avisou antes."[24]

O Brasil se classificou para pegar a temida Hungria, favorita absoluta ao título. A Hungria era àquela altura um dos poucos países da Cortina de Ferro – as áreas na Europa sob influência da URSS – em que o futebol havia se transformado em esporte nacional. Stalin não gostava de futebol e pelo menos uma vez foi flagrado cochilando enquanto via a seleção soviética jogar. Na Hungria, por outro lado, houve grande investimento estatal na seleção, e a equipe apareceu para o mundo ganhando o título olímpico em Helsinque, em 1952. A ênfase húngara no jogo estritamente coletivo, em detrimento da genialidade individual, respeitava a doutrina comunista. Apesar disso, os húngaros tinham sua estrela: Ferenc Puskas, o "Major Galopante", considerado pelos europeus o maior jogador de futebol do mundo na época.

Puskas, machucado, não jogaria contra o Brasil, mas seu fantasma foi invocado. Zezé Moreira e os dirigentes da seleção já vinham fazendo terrorismo desde o início da campanha, quando obrigavam os jogadores a cantar o Hino Nacional e a beijar a bandeira brasileira todos os dias na concentração. Mas o terrorismo atingiu o auge antes da partida contra os húngaros. Conta Djalma Santos:

> *Na véspera do jogo contra a Hungria, o jantar terminou às 19h e ficamos ouvindo os dirigentes falarem até as 23h. Eles fizeram do Puskas um monstro, um deles. E ele nem jogou aquela partida! Ficaram falando que nós tínhamos que honrar a nossa bandeira, que isso, que aquilo... Teve jogador que nem dormiu depois de tudo que eles falaram.*[25]

Assim, o Brasil entrou em campo praticamente derrotado em 27 de junho. Com menos de dez minutos de jogo, a Hungria já vencia por 2 a 0, como a provar o que todos haviam dito. Então, os jogadores brasileiros, extenuados pela pressão e pelas cobranças, resolveram reagir, com violência, para demonstrar a "raça" que tanto lhes pediam. O jogo se transformou em guerra. Foram expulsos dois jogadores do Brasil e um da Hungria. A partida terminou em 4 a 2 para os húngaros, e o apito final desatou uma briga entre brasileiros e húngaros – até o vice-ministro de Esportes da Hungria foi atacado, por Zezé Moreira, que lhe atirou uma chuteira. "Tenho vergonha desse jogo", relatou o artilheiro húngaro Sandor Kocsis. "Lembro apenas da violência, das brigas. Esperava outra atitude dos brasileiros. Era um time nervoso, covarde. Fizemos quatro gols nos momentos em que o jogo percorreu os rumos da normalidade. Éramos melhores. Ganharíamos deles quantas vezes precisássemos."[26] O Brasil terminou num melancólico sexto lugar e com sua reputação bastante questionada.

O inferno astral brasileiro teve seu ápice menos de três meses depois do vexame na Copa. Em 5 de agosto, Gregório Fortunato, um dos homens mais fiéis a Getúlio, armou um atentado contra Carlos Lacerda, o feroz opositor do presidente, julgando que assim estaria afastada a principal ameaça à estabilidade do regime. O atentado foi um fracasso – o major da Aeronáutica Rubem Vaz, que estava ao lado de Lacerda, acabou sendo assassinado em vez do jornalista. As evidências que apontavam para o Catete foram se avolumando, ainda que não indicassem participação direta do presidente. Cresceram as pressões pela renúncia de Getúlio, que se agarrou como pôde à tese da legalidade. Mas um manifesto de militares exigindo sua saída precipitou o ato trágico do dia 24 de agosto: com um tiro no coração, Getúlio se matou no palácio presidencial.

O país entrava em transe, como num momento de purgação: as massas, fiéis a Getúlio, foram às ruas, e isso foi decisivo para evitar um golpe de Estado. O presidente deixou uma carta-testamento, na qual reafirmava seu nacionalismo populista de modo categórico:

> *Lutei contra a espoliação do Brasil. Lutei contra a espoliação do povo. Tenho lutado de peito aberto. O ódio, as infâmias, a calúnia não abateram meu ânimo. Eu vos dei minha vida. Agora vos ofereço minha morte. Nada receio. Serenamente dou o primeiro passo no caminho da eternidade e saio da vida para entrar na História.*[27]

Em janeiro de 1956, Juscelino Kubitschek (JK) tomaria posse como presidente, prometendo uma era de otimismo e ousadia. No mesmo ano, um menino negro de apenas 15 anos começaria a mudar a história do futebol.

Notas

[1] *O Cruzeiro*, 12 fev. 1949, p. 44.
[2] *O Cruzeiro*, 29 jan. 1949, p. 106.
[3] Paulo Prado, *Retrato do Brasil:* ensaio sobre a tristeza brasileira, 2. ed., São Paulo, Ibrasa, 1981, p. 137.
[4] *O Cruzeiro*, 29 jul. 1950, p. 5.
[5] Apud Paulo Perdigão, *Anatomia de uma derrota*, Porto Alegre, L&PM, 1986, p. 46.
[6] *O Cruzeiro*, 15 jul. 1950, p. 24.
[7] Apud Sérgio Cabral, *No tempo de Ari Barroso*, Rio de Janeiro, Lumiar, 1993, p. 252.
[8] Ruy Castro, *O anjo pornográfico:* a vida de Nelson Rodrigues, São Paulo, Companhia das Letras, 1992, p. 222.
[9] *Jornal dos Sports*, 2 jul. 1950.
[10] "Friaça", de Geneton Moraes Neto, disponível em <http://www.geneton.com.br/archives/000310.html>, acessado em 22 jan. 2009.

[11] *Jornal dos Sports*, 18 jul. 1950.
[12] João Marcos Weguelin, *O Rio de Janeiro através dos jornais*, disponível em <http://www1.uol.com.br/rionosjornais/rj42.htm>, acessado em 20 jan. 2009.
[13] Eduardo Galeano, "Depois do Mundial: futebol em pedacinhos", em Paulo Cesar Carrano (org.), *Futebol:* paixão e política, Rio de Janeiro, DP&A, 2000, p. 111.
[14] "Tudo preparado para a vitória", *Jornal dos Sports*, 15 jul. 1950, p. 1.
[15] Mario Filho, *O negro no futebol brasileiro*, Rio de Janeiro, Mauad, 2003, p. 280.
[16] Idem, p. 290.
[17] Por ironia, Zizinho acabou sendo um herói do São Paulo, anos depois de supostamente ter liderado os cariocas contra os paulistas na seleção em 1953.
[18] Getúlio Vargas, Discurso do Dia do Trabalho de 1951, disponível em <http://www.youtube.com/watch?v=LQCV1iFegZg>, acessado em 10 set. 2008.
[19] Apud Francisco C. Weffort, *O populismo na política brasileira*, São Paulo, Paz e Terra, 1986, p. 22.
[20] Octaciano Nogueira, *A Constituinte de 1946:* Getúlio, sujeito oculto, São Paulo, Martins Fontes, 2005, p. 27.
[21] Apud Fatima Martin Rodrigues Ferreira Antunes, *Com brasileiro não há quem possa!*, São Paulo, Unesp, 2004, p. 86.
[22] "Uma Hungria no caminho do Brasil em 1954", Museu dos Esportes, disponível em <http://www.museudosesportes.com.br/noticia.php?id=112>, acessado em 12 set. 2008.
[23] Maria do Carmo Leite de Oliveira Fernández, *Futebol, fenômeno linguístico:* análise linguística da imprensa esportiva, Rio de Janeiro, Documentário, 1974, p. 63.
[24] Apud Pedro Cirne, "Para Djalma Santos, a seleção tinha atletas, mas não dirigentes", Especial UOL – Copa 2002, disponível em <http://esporte.uol.com.br/copa/2002/historia/1954/entrevista.jhtm>, acessado em 20 mar. 2009.
[25] Idem.
[26] Rogério da Cunha Voser, Marcos Giovani Vieira Guimarães e Everton Rodrigues Ribeiro, *Futebol:* história, técnica e treino de goleiro, Porto Alegre, Edipucrs, 2006, p. 44.
[27] Apud Sérgio Buarque de Holanda, *História geral da civilização brasileira*, 2. ed., São Paulo, Difusora Europeia do Livro, 1984, p. 255.

Anos 1950-1970

O Brasil se encontra no futebol – e se perde na ditadura

O suicídio de Getúlio, em agosto de 1954, desmontou a trama que estava sendo urdida entre parte dos militares e a UDN para dar um golpe que, na visão deles, serviria para "purificar" a democracia. O vice de Getúlio, Café Filho, que havia engrossado o coro da oposição pela renúncia, assumiu a presidência e rapidamente incluiu no governo elementos da UDN, esvaziando a conspiração. Deu ainda garantias de que o país realizaria as eleições presidenciais, marcadas para outubro de 1955. Nada disso, porém, foi suficiente para atenuar o clima golpista que pairou ao longo de praticamente toda a década de 1950.

O primeiro candidato a surgir na disputa foi JK, pelo PSD varguista, o que alimentou a expectativa de uma ruptura militar – o mineiro era visto como um político ligado às forças de Getúlio derrubadas em 1954. Enquanto ele percorria o Brasil atrás de votos, os militares invocavam a "união nacional" para evitar um novo "mar de lama", como ficou conhecido o período final do governo de Getúlio. "Deus me poupe do sentimento do medo", disse JK a Café Filho, como a responder às ameaças.

O Partido Social Democrático (PSD) aliou-se ao Partido Trabalhista Brasileiro (PTB), colocando Jango na chapa de JK. Os comunistas se manifestaram a favor dessa candidatura, o que recrudesceu o clima de tensão entre os militares. O general Juarez Távora – ex-líder tenentista que ajudara Getúlio na Revolução de 1930 e se opusera a ele na criação da Petrobras – aceitou ser o candidato apoiado pela UDN, depois de muita hesitação. Entrementes, o jogo sujo da campanha culminou no episódio conhecido como "carta Brandi", em que opositores de JK tentaram provar o vínculo de Jango com uma conspiração para transformar o Brasil numa "república sindicalista", documentado por uma carta escrita por um deputado argentino. A carta provou-se falsa, mas mostrou a que ponto os militares e a UDN estavam dispostos a ir para impedir a vitória de JK. Carlos Lacerda chegou a dizer: "Juscelino não deve ser candidato. Se for, não deve ser eleito. Se for, não deve tomar posse. Se tomar posse, não deve governar, deve ser deposto".[1]

Juscelino venceu a eleição em 3 de outubro com estreita margem – foram 36% dos votos, contra 30% de Távora e 26% de Adhemar de Barros. Na época, não havia necessidade de vitória por 50% mais um dos votos, mas os udenistas e uma parte dos militares tentaram impugnar o resultado. "Mentira democrática" foi a expressão mais branda usada no Exército para qualificar o triunfo de JK. O afastamento do presidente Café Filho, que sofrera um infarto, e sua substituição pelo golpista Carlos Luz, então presidente da Câmara, foi a senha para a conspiração. Diante das manobras de Luz e Lacerda para impedir a posse de JK, o general legalista Henrique Teixeira Lott, que ocupava o Ministério da Guerra do curto governo de

Café Filho, demitiu-se com a posse de Luz e deflagrou o chamado "golpe preventivo" em 11 de novembro, com o objetivo de garantir a sucessão presidencial conforme previsto na Constituição. Carlos Luz foi deposto e se refugiou, com Lacerda, num cruzador da Marinha. No mesmo dia, o Congresso deu posse a Nereu Ramos, presidente do Senado, considerando Luz impedido. A pretensão de Café Filho de voltar à presidência foi abortada pelo Congresso, que aprovou estado de sítio, a pedido dos militares. Assim, nesse clima de confronto e manobras políticas e militares, JK tomou posse em 31 de janeiro de 1956.

Juscelino havia feito uma campanha baseada em promessas grandiloquentes, que apontavam para a modernização do país, a partir do interior. O mais vistoso item de sua plataforma foi justamente a construção de uma nova capital do Brasil no Planalto Central, mas ele também apresentou um projeto desenvolvimentista de grande impacto, resumido no *slogan* "50 anos em 5".

Ao assumir, como a provar aos militares que sua eventual ligação com os comunistas havia sido somente um acordo de ocasião eleitoral, JK prometeu "desenvolvimento e ordem". Apesar dos compromissos do presidente com a caserna, traduzidos em aumentos salariais e melhoria nos equipamentos, houve ainda algumas tentativas de rebelião, mas sem representatividade. Depois de grande tensão e conspiração, finalmente parecia começar um período de estabilidade política no Brasil.

Do ponto de vista econômico, JK manteve as linhas varguistas da presença do Estado na economia, mas procurou atrair capital estrangeiro para os investimentos – reforçava-se assim o chamado "nacional-desenvolvimentismo", que marcaria a economia brasileira nas décadas seguintes. Houve um acentuado *boom* na atividade econômica em todos os setores, e o PIB cresceu a taxas médias de 7% ao ano entre 1955 e 1961. A área mais vistosa dos investimentos foi a automobilística, concentrando-se sobretudo em São Paulo a partir da chegada das montadoras dos EUA e da Europa – General Motors, Ford, Volks e Willys Overland, entre outras.

Ao mesmo tempo, em setembro de 1956, o Congresso aprovou o projeto do governo para a construção de Brasília, que seria inaugurada em menos de quatro anos, envolta em entusiasmo desbravador. Todo esse movimento contribuiu para identificar o governo de JK com a recuperação da autoestima do brasileiro. O déficit público crescente e a escalada inflacionária, que estavam no horizonte por conta dos projetos gigantescos de JK, ainda não incomodavam. Sobravam acusações de corrupção, mas a imagem de progresso alimentada pelo presidente superava tudo isso. Juscelino era o "presidente bossa nova", numa alusão ao gênero musical criado durante seu governo, que significava a modernização da música popular brasileira a partir de elementos do jazz.

Esse clima de frescor renovado ganharia um toque genial no futebol. Enquanto JK ainda estava na reta final de sua campanha eleitoral, em 1955, a seleção brasileira juntava os cacos do vexame na Copa da Suíça. Em 18 de setembro daquele ano, a equipe enfrentou o Chile no Maracanã, pela recém-criada Taça Bernardo O'Higgins. Zezé Moreira, o técnico, fazia sua despedida, e o time era formado apenas por jogadores cariocas. Nesse jogo, Zezé escalou um jogador de nome engraçado e pernas tortas: Garrincha, que três anos antes começara a atuar pelo Botafogo.

No final de 1952, Manoel dos Santos apresentou-se ao time carioca recomendado pelo lateral-direito Araty. Ele primeiro treinou entre os juvenis do Botafogo e, durante os 20 minutos em que atuou, fez o diabo com a bola. Tinha 19 anos e não torcia para time nenhum – talvez um pouco para o Flamengo, mas Garrincha achava divertido mesmo era jogar; tanto é assim que, quando o Brasil perdeu a Copa de 1950, ele confessou a amigos que não entendia o porquê de tamanha tristeza.

O técnico dos juvenis do Botafogo, Newton Cardoso, o convidou a jogar no dia seguinte entre os profissionais. Garrincha estava ressabiado. Tempos antes, tentara a sorte no Vasco, no São Cristóvão e no Fluminense. No Vasco, não o deixaram jogar porque não tinha chuteiras; no São Cristóvão, não lhe passaram a bola nos dez minutos em que ficou em campo; e, no aristocrático Fluminense, a espera foi tanta que ele preferiu ir embora sem jogar, senão perderia o trem. Por isso, quando o convidaram a treinar no Botafogo, pensou primeiro em dizer não.

Anos 1950-1970

As pernas tortas – a esquerda era arqueada para fora e a direita para dentro – lhe rendiam comentários maldosos e ceticismo quanto à sua capacidade de jogar. Para alguns, era um desafio à ciência que ele andasse, e talvez fosse melhor que ele tentasse a sorte num circo. Garrincha era rei em Pau Grande, sua cidade, mas fora dali era tratado como uma aberração da natureza, motivo pelo qual sempre desconfiava quando o convidavam para jogar. Aceitou tentar a sorte no Botafogo, mas sem muita convicção.

Um dia depois de maravilhar o técnico dos juvenis do Botafogo, Garrincha era recebido para treinar entre os profissionais. Dessa vez, teria a chance de começar jogando, entre os reservas. Na primeira bola que recebeu, foi encarado por ninguém menos que Nilton Santos, um dos maiores laterais esquerdos da história. O resultado foi um duelo digno de dois gigantes do futebol de todos os tempos – e Garrincha, que não tinha nada com isso, até passou a bola por entre as pernas de Nilton Santos. "O garoto é um monstro", disse o lateral ao técnico Gentil Cardoso. "Acho bom vocês o contratarem. É melhor ele conosco do que contra nós."[2]

A ascensão de Garrincha foi assombrosa. Menos de um ano depois, ele apareceria na lista dos 40 convocados para a Copa de 1954. Não foi relacionado entre os 22 que embarcariam para a disputa, mas seu nome começou a ser citado com frequência para o escrete, ainda mais diante do desempenho irregular da equipe. Acabaria estreando em 1955, no Maracanã, e todos ali já sabiam do que ele era capaz – a torcida se dividia entre os que o achavam genial e os que o consideravam simplesmente egoísta demais. Eram afinal duas formas antagônicas de ver o futebol, uma polêmica que ainda está muito longe de ser resolvida.

Exatamente um ano mais tarde, em data que está para o futebol assim como o nascimento de Cristo está para a história – 7 de setembro de 1956 –, um garoto de 15 anos, apelidado de "Pelé", estreava entre os titulares do Santos. Foi contra o Corinthians de Santo André, e ele marcaria um dos gols da vitória por 7 a 1. Mas a equipe do Santos tinha bons jogadores, e o franzino Pelé teria ainda de esperar mais algum tempo para se firmar no time, para o qual havia sido encaminhado por Valdemar de Brito, respeitado ex-jogador da seleção brasileira. Valdemar descobrira Pelé quando

115

O futebol explica o Brasil

treinava o juvenil do Bauru Atlético Clube (BAC). O menino era a atração do time – quando ele jogava, a torcida dobrava de tamanho.

Pelé era filho de um conhecido jogador de futebol em Bauru, João Ramos do Nascimento, o Dondinho. João, que jogava pelo Atlético de Três Corações (MG), mudara-se com a família para Bauru ao ser contratado em 1945 pelo Lusitana, precursor do BAC. Ele só aceitou vir porque o clube arrumou-lhe um emprego na prefeitura local – o salário como jogador não daria para sustentar a família.

Nove anos mais tarde, Pelé, cujo futebol assombroso eletrizava Bauru, tanto nas peladas quanto nos jogos "oficiais", formalizou seu primeiro vínculo com um time – foi no juvenil do BAC, o "Baquinho", onde passou a ser treinado por Valdemar de Brito. Valdemar impediu que o menino fosse profissionalizado no Noroeste, o principal time de Bauru. Queria vê-lo em um time grande. Dondinho também. Para levá-lo ao Santos, porém, foi preciso convencer a mãe de Pelé, Celeste, que não queria ver o filho como jogador de futebol profissional, e ainda por cima numa cidade distante e grande, como Santos.

No Santos, Pelé teve de esperar sua chance – o time, bicampeão paulista, com seis jogadores na seleção brasileira, não era fraco. O clube chegou a oferecê-lo ao Vasco, por empréstimo. Há pelo menos duas versões para essa história: a primeira, que o cartola vascaíno Antônio Soares Calçada achou o jogador muito novo e recusou; a segunda, que Calçada queria comprar o passe do menino, oferta rejeitada por Modesto Roma, então presidente do Santos. De qualquer maneira, por muito pouco Pelé não foi negociado pelo Santos, apesar de Valdemar de Brito ter garantido a Roma que o garoto se tornaria "o melhor do mundo".

Então, no final de 1956, o meia santista Vasconcelos quebrou a perna num jogo contra o São Paulo. Foi o acidente que abriu caminho para Pelé

Pelé ainda no time de aspirantes do Santos, em 1956:
em menos de três anos, o futebol nunca mais seria o mesmo.

116

no time – e o mundo passaria a dividir a história do futebol em antes de Pelé e depois de Pelé.

Cerca de um ano mais tarde, em fevereiro de 1958, depois de atuação impecável de Pelé na vitória do Santos sobre o América no Maracanã por 5 a 3, Nelson Rodrigues já o chamaria de "rei":

> *[Pelé] anda em campo com uma dessas autoridades irresistíveis e fatais. Dir-se-ia um rei, não sei se Lear, se imperador Jones, se etíope. Racionalmente perfeito, do seu peito parecem pender mantos invisíveis. Em suma: ponham-no em qualquer rancho e sua majestade dinástica há de ofuscar toda a corte em derredor.* [3]

E Nelson, com sua sensibilidade, percebera que Pelé sabia ser o melhor do mundo já naquele tempo:

> *O que nós chamamos de realeza é, acima de tudo, um estado de alma. E Pelé leva sobre os demais jogadores uma vantagem considerável: a de se sentir rei, da cabeça aos pés. Quando ele apanha a bola e dribla um adversário, é como quem enxota, quem escorraça um plebeu ignaro e piolhento. [...] Quero crer que a sua maior virtude é, justamente, a imodéstia absoluta. Põe-se por cima de tudo e de todos. E acaba intimidando a própria bola, que vem aos seus pés com uma lambida docilidade de cadelinha.* [4]

Parecia, assim, que, no intervalo de cerca de três anos, entre 1953 e 1956, os deuses do futebol haviam decidido desequilibrar o jogo a favor do Brasil, fazendo nascer nos gramados, na mesma geração, Pelé e Garrincha.

Pelé estrearia na seleção em 7 de julho de 1957. O Brasil jogou contra a Argentina a primeira partida da Copa Roca. Sylvio Pirillo, o técnico na ocasião, resolveu acreditar no garoto de 16 anos. A equipe, já com Garrincha como titular, vinha de uma classificação sofrida para a Copa de 1958, sob o comando de Oswaldo Brandão, depois de dois jogos duríssimos contra o Peru. Pior: havia perdido para os argentinos na final do Sul-

Americano daquele ano, por vergonhosos 3 a 0. A confiança ainda não era a marca da seleção, e os ecos de 1950 continuavam presentes. Mas então Pelé entrou no jogo, no lugar de Mazzola, e marcou um gol – insuficiente para evitar a derrota para a Argentina em pleno Maracanã. Na segunda partida contra os argentinos pela Copa Roca, no Pacaembu, Pelé começou jogando, ao lado de Pepe e Del Vecchio, seus companheiros de Santos. À vontade, marcou outro gol, e dessa vez o Brasil venceu, por 2 a 0, levando o torneio – seria o primeiro dos 9 títulos de Pelé ao longo dos seus 15 anos na seleção.

As duas novidades do time brasileiro, contudo, não foram suficientes para animar os torcedores sobre as chances da seleção. Ainda estavam muito vivos na memória não somente o Maracanazo, mas também o fraco desempenho na Copa da Suíça e nos torneios sul-americanos posteriores. Todos concordavam que o Brasil tinha excelentes jogadores, mas poucos viam naquele grupo um time – e isso contava muito, uma vez que a moda era ter a tradicional disciplina dos ricos e eficientes times europeus ocidentais e o tal "futebol científico" dos países da Cortina de Ferro (o húngaro Bella Guttmann viera ao Brasil em 1957, para treinar o São Paulo, com o cartaz de quem havia feito parte da lendária seleção húngara). Em resumo, o Brasil vivia o seu "complexo de vira-latas".

A expressão, que resume o estado de espírito dos brasileiros no que dizia respeito ao futebol, foi criada por Nelson Rodrigues, num texto que hoje é um clássico da crônica esportiva pela percepção aguda de seu tempo. O artigo foi publicado na revista *Manchete Esportiva*, em 31 de maio de 1958, poucos dias antes da estreia da seleção na Copa da Suécia. A coluna se chamava "Personagem da Semana". Vale a reprodução integral:

> *Hoje vou fazer do escrete o meu numeroso personagem da semana. Os jogadores já partiram e o Brasil vacila entre o pessimismo mais obtuso e a esperança mais frenética. Nas esquinas, nos botecos, por toda parte, há quem esbraveje: "O Brasil não vai nem se classificar!". E, aqui, eu pergunto: não será esta atitude negativa o disfarce de um otimismo inconfesso e envergonhado?*

119

Eis a verdade, amigos: desde 50 que o nosso futebol tem pudor de acreditar em si mesmo. A derrota frente aos uruguaios, na última batalha, ainda faz sofrer, na cara e na alma, qualquer brasileiro. Foi uma humilhação nacional que nada, absolutamente nada, pode curar. Dizem que tudo passa, mas eu vos digo: menos a dor de cotovelo que nos ficou dos 2 x 1. E custa crer que um escore tão pequeno possa causar uma dor tão grande. O tempo passou em vão sobre a derrota. Dir-se-ia que foi ontem, e não há oito anos, que, aos berros, Obdulio arrancou, de nós, o título. Eu disse "arrancou" como poderia dizer: "extraiu" de nós o título como se fosse um dente.

E, hoje, se negamos o escrete de 58, não tenhamos dúvidas: é ainda a frustração de 50 que funciona. Gostaríamos talvez de acreditar na seleção. Mas o que nos trava é o seguinte: o pânico de uma nova e irremediável desilusão. E guardamos, para nós mesmos, qualquer esperança. Só imagino uma coisa: se o Brasil vence na Suécia, e volta campeão do mundo! Ah, a fé que escondemos, a fé que negamos, rebentaria todas as comportas e 60 milhões de brasileiros iam acabar no hospício.

Mas vejamos: o escrete brasileiro tem, realmente, possibilidades concretas? Eu poderia responder, simplesmente, "não". Mas eis a verdade: eu acredito no brasileiro, e pior do que isso: sou de um patriotismo inatual e agressivo, digno de um granadeiro bigodudo. Tenho visto jogadores de outros países, inclusive os ex-fabulosos húngaros, que apanharam, aqui, do aspirante-enxertado Flamengo. Pois bem: não vi ninguém que se comparasse aos nossos. Fala-se num Puskas. Eu contra-argumento com um Ademir, um Didi, um Leônidas, um Jair, um Zizinho.

A pura, a santa verdade é a seguinte: qualquer jogador brasileiro, quando se desamarra de suas inibições e se põe em estado de graça, é algo de único em matéria de fantasia, de improvisação, de invenção. Em suma: temos dons em excesso. E só uma coisa nos atrapalha e, por vezes, invalida as nossas qualidades. Quero aludir ao que eu poderia chamar de "complexo de vira-latas". Estou a imaginar o espanto do leitor: "O que vem a ser isso?". Eu explico.

Por "complexo de vira-latas" entendo eu a inferioridade em que o brasileiro se coloca, voluntariamente, em face do resto do mundo. Isto em todos os setores e, sobretudo, no futebol. Dizer que nós nos julgamos "os maiores" é uma cínica inverdade. Em Wembley, por que perdemos? Porque, diante do quadro inglês, louro e sardento, a equipe brasileira ganiu de humildade. Jamais foi tão evidente e, eu diria mesmo, espetacular o nosso vira-latismo. Na já citada vergonha de 50, éramos superiores aos adversários. Além disso, levávamos a vantagem do empate. Pois bem: e perdemos da maneira mais abjeta. Por um motivo muito simples: porque Obdulio nos tratou a pontapés, como se vira-latas fôssemos.

Eu vos digo: o problema do escrete não é mais de futebol, nem de técnica, nem de tática. Absolutamente. É um problema de fé em si mesmo. O brasileiro precisa se convencer de que não é um vira-latas e que tem futebol para dar e vender, lá na Suécia. Uma vez que se convença disso, ponham-no para correr em campo e ele precisará de dez para segurar, como o chinês da anedota. Insisto: para o escrete, ser ou não ser vira-latas, eis a questão.[5]

A seleção era vista com reticência também no exterior. "O Brasil possui grandes craques, mas são todos excessivamente imaturos, emocionalmente vulneráveis, de difícil adaptação a ambientes de competição, despreparados psicologicamente, enfim, para disputas de tal porte", vaticinou a revista *France Football*.[6] Mas a organização do futebol brasileiro estava passando naquele momento por uma transformação que seria decisiva, graças a dois personagens cruciais: João Havelange e Paulo Machado de Carvalho.

Jean-Marie Faustin Goedefroid de Havelange, nascido em 1916, filho de pai suíço, sempre esteve no mundo esportivo. Foi atleta em duas Olimpíadas, como nadador, e jogou futebol no Fluminense nos anos 1930. Atuou na mesma época como dirigente no próprio Fluminense, seu time de coração, e no Botafogo. Em 1956, assumiu a presidência da CBD e decidiu impor uma organização empresarial e técnica à seleção brasileira, graças à sua experiência como diretor na empresa de ônibus Cometa. "Nunca dirigi um ônibus, nunca mexi num motor, num chassi", dizia, para provar que o importante não era conhecer a área, mas saber como gerenciá-la.[7]

Assim, a comissão técnica escolhida para a Copa de 1958 ia muito além do habitual até então – treinador, médico, massagista e roupeiro. Ademais, Havelange incorporou dois administradores, um preparador físico, um psicólogo, um dentista e mais um massagista. Havia inclusive um pedicuro, o "Geada". "Fui ridicularizado, diziam que era um time de bichas só porque tinha um pedicuro", contou Havelange anos mais tarde. "Tiraram dos pés dos jogadores, entre unhas encravadas, calos, tudo o que o senhor pode imaginar, um saco. E onde está a ferramenta do jogador? No pé."[8]

Os jogadores convocados para a Copa de 1958 passariam pela primeira vez por um minucioso exame médico. O *check-up* incluiu os dentes dos 33 jogadores, a cargo do cirurgião-dentista Mário Trigo, um dos indicados pelo médico da seleção, Hilton Gosling. Segundo Havelange, o ponta esquerda santista Pepe, por exemplo, "chegou com dentadura em cima aos cacos, ia dar um câncer". No total, foram extraídos 118 dentes, uma média de 3,5 de cada atleta – o recordista foi Oreco, lateral-esquerdo do Corinthians, que perdeu sete. Trigo explicou que algumas extrações seriam dispensáveis se houvesse tempo para tratamento – mas não havia, pois a Copa começaria em poucos meses. A profilaxia era necessária, porém, porque Trigo percebera que os atletas que tinham focos dentários demoravam mais a se recuperar de contusões – as bactérias dos focos entravam na corrente sanguínea e minavam o sistema imunológico dos jogadores, dificultando a cicatrização. Depois do serviço, Trigo foi incluído na delegação que foi à Suécia, menos porque poderia ser solicitado a arrancar mais um dente e mais porque os jogadores o adoravam por seu jeito bonachão e suas piadas. Era mais útil que o psicólogo.

Os outros profissionais que trabalharam nos exames incluíram traumatologistas, neurologistas, oftalmologistas, cardiologistas e otorrinos. Foram identificados vários casos de anemia e verminoses – retrato de um

Anos 1950-1970

time cuja maioria dos jogadores era de origem muito pobre. Havia até um deles com sífilis. O mais polêmico foi o teste psicológico aplicado por outro integrante permanente da comissão técnica, João Carvalhaes, sociólogo que se especializou em seleção psicotécnica – fosse de jogadores de futebol, de árbitros ou de motoristas de ônibus. O trabalho de Carvalhaes era considerado importante porque havia a percepção – como mostrou a revista *France Football* – de que os jogadores brasileiros não tinham preparo intelectual e psicológico para as grandes decisões.

Carvalhaes concluiu que a maioria dos atletas da seleção não estava apta para jogar a Copa. Pelé, com apenas 17 anos, era "obviamente infantil", anotou Carvalhaes. "Falta-lhe o espírito necessário de luta. É jovem demais para sentir as agressões e reagir com a força adequada. Além disso, não tem o senso de responsabilidade necessário ao espírito da equipe. Não acho aconselhável o seu aproveitamento."[9] Garrincha, por sua vez, teve sua inteligência avaliada como "abaixo da média". Segundo Carvalhaes, o endiabrado jogador não tinha agressividade – e isso, numa seleção cuja preocupação era enfrentar adversários do presente e fantasmas do passado, não era desprezível. Para sorte da equipe, as sugestões de Carvalhaes foram ignoradas.

Tudo isso era uma grande novidade, mas havia outras, dentro do detalhadíssimo planejamento para a Copa. O médico Gosling foi até a Suécia para escolher as melhores acomodações para a equipe – até então, nas outras Copas, a seleção chegava ao local da disputa sem saber onde ficaria. Meses antes da disputa, até o cardápio dos jogadores estava pronto, incluindo a projeção de teor de gordura que seria consumida.

O responsável pelo planejamento era Paulo Machado de Carvalho. Vice de Havelange na CBD, Carvalho havia sido escolhido pelo presidente por ser um empresário de grande sucesso e ousadia. Ele era dono de uma rede de rádios e da TV Record, terceira emissora a surgir no país, em 1953, depois da Tupi (1950, de Assis Chateaubriand) e da Paulista (1952). A Record, única na ocasião com prédio construído especialmente para ela, tinha um envolvimento significativo com o futebol. Foi a primeira TV a transmitir um jogo, Santos e Palmeiras, direto da Vila

123

Belmiro – o Santos venceu por 3 a 1 –, e se tornaria a principal emissora esportiva dos anos 1950.

Entre 1951 e 1958, o número de aparelhos de TV no Brasil saltou de 7 mil para 344 mil. No mesmo período, o total de emissoras decuplicou. Foi um impulso considerável, mas nada comparável ao rádio, que dispunha de 8 milhões de aparelhos e dezenas de emissoras. Num país vasto e de população ainda majoritariamente rural, o alcance da TV era bastante restrito – um exemplo curioso foi a morte de Getúlio Vargas, que só o rádio noticiou em cima da hora, na manhã de 25 de agosto. A TV transmitia apenas a partir das 16h.

Em pouco tempo, a Record ameaçaria a liderança da Tupi, tornando nacional o nome de Paulo Machado de Carvalho. O empresário paulista conhecia também o futebol. Fora dirigente esportivo no São Paulo da Floresta e depois no São Paulo Futebol Clube. Embora seu perfil indicasse um homem obcecado pela modernidade, diz a lenda que ele eventualmente pagava a torcedores do São Paulo para que vaiassem o time, a fim de provocar os jogadores, para motivá-los. Carvalho, afinal, era um homem de seu tempo.

Mas ele sabia que o mundo do futebol estava em transformação. Seu plano, apresentado a Havelange, tinha em vista que o Brasil não havia perdido as competições anteriores por falta de qualidade, mas por falta de preparação adequada. Era isso o que ele oferecia, nos mínimos detalhes. Duas coisas, porém, ainda atormentariam os brasileiros, a despeito das mudanças: falta de dinheiro e desconfiança sobre os jogadores negros.

Em relação ao dinheiro, a seleção brasileira teve de fazer amistosos caça-níqueis para conseguir recursos – em um deles, contra o Corinthians, a poucos dias do embarque para a Europa, um zagueiro corintiano quase tirou Pelé da seleção com um pontapé criminoso. Já na Europa, perto da estreia, a equipe fez outros amistosos para conseguir financiar o resto da viagem, uma vez que a Fifa demorou a pagar o que prometera às delegações que estavam na Suécia. No aperto, Carvalho e Havelange puseram dinheiro do próprio bolso.

Sobre a etnia dos jogadores, pode ter sido apenas coincidência, mas a seleção estrearia na Copa da Suécia com apenas um negro, Didi, entre os titulares. Era um contraste evidente com a equipe que jogara as duas Copas anteriores. Para ajudar, havia ainda ruídos das teorias raciais segundo as quais o povo brasileiro não tinha fibra em razão da mistura racial. A seleção precisava ser, portanto, "embranquecida".

Para administrar todas essas tensões, Havelange e Paulo Machado de Carvalho precisavam de um técnico que pelo menos não as recrudescesse. O escolhido foi Vicente Feola, o discreto diretor técnico do São Paulo, time pelo qual havia sido campeão em várias oportunidades. Feola tinha sérios problemas cardíacos e estava praticamente aposentado como treinador, apesar de ter apenas 48 anos, razão pela qual sua escolha foi uma surpresa. Feola desbancou o favorito Flávio Costa, técnico em 1950, porque tinha o perfil ideal para o trabalho em equipe que estava sendo montado. Costa era uma estrela e provavelmente não aceitaria ter a interferência dos supervisores da comissão técnica. Foi o trabalho em equipe que manteve Pelé na seleção depois de sua contusão contra o Corinthians – a decisão não foi apenas de Feola, mas do médico Hilton Gosling e do supervisor Carlos Nascimento, conhecido pelo controle absoluto que tinha sobre os passos do escrete.

Todo o planejamento estratégico da seleção, porém, sofreu um sério abalo de confiança depois do sorteio das chaves. O Brasil caiu num dos grupos mais complicados: teria de enfrentar logo de cara Inglaterra e União Soviética, além da mediana Áustria. A urss era o grande pesadelo: graças à propaganda da Guerra Fria, acreditava-se que os soviéticos tivessem desenvolvido o futebol como ciência. E os ingleses eram os ingleses, apesar da participação discreta nas duas Copas anteriores. Assim, ganhar da Áustria, na estreia, era tido como fundamental.

Um Brasil tenso entrou em campo em Rimnersvalle, em 8 de junho, para pegar os austríacos. E a tensão cobrou seu preço: não fosse o goleiro Gilmar, a sorte brasileira poderia ter mudado. Com Pelé fora e Garrincha e Zito no banco, a seleção tinha dificuldades com a marcação da Áustria. Fez 1 a 0 aos 37 minutos do primeiro tempo, gol de Mazzola. O desafogo veio no segundo tempo, com um gol de Nilton Santos, que resolvera se lançar ao ataque – em lance que gerou a lenda segundo a qual Feola, aos gritos, mandara o lateral voltar no momento em que partia para a área inimiga; isso nunca aconteceu, porque Zagallo, o ponta esquerda que sabia marcar, estava na cobertura de Nilton Santos.

Zagallo, aliás, era o jogador-símbolo de uma maneira cada vez mais técnica de encarar o futebol. Mais limitado que os dois principais concorrentes à vaga na seleção – Pepe (Santos) e Canhoteiro (São Paulo) –, Zagallo tinha, uma vantagem: voltava para marcar, como um jogador de meio-campo, aliás sua posição de origem. Assim, o Brasil, que jogava num 4-2-4 como a maioria das seleções da época, começou a jogar num 4-3-3, com um jogador a mais no meio, melhorando a marcação. Jogadores com "inteligência tática", como Zagallo, eram uma inovação.

O Brasil venceu por 3 a 0 na estreia, mas o placar não diz o que foi o jogo, uma partida muito disputada, em que a seleção correu muitos riscos. Os brasileiros teriam de jogar mais se quisessem passar pela Inglaterra. Novamente, Garrincha ficou no banco – a opção por Joel (Flamengo) era tática, uma vez que ele também marcava bem e atuava no meio – e a equipe ainda não tinha Pelé. O empate de 0 a 0, diante de 30 mil pessoas em Gotemburgo, mostrou um Brasil mais entrosado, mas ainda assim muito inseguro. Afinal, o terceiro adversário seria a misteriosa URSS, contra quem seria decidida a classificação – os soviéticos haviam empatado com os ingleses em 2 a 2 e vencido os austríacos por 2 a 0. O astro russo Igor Netto não havia jogado ainda. Igor havia ajudado a URSS a ganhar o ouro olímpico em 1956, em Melbourne (Austrália). Desde então, o time soviético era o evento comunista mais comentado do mundo, perdendo somente para o Sputnik, o satélite lançado em 1957.

Mas então veio o dia 15 de junho de 1958, a data da redenção do futebol brasileiro – redenção da derrota em 1950, redenção da suas possibilidades nacionais, redenção do negro espezinhado pelas derrotas, redenção da arte contra a técnica.

Feola decidira que havia chegado o momento de escalar Garrincha, Vavá e Pelé, que estava recuperado da contusão. A ideia era cansar os

Anos 1950-1970

super-homens soviéticos com um ataque rápido, fazendo uma blitz nos primeiros minutos para surpreendê-los. E foi realmente uma "avalanche", como relataram os cronistas da época – um deles chegou a dizer que se trataram dos "maiores três minutos da história do futebol", ao final dos quais o Brasil já vencia por 1 a 0, gol de Vavá, e a defesa da URSS estava apavorada com Garrincha e suas improváveis pernas tortas, como a desafiar a lógica científica e a dialética marxista. Vavá ainda faria outro gol, selando a vitória brasileira e devolvendo a todo um país a esperança de ser campeão do mundo e de poder voltar a se olhar no espelho.

Pelas quartas de final, em 19 de junho, a seleção enfrentaria o País de Gales, renomado ferrolho defensivo. Os galeses normalmente jogavam assim, mas a excitação em torno de Garrincha os fizera acentuar ainda mais o sistema defensivo. Quase funcionou. Na única vez em que teve apenas um marcador à sua frente, Garrincha se livrou dele e deu a Didi, que serviu Pelé dentro da área. O menino, com sangue frio, deu um corte genial num zagueiro galês e mandou de bico para as redes. Era seu primeiro gol numa Copa, e talvez tenha sido o mais importante, porque colocou o Brasil nas semifinais.

No dia 24, o Brasil entrou no estádio Raasunda, em Estocolmo, já como um dos favoritos ao título. O problema é que enfrentaria uma França que tinha o ataque mais positivo da competição – fizera 15 gols em 4 jogos – e aquele que viria a ser o maior artilheiro da história das Copas, Just Fontaine. O Brasil saiu na frente, com Vavá, logo aos 2 minutos de jogo, o que deu a sensação de que a seleção venceria sem dificuldades, como na partida contra a URSS. Mas os franceses logo reagiram com Fontaine, 6 minutos mais tarde. Era o primeiro gol sofrido pelo Brasil na Copa, o que desestabilizou a equipe – os fantasmas da derrota voltaram a rondar os brasileiros. O time só desempataria aos 39 minutos, numa cobrança de falta precisa de Didi. O segundo tempo, porém, foi totalmente brasileiro, e a magia de Pelé apareceu – foram três gols –, além das diabruras de Garrincha, que arrancava gargalhadas da arquibancada. Com um contundente 5 a 2, o Brasil estava em sua primeira final de Copa desde o Maracanazo.

127

O futebol explica o Brasil

Torcedores acompanham, pelo rádio e pelo placar do jornal "Última Hora", a final entre Brasil e Suécia: fim do "complexo de vira-lata".

A comissão técnica tratou de esconder os jogadores na concentração, para fugir do assédio da imprensa brasileira, ávida por arrancar algumas palavras dos "campeões do mundo". Paulo Machado de Carvalho, Carlos Nascimento e Vicente Feola estavam decididos a impedir o que tinha acontecido em 1950, quando a concentração em São Januário virou quermesse, e em 1954, quando os jogadores brasileiros mais falaram às emissoras de rádio do que jogaram bola.

A final seria contra a Suécia, em 29 de junho, também no Raasunda. A seleção sueca era tradicional freguesa do Brasil – havia levado de 7 a 1 em 1950 – e não era conhecida por se segurar na defesa. Mas os brasileiros estavam uma pilha de nervos. Tudo era motivo: a primeira final desde o desastre do Maracanã; jogar contra o time da casa; ter de trocar o unifor-

Pelé, chorando na área sueca depois de ter marcado seu segundo gol na vitória do Brasil na final da Copa de 58: um menino encanta o mundo.

me amarelo pelo azul, já que os suecos também jogavam de amarelo. O nervosismo cobrou seu preço logo aos 4 minutos, quando a Suécia abriu o placar. Pela primeira vez na Copa, o Brasil estava atrás no marcador. No entanto, como a contrariar as expectativas, foi então que a seleção provou sua maturidade. Aos 32 minutos, o Brasil já havia virado o jogo, com dois gols de Vavá depois de jogadas espetaculares de Garrincha na linha de fundo. Àquela altura, já não havia mais dúvidas sobre quem seria campeão.

No segundo tempo, brilharia a estrela de Pelé, que marcaria mais dois gols – um deles digno de figurar na antologia do futebol: dentro da área, ele matou a bola no peito, deu um chapéu num zagueiro sueco e mandou para as redes. O segundo gol selou a goleada brasileira, 5 a 2. Nascia ali não somente o rei do futebol, mas a seleção que seria sinônimo de arte no resto do mundo. E os negros, sobre cujos ombros restou a enorme responsabilidade pelo fracasso de 1950, estavam redimidos, assim como os próprios brasileiros, conforme escreveu Nelson Rodrigues após o título:

> *O brasileiro mudou até fisicamente. Lembro-me de que, ao acabar o jogo Brasil x Suécia, eu vi uma crioulinha. Era a típica favelada. Mas o triunfo brasileiro a transfigurou. Ela andava pela calçada com um charme de Joana d'Arc. E, assim, os crioulões plásticos, lustrosos, ornamentais pareciam fabulosos príncipes etíopes. Sim, depois de 1958, o brasileiro deixou de ser um vira-lata entre os homens e o Brasil um vira-lata entre as nações.*[10]

Apesar disso, nenhum jogador daquela seleção ficou rico depois de 1958 – pelo contrário. O sucesso do Brasil encheu os cofres dos principais clubes brasileiros, que eram contratados para excursionar pelo mundo em troca de cachês cujo perfume mal era sentido pelos jogadores. O triunfo na Copa representou uma mudança importante no padrão de vida dos atletas, e para pior. Eles passaram a atuar em dezenas de partidas por ano, muitas vezes depois de enfrentar maratonas em aviões e navios. O Santos de Pelé e o Botafogo de Garrincha eram os times preferidos, mas muitos outros passaram pelo mesmo calvário. Os santistas, em 1959, fizeram nada menos que 36 jogos no exterior. Garrincha disputou 64 partidas naquela temporada. A própria seleção brasileira passaria os anos seguintes visitando vários países do mundo. Uma loucura.

O dia da conquista da Copa marca também o início real do governo JK, que já estava no poder há dois anos. Pela primeira vez, um presidente brasileiro teve a chance de explorar o poder mobilizador e transformador que uma conquista como a do Brasil na Suécia possuía. Juscelino Kubitschek teve a percepção do momento mesmo antes da final, quando convidou o pai de Garrincha, Amaro, para ouvir o jogo Brasil x País de Gales no Palácio do Catete. A experiência se repetiu na decisão, mas as convidadas de JK dessa vez foram a mulher de Didi, Guiomar, e a noiva de Vavá, Miriam. Com o Brasil já campeão do mundo, o presidente bebeu champanhe na

130

Juscelino, com João Havelange, recebe a taça Jules Rimet conquistada na Suécia: combustível para o otimismo dos "50 anos em 5".

taça Jules Rimet e prometeu emprego público e financiamento habitacional aos craques da seleção – promessas que não saíram do papel. Pouco importa: o fato é que o Brasil estava em transe. "Com brasileiro, não há quem possa", dizia um verso da marchinha composta para celebrar o feito da seleção.

A vitória não poderia ter vindo em hora melhor, para coroar os "anos dourados" do governo JK, identificado com o crescimento do país, com o estímulo à cultura popular, com o dinamismo da vida urbana e com a pujança industrial. No entanto, o verniz da bossa nova escondia uma crise que ganhava contornos dramáticos. Juscelino Kubitschek havia trocado de ministro da Fazenda e mandado elaborar um plano de estabilização da economia que fora malvisto tanto por industriais, que vinham

O futebol explica o Brasil

ganhando dinheiro com especulação financeira, quanto por setores da esquerda, porque se supunha que o plano visava algum tipo de acerto com entidades internacionais ligadas ao "imperialismo", como o Fundo Monetário Internacional (FMI). De fato, JK negociou um acordo com o FMI, mas as exigências do Fundo, sobretudo no que dizia respeito aos gastos públicos, levaram o governo a romper com a entidade. Recebeu imediatamente apoio popular, articulado pelo PTB e pelos comunistas, e também foi elogiado pelos militares e pela Federação das Indústrias do Estado de São Paulo.

Em 21 de abril de 1960, no último ano de seu mandato, JK inaugurou Brasília, foco de admiração nacional e também de desconfiança – o governo foi sistematicamente acusado de transformar a construção da nova capital num sorvedouro de dinheiro público destinado à corrupção. Essa marca nunca foi definitivamente apagada na biografia de Juscelino, apesar de nada ter sido provado contra ele.

E foi justamente o tema da corrupção que decidiria a eleição presidencial em outubro de 1960. A despeito dos evidentes progressos da classe média durante o governo JK, o que realmente tocava a massa era a percepção de que os políticos eram desonestos, o que vinha desde o governo Getúlio. O então governador de São Paulo, Jânio Quadros, seria o candidato que melhor capitalizaria esse sentimento. Com uma campanha moralista – tanto na política quanto nos costumes em geral –, Jânio apresentava-se como um *"outsider"*, um líder descomprometido com o sistema político que era visto como carcomido. Venceu a eleição com impressionantes 48% dos votos, contra 28% do marechal Henrique Lott, ministro de JK, e 23% do ultrapopulista Adhemar de Barros. João Goulart, vice de Juscelino Kubitschek e vice na chapa de Lott, foi eleito com boa margem também – ainda era possível votar no presidente de uma chapa e no vice de outra. A vitória de Jânio e Jango mostrava a capacidade de articulação das organizações sindicais. Mostrava também que o período turbulento sinalizado no final do governo JK estava apenas começando.

Aos 44 anos, Jânio Quadros chegava à presidência depois de uma ascensão fulminante: em 1947, o então suplente em São Paulo assumiu o

132

Anos 1950-1970

mandato de um vereador comunista cassado; em 1948, elegeu-se deputado estadual pelo Partido Democrata Cristão; em 1953, chegou à prefeitura de São Paulo, na famosa campanha do "tostão contra o milhão"; em 1954, já com a vassoura na mão para "varrer os ratos, os ricos e os reacionários" da política, tornou-se governador paulista, agora com o apoio de dissidentes do PTB e de um pequeno partido, o Trabalhista Nacional (PTN). Sua filiação partidária sempre lhe fora irrelevante. Os partidos e as ideologias não lhe eram senão instrumentos de seus projetos de poder, até hoje impenetráveis. O "carisma" (as aspas aqui são necessárias, porque o carisma janista muitas vezes era apenas histrionismo) do personagem materializou a força do populismo que já dava sinais de vigor desde Getúlio. Os socialistas e comunistas aderiram alegremente.

A alta do custo de vida e a decadência dos partidos conservadores foram o combustível de Jânio rumo ao poder. A massa começou a forçar a porta de entrada do mundo político, por não se ver ali representada. Jânio foi seu desastrado veículo, colocando-se deliberadamente "acima dos partidos". Ao atacar JK ("presidente voador"), Brasília ("obra faraônica") e a inflação, Jânio atraiu todo tipo de apoio, à esquerda e à direita, entre os descontentes em geral – tanto os ricos quanto os pobres. Até a UDN de Carlos Lacerda aderiu a Jânio, abandonando momentaneamente seus planos golpistas e enxergando no teatral candidato sua chance de chegar ao poder pela via democrática.

Quando Jânio subiu a rampa para tomar posse, em 31 de janeiro de 1961, ele levava consigo um inconciliável conflito de classes e interesses, que seu populismo de baixa extração não teria condições de controlar. O presidente optou pelo apoio dos militares e dos governadores, deixando de fora um Congresso dominado pela oposição e chamado por ele de "clube de ociosos". Seu estilo de governo era autoritário e provinciano. Ocupava-se com energia de questões miúdas – proibiu o uso de biquíni nos desfiles mostrados pela TV, as rinhas de galo e o lança-perfume no carnaval – e de sua cruzada de moralização do serviço público. Quando prefeito, chegou a cortar o ponto de Ademar Ferreira da Silva, bicampeão olímpico, por ter se ausentado para treinar. "Era um funcionário relapso, e a prefeitura não é

133

clube de atletismo", justificou o presidente.[11] Cada instância da malha do Poder Executivo sofreu com sua ação "purificadora", o que abalou ainda mais as relações com o Congresso, uma vez que Jânio acabou com as nomeações políticas para cargos públicos.

Contra a crise econômica legada por JK, Jânio reatou com o FMI em nome da estabilização, porque a entidade avalizava empréstimos externos de que o Brasil desesperadamente necessitava. No final das contas, o presidente era tresloucado, mas adotou uma política econômica com todos os ingredientes do liberalismo – livre iniciativa, abertura ao capital internacional e redução de gastos públicos. Funcionou: o FMI acreditou no perfil ortodoxo das medidas e soltou o dinheiro.

Por outro lado, sua política externa incluiu uma aproximação com a URSS, a condenação do governo Kennedy após a invasão da Baía dos Porcos (1961) e a abertura de embaixadas na África. Como Jânio era declaradamente anticomunista, a postura só podia ser entendida como de não alinhamento e de não intervenção, defendida pelo chanceler Afonso Arinos. Em tempos de Guerra Fria, porém, a mensagem foi captada de outra maneira pela oposição reacionária, liderada pela mesma UDN que havia apoiado a candidatura de Jânio e por parte crescente das Forças Armadas. A partir de então, a política externa seria o alvo preferencial de Carlos Lacerda, em outra articulação golpista.

O caldo entornou com a condecoração do guerrilheiro argentino Che Guevara, líder da Revolução Cubana, de 1959. Jânio resolveu conceder-lhe a altíssima Grã-Cruz da Ordem Nacional do Cruzeiro do Sul, em 18 de agosto de 1961, numa espécie de "troco" dado aos conservadores que o pressionavam. A atitude expôs a crise de modo inexorável.

Em 24 de agosto, Carlos Lacerda faz um violento discurso em que acusava Jânio de tramar um golpe. No dia seguinte, Jânio chamou seus ministros mais próximos, inclusive os militares, e anunciou sua intenção de renunciar, com apenas sete meses de governo. O general Odilio Denis, ministro da Guerra, ofereceu a Jânio a possibilidade de fechar o Congresso e de intervir no Estado da Guanabara, para punir Lacerda – na verdade, Denis e os demais militares estavam preocupados era com a possibilidade de Jango assumir o poder, por ser o sucessor constitucional de Jânio. Não funcionou, e Jânio entregou sua renúncia ao Congresso. Especula-se que ele, na verdade, esperava ser reconduzido ao cargo "nos braços do povo", mas o Congresso rapidamente aceitou a renúncia do desastrado político e deu posse ao presidente da Câmara, Ranieri Mazzili, no mesmo 25 de agosto. Na carta-renúncia, Jânio diz que foi "vencido pelas forças da reação". "Forças terríveis levantam-se contra mim e me intrigam ou infamam, até com a desculpa de colaboração", escreveu ele, sem especificar a quais forças se referia.

Em meio a toda essa turbulência, Jango estava na China comunista, em missão oficial. Nada poderia conspirar mais contra o vice-presidente, que já era visto como ameaça pelas Forças Armadas e pelos setores conservadores. Sua posse era considerada pelos ministros militares um atentado à segurança nacional, mas a chefia do Exército no Rio Grande do Sul discordou, o que deflagrou a conhecida "batalha da legalidade", isto é, pela sucessão presidencial conforme prevista na Constituição. À frente desse movimento estava o governador gaúcho, Leonel Brizola, cunhado de Jango. A solução encontrada foi a introdução envergonhada do sistema parlamentarista e, em 7 de setembro de 1961, Jango tomou posse como presidente sem poderes – o governo de fato estava nas mãos do primeiro-ministro Tancredo Neves.

Essa nova fase da vida nacional começou sob evidente tensão, agravada pela acentuada organização dos movimentos camponeses e urbanos, especialmente o operário e o estudantil, que viram no momento a chance da revolução social. Como Jango era populista e, portanto, permeável às pressões desse tipo, usou-as como apoio central de seu governo. O objetivo era implementar as chamadas "reformas de base", que incluíam a ampliação do direito de voto para os analfabetos e a reforma agrária, além da ação mais direta, de perfil nacionalista, do Estado na economia. Mas o movimento social, sobretudo os sindicatos, provou-se incontrolável, ganhando vida própria em busca de mais espaço e poder. O número de greves saltou de 31 em 1958 para 172 em 1963, com crescimento significativo de paralisações no serviço público, justamente o centro do suposto apoio a Jango.

Contra essa articulação a maioria da UDN, como de hábito, se aproximou dos militares para fustigar o governo. O "perigo comunista" era o motor do movimento, ainda que, no fundo, Jango fosse talvez apenas um reformista. Para os militares, porém, a vitória de Fidel Castro em Cuba sinalizava uma nova etapa ideológica na América Latina, com a deflagração de movimentos revolucionários para o triunfo do comunismo no continente. O pensamento dominante na Escola Superior de Guerra, fundada em 1949 para elaborar a doutrina de segurança nacional e frequentada também por civis, era o de que Jango representava o descontrole populista que abriria caminho para a subversão da ordem. Em pouco tempo, cresceu a convicção de que somente um golpe militar poderia impedir a "revolução".

Apesar de toda a importância do momento, nada disso, no entanto, era capaz de mobilizar a massa geral de brasileiros mais do que o futebol – menos por culpa do futebol, e mais por causa da apatia de uma sociedade cujo controle de seu destino estava crescentemente fora de suas mãos. Essa apatia teria seu ápice no golpe de 1964, quando os militares e a "vanguarda" conservadora tomaram o poder sem fazer força. A defesa dos ideais democráticos, como possível elemento catalisador dos brasileiros, tinha no futebol um concorrente praticamente imbatível, sobretudo numa época mágica desse esporte no Brasil – fazia muito mais sentido sair às ruas para festejar uma vitória da seleção brasileira do que para defender as liberdades.

Além de saborear o triunfo na Suécia, o torcedor brasileiro via nascer e aprendia a admirar o maior time do planeta, o Santos. Entre 1961 e 1965, a equipe conquistou cinco Taças Brasil, o campeonato brasileiro da época. Em 1962 e 1963, foi bicampeão sul-americano e bicampeão mundial. Seus astros eram convidados a jogar em todos os continentes. Ver o Santos em campo era como assistir a uma orquestra, razão pela qual se tornou o segundo time dos torcedores de todo o Brasil.[12]

Mas era Pelé o elemento central desse fenômeno. Essa adoração gerou episódios curiosos. Um deles aconteceu no Campeonato Paulista de 1961. O jogador havia sido suspenso por sua expulsão num jogo contra o São

Paulo e não enfrentaria a Ferroviária. O Santos tentava obter o "efeito suspensivo" para o craque jogar. Uma das possibilidades de recurso era o artigo 144 do Código Brasileiro de Futebol, segundo o qual uma punição poderia ser suspensa quando houvesse motivo justo e interesse do desporto. O então presidente do Santos, Athié Jorge Coury, afirmou que Max Gomes de Paixa, presidente do Superior Tribunal de Justiça Desportiva, lhe havia garantido que o caso de Pelé poderia ser enquadrado no artigo 144, "porque a ausência do jogador implicaria redução da renda do encontro de domingo em Araraquara". A própria Ferroviária queria que Pelé jogasse, enviando telegrama ao TJD "reforçando as pretensões do Santos com relação à intervenção de Pelé na partida de domingo", porque "a ausência do jogador causará redução sensível de arrecadação".[13]

No ano seguinte, quando o Santos se sagrou campeão do mundo pela primeira vez, diante de quase oitenta mil atônitos torcedores do Benfica no Estádio da Luz, o presidente português, Américo Thomaz, tentou convencer Pelé a ficar por lá mesmo, em algum time local, pelo dinheiro que fosse. E os jornais portugueses refletiram esse encanto. Disse *O Século*:

> *Pelé foi o grande organizador, com suas intervenções geniais, a elegância de seus passes e a potência de seus chutes. Os espectadores não poderão esquecer seu jogo. Depois do que se viu, não se pode estranhar a quantidade de milhões que ofereceram o Real Madrid e o Milão pelo seu passe. É um autêntico artista.*[14]

E o *Diário Popular*: "[Os espectadores] tiveram de se render à superioridade dos brasileiros, particularmente na incrível variedade dos lances de que dispõe o famoso Pelé, de fato um gênio do futebol, que nasceu com ele".[15] E o *Diário de Lisboa*: "O dique [da defesa do Benfica], já de si construído debilmente, arrebentou perante a força irresistível da maré viva do senhor Edson Arantes, superpopularíssimo Pelé, jogador que o estádio da Luz aplaudiu com calor e ficou a admirar para sempre".[16]

Pelé era a inspiração nacionalista de um país já envolvido na atmosfera do refrão "com brasileiro, não há quem possa". Um dos momentos mais

137

O futebol explica o Brasil

marcantes dessa relação foi a decisão do craque de se incorporar ao Exército, quando fez 18 anos. Em março de 1959, a revista *O Cruzeiro* relatou que a ideia se constituiu um "problema nacional" para a caserna, "no momento em que os militares defrontavam-se com sérias crises". Temia-se que "gente importante" tentasse impedir Pelé de servir o Exército. Mas a revista afirma que Pelé queria se incorporar. "O engraçado é que Pelé não estava, absolutamente, interessado em deixar de servir à Pátria."[17]

A imagem do patriota rapidamente lhe foi incorporada. Em 1960, Pelé foi convidado para ser garoto-propaganda do Instituto Brasileiro do Café no exterior. Pelos serviços, receberia 50 mil cruzeiros, quantia considerada "simbólica" pelo jogador, que disse ter assinado o contrato "pelo espírito de patriotismo". Ele entendia que "todos os brasileiros que tenham o mínimo de possibilidade de ajudar qualquer empreendimento para elevar nossa pátria devem fazê-lo, renunciando a tudo e confiando sempre em melhores dias para o Brasil".[18] Enquanto isso, choviam propostas para que Pelé deixasse o Brasil e fosse jogar na Europa.

Ter o "rei do futebol" entre seus craques, que dispunham, além disso, de Garrincha e outras grandes estrelas, gerou um clima de êxtase no Brasil para a disputa do Mundial de 1962. A seleção se preparou de modo tranquilo para a Copa, que seria realizada no Chile. Não disputou eliminatórias por ter sido campeã do mundo na edição anterior e jogou apenas torneios regionais. Reuniu a equipe que disputaria a Copa apenas 50 dias antes da estreia. O desempenho do time não dava margens a dúvidas sobre sua capacidade: em 32 jogos depois da Copa de 1958, o Brasil ganhou 28, empatou 2 e perdeu apenas 2. O retrospecto em 1962, na véspera da Copa, era ainda melhor: 11 vitórias em 11 jogos.

Feola deixou de ser treinador em 1961, por causa de uma infecção intestinal. Ele deu lugar a Aymoré Moreira, indicado por Paulo Machado de Carvalho, agora já devidamente apelidado de "marechal da vitória" e que continuaria como chefe da delegação. Abandonando as "inovações" de 1953, quando treinava a seleção que deu vexame no Sul-Americano, Aymoré convocou e escalou praticamente o mesmo time de 1958 – inclusive Nilton Santos, que jogaria a Copa aos 37 anos. Outra mudança

138

Pelé perfilado ao se apresentar ao Exército:
o garoto campeão do mundo queria "servir à pátria" de qualquer maneira e criou uma saia-justa na caserna.

foi a saída de João Carvalhaes, que havia reprovado a maioria dos jogadores brasileiros em seus famosos testes psicotécnicos. Foi substituído por Athayde Ribeiro da Silva, que, ao contrário de seu antecessor, era pesquisador e dois anos depois da Copa escreveria o primeiro estudo brasileiro sobre psicologia esportiva. Athayde estava mais interessado no equilíbrio emocional dos atletas do que em sua capacidade de traçar linhas retas. Sua presença se provaria fundamental, porque a seleção brasileira sofreria um baque psicológico importante logo na segunda partida da Copa. Mas ainda não chegamos lá.

O Brasil estrearia na Copa em 30 de maio contra o México, em Viña Del Mar, com um público "surpreendentemente pequeno", conforme registra o *Jornal do Brasil*. Talvez pelo frio de 12 graus, talvez pelo grande nervosismo da estreia, a seleção jogou um primeiro tempo apenas razoável. Somente aos 11 minutos do segundo tempo, Zagallo abriria o placar. Pelé fecharia o marcador aos 28 minutos, "numa jogada pessoal em que revelou todo o esplendor de seu talento", comentou o *JB*.[19] Ao final da partida, os jogadores estavam evidentemente preocupados. "Todos sabemos de nossas obrigações", disse o capitão Mauro, ainda no campo. "Atuações infelizes como a de hoje não tornarão a acontecer. Confiem todos no Brasil."[20]

O Brasil, de fato, estava mobilizado para acompanhar a seleção. "A venda de rádios transistores aumentou 100% por causa do jogo", informou o *JB*, e "todas as atenções se voltaram para a irradiação do jogo, com a consequente suspensão de qualquer outra atividade, inclusive em Brasília, onde o presidente da República e o primeiro-ministro suspenderam os seus compromissos para acompanhar os lances da partida".[21] Considerando-se que o Brasil estava no olho do furacão de uma crise institucional, isso não era pouca coisa. A responsabilidade da seleção, portanto, era imensa.

Veio então o fatídico segundo jogo, contra a Tchecoslováquia, em 2 de junho. Outra partida duríssima. Aos 27 minutos do primeiro tempo, Pelé deu um chute forte e a bola pegou na trave do goleiro Schroiff. Em seguida, sentiu o músculo da virilha direita. Passou o resto do jogo em campo fazendo apenas número – as substituições não eram permitidas naquela época. A recuperação do jogador para a partida decisiva contra a Espanha era questão de segurança nacional – Paulo Machado de Carvalho chegou a fazer promessa a Nossa Senhora Aparecida. Inútil. Pelé pediu então que lhe dessem uma injeção de xilocaína, o que o médico Hilton Gosling não aceitou – a substância que mascara a dor poderia contribuir também para o agravamento da contusão, que ameaçava até mesmo encerrar a carreira do craque.

Então apareceu a chance para o atacante Amarildo, do Botafogo, apelidado de "Possesso", tanto por suas qualidades como jogador quanto por seu temperamento explosivo – e isso podia significar prejuízo para o Brasil num jogo cheio de nervosismo contra os espanhóis, cuja seleção era conhecida como "A Fúria". O empate bastava aos brasileiros – como em 1950.

140

O jogo do dia 6 de junho entrou para a história das Copas como um dos mais controversos. O Brasil levou 1 a 0 aos 35 do primeiro tempo. Já estava bastante descontrolado antes disso – Amarildo, o substituto de Pelé, errava muitos passes. No segundo tempo, aos 25 minutos, Nilton Santos fez pênalti no atacante Collar, quase na risca da grande área. Malandro, deu um passo para fora da área, com os braços erguidos, como a dizer que não tinha havido infração. O juiz, o chileno Sergio Bustamante, talvez por estar mal colocado, deu apenas falta. Muito se discute sobre esse lance até hoje, e há versões segundo as quais a comissão técnica brasileira teria feito chegar a Bustamante uma pequena bolada em dinheiro dois dias antes da partida. Anos mais tarde, o próprio Nilton Santos diria que, se o árbitro tivesse dado o pênalti, o Brasil não teria sido campeão.

Seja como for, o jogo seguiu, e então brilhou a estrela de Amarildo. Aos 27 minutos, o atacante empatou a partida. E aos 41 marcou o gol da vitória, depois de um passe de Garrincha, que até aquele momento era apenas uma pálida lembrança do craque exuberante de 1958. Era um bom presságio, porque na fase seguinte o Brasil enfrentaria os sempre temidos ingleses.

Em 10 de junho, o mundo saberia que um jogador de pernas tortas era capaz de ganhar sozinho uma Copa. Garrincha estava talvez no melhor dia de sua carreira. Jogou em todas as posições do ataque, deixou vários zagueiros no chão e, fato inédito em sua trajetória, até gol de cabeça ele marcou, abrindo o marcador aos 32 minutos do primeiro tempo. Os ingleses empataram quatro minutos depois, mas isso não pareceu abalar ninguém. Aos 8 minutos do segundo tempo, a avalanche ofensiva brasileira liderada por Garrincha fez o segundo gol, com Vavá, e cinco minutos depois fez o terceiro, com o próprio Garrincha. Os respeitáveis ingleses sucumbiram de modo espetacular.

Nas semifinais, em 13 de junho, o Brasil enfrentaria o Chile. Apesar das óbvias dificuldades de jogar contra os donos da casa, a estrela de Garrincha mais uma vez fez a diferença, e o Brasil aplicou um 4 a 2, com dois gols do endiabrado atacante. No final do jogo, aos 39 minutos do segundo tempo, Garrincha levou um pontapé do zagueiro chileno Eladio

Rojas, que passara o jogo todo tentando parar o brasileiro com a única arma que tinha, a botina. Garrincha se levantou e, quase como uma brincadeira com seu algoz, deu um leve chute no traseiro de Rojas. O chileno, com a habitual manha sul-americana, caiu ao chão como se tivesse levado um tiro. Alertado pelo bandeirinha uruguaio Esteban Marino, o árbitro peruano Arturo Yamazaki, que havia ignorado a violência chilena ao longo da partida, expulsou Garrincha de campo. Ao sair, em meio a vaias, o craque ainda levou, na cabeça, uma pedrada de um torcedor chileno.

Dor maior, porém, sentiria o Brasil, que já não tinha Pelé, se não pudesse contar com sua maior estrela na final da Copa, contra a Tchecoslováquia. Assim, a delegação brasileira movimentou-se intensamente para livrar Garrincha de uma suspensão que poderia muito bem custar o bicampeonato mundial. Houve até um apelo para que o primeiro-ministro Tancredo Neves enviasse um telegrama à comissão disciplinar da Fifa que julgaria o jogador. Talvez pela conveniência diplomática, o governo do Peru pediu que o conterrâneo Yamazaki retirasse a acusação contra Garrincha.

Mas o episódio mais obscuro desse caso foi o desaparecimento do bandeirinha Esteban Marino, cujo testemunho causara a expulsão de Garrincha e, se confirmado em julgamento, certamente tiraria o craque da decisão. Então, João Mendonça Falcão, presidente da Federação Paulista de Futebol (FPF) e convidado da delegação brasileira no Chile, foi ao hotel onde estava Marino – árbitro que Falcão conhecia bem, por ser do quadro da FPF – e lhe ofereceu uma passagem para o Uruguai com uma breve escala em Paris. Na hora do julgamento da comissão disciplinar, Yamazaki disse que não tinha visto a agressão de Garrincha e informou que, segundo Esteban lhe relatara, o caso se resumia a uma mero revide de jogo, sem maiores consequências. Resultado: Garrincha foi absolvido por 5 a 2 e poderia atuar na final, contra os tchecos, em 17 de junho.

Liberado para jogar, o craque das pernas tortas entrou em campo com uma febre de quase 40 graus. Mesmo fora de suas melhores condições, Garrincha amedrontou de tal maneira os adversários que poucos se atreveram a tentar tomar-lhe a bola. Como relatou Armando Nogueira:

Jango cumprimenta Garrincha em recepção aos campeões do mundo em 1962: um presidente bem familiarizado com o futebol.

Garrincha para, de estalo, no bico da área. A bola, a meio metro de seus pés. Chega o primeiro tcheco e, imóvel, fica olhando a bola. Chega o segundo tcheco e, guardando uma distância de ordem unida, planta-se atrás do colega. Chega o terceiro tcheco e, tal como os dois da frente, fica olhando a bola, vencido. Se Garrincha mandar beijar a bola, eles beijam.[22]

Ainda assim, o Brasil levou o primeiro gol, aos 15 minutos do primeiro tempo, com o craque Masopust. Sem se abalar, a seleção empatou dois minutos depois, com um gol de Amarildo. No segundo tempo, aos 25 minutos, o meia Zito desempatou de cabeça. E aos 33, Vavá, aproveitando falha do goleiro Schroiff, fez 3 a 1. Dali para o fim do jogo, a seleção bailou, já como bicampeã do mundo, transformando o Brasil num país embevecido com seu sucesso internacional – o ano de 1962 seria marcado também pela Palma de Ouro em Cannes para o filme *O pagador de promessas* e pela apresentação de João Gilberto no Carnegie Hall para mostrar a bossa nova a americanos enlouquecidos com a música brasileira.

De volta ao Brasil, a seleção foi a Brasília para ser recebida pelo presidente João Goulart. O bicampeonato mundial não poderia ter vindo em melhor hora para Jango. Em outubro de 1962, os eleitores iriam às urnas em eleições parlamentares, municipais e estaduais, e Jango precisava desesperadamente que seu PTB fosse bem, para contrabalançar a UDN e o PSD no Congresso. O governo estava paralisado, tanto pela crise econômica quanto pelos impasses políticos – o gabinete de Tancredo Neves se desfizera porque os ministros, inclusive o premiê, concorreriam em outubro.

Jango esperava o plebiscito que decidiria pela volta ou não do regime presidencialista para ganhar os poderes que queria, a fim de implementar seus planos administrativos e econômicos, principalmente para estabilizar a moeda e conter a inflação. A consulta popular estava marcada inicialmente para 1965, mas acabou antecipada para janeiro de 1963, e Jango apostou todas as suas fichas nela.

Ao receber a seleção em 18 de junho de 1962, no Palácio da Alvorada, Jango não era meramente um político que tentava capitalizar um momento glorioso do futebol pátrio. Ele tinha bastante intimidade com o futebol. Havia sido zagueiro do juvenil do Internacional de Porto Alegre, nos anos 1930, e só não continuou no esporte por causa de uma contusão. Mas Jango caprichou na exploração, pelas necessidades óbvias de sua sobrevivência política.

Brasília ainda estava em obras. Havia apenas cerca de duzentos mil moradores na ocasião, espalhados em alguns poucos prédios e pelos acampamentos para os operários. Muitas das cinquenta mil pessoas que recepcionaram a seleção vieram de cidades goianas próximas. A multidão seguiu o carro de bombeiros que levou a equipe em triunfo pelo Eixo Monumental, e Jango mandou abrir os portões do Palácio da Alvorada. "Não foi possível impedir que a compacta multidão – que já havia rompido os cordões de isolamento à chegada da delegação – invadisse os jardins da residência oficial da presidência da República, onde populares se confundiam com

144

Anos 1950-1970

ministros, senadores e altos funcionários do governo na homenagem aos bicampeões", relatou o jornal *O Estado de S. Paulo*.[23] Aquela onda de felicidade pátria no coração do poder podia lhe ser muito útil, afinal.

O *Correio Braziliense* registrou o clima de euforia. "Vocês cumpriram a promessa de trazer a Copa", festejou Jango para Nilton Santos e Didi, que responderam: "Fizemos pelo senhor".[24] E então o presidente ergueu a taça, ao lado de Zagallo, como se fosse um integrante da seleção. Essa imagem, somada àquela em que Jango bebe champanhe na Jules Rimet, segurando o cobiçado troféu pelas asas, dá a dimensão do envolvimento do presidente com os efeitos da conquista do Mundial e das expectativas que ele depositava nisso.

Nas eleições de outubro, de fato, o PTB de Jango foi bem, tornando-se a segunda bancada do Congresso, atrás apenas do PSD. Isso não significava necessariamente tranquilidade para governar, porque a tendência dos partidos conservadores era boicotar seus projetos de reforma social e econômica, e Jango, ademais, era prisioneiro de sua própria hesitação. Um bom exemplo disso foi a Lei de Remessa de Lucros. Defendida ferozmente pelo bloco governista e afinal aprovada, ela não foi sancionada pelo presidente – a lei acabou promulgada no Congresso sem sua assinatura. Outra frente importante de oposição a Jango viria dos governos estaduais mais importantes. São Paulo, com Adhemar de Barros, Minas Gerais, com Magalhães Pinto, e a Guanabara, com Carlos Lacerda, seriam fonte de indisposição sistemática com o governo.

Nesse cenário, o Brasil foi às urnas para escolher o presidencialismo, em janeiro de 1963, por larga margem de votos. O novo gabinete de Jango, agora com poderes executivos efetivos, refletia sua intenção de atacar os problemas econômicos sem deixar de fortalecer o chamado "dispositivo sindical" dentro de seu governo. Como se tratassem de metas inconciliáveis, era bem provável que Jango fosse obrigado a escolher uma coisa ou outra, mais cedo ou mais tarde. Enquanto isso, a inflação saltava para 54,8% em 1962, contra 26,3% em 1960, acentuando a urgência do momento.

O plano de Jango incluía reforma agrária, redução de subsídios à importação de determinados produtos, corte de gastos em estatais, reforma administrativa e aumento de impostos para quem ganhava mais. Passava também por moderar os aumentos salariais e por renegociar a dívida externa, para reduzir a despesa com o pagamento de juros e melhorar as condições de investimento do Estado.

No conjunto, o plano de Jango foi rechaçado tanto à esquerda como à direita. À esquerda, criticava-se a ideia de arrochar salários e também as negociações com os "imperialistas" estrangeiros; à direita, muitos estavam ganhando na ciranda financeira alimentada pela inflação e não tinham interesse em que ela fosse combatida, além de enxergarem em Jango, desde sempre, o líder de uma república sindical. Em meio a todo esse clima de radicalização, o golpe militar estava em pleno curso.

O antagonismo foi assumido por Jango já em outubro de 1963. A partir daí, o presidente tentou inclusive implementar um estado de sítio para conter as invasões de terra, mas a direita o impediu, por enxergar nisso uma manobra para obter poderes excepcionais. De fato, tanto de um lado quanto de outro, a democracia formal estava miseravelmente arruinada. No começo de 1964, Jango deflagrou um movimento para driblar o Congresso e impor as reformas de base. O movimento consistia na mobilização popular para anunciar cada uma das reformas antes de decretá-las. O primeiro comício ocorreu em 13 de março e ficou conhecido como "comício da Central", por ter sido realizado diante da Estação da Central do Brasil. Em meio a um mar de bandeiras vermelhas e discursos inflamados, mostrados na TV, o evento tinha tudo para preocupar os conservadores, que já não precisavam de novos argumentos para defender o golpe. Na ocasião, Jango desapropriou refinarias de petrolíferas estrangeiras.

Seis dias depois, quinhentas mil pessoas desfilaram pelas ruas de São Paulo na Marcha da Família com Deus pela Liberdade, uma óbvia resposta a Jango e uma sinalização de apoio da classe média ao golpe que se avizinhava. Faltava um estopim, e Jango o acendeu ao apaziguar marinheiros que haviam quebrado a hierarquia militar e ao comparecer a uma assembleia de sargentos. Em 31 de março, o general Olímpio Mourão Filho, comandante da 4ª Região Militar, em Juiz de Fora (MG), mobilizou suas tropas e as deslocou para o Rio. No dia seguinte, Jango foi de Brasília para Porto Alegre, e então, com as tropas golpistas já devidamente engrossadas, o presidente do Senado, Auro de Moura Andrade, declarou o cargo de

Anos 1950-1970

presidente da República vago. Rainieri Mazzilli, conforme a Constituição, assumiu, mas tudo foi apenas encenação: a Constituição já não valia mais, porque os militares estavam no comando.

Começava o período das trevas da história republicana brasileira, marcado pela megalomania do poder e pela apatia da sociedade. E, como veremos, o futebol teria papel central nele.

Notas

[1] Apud Luiz Adolfo Pinheiro, *JK, Jânio e Jango:* três Jotas que abalaram o Brasil, Brasília, Letrativa, 2001, p. 25.
[2] Apud Ruy Castro, *Estrela solitária:* um brasileiro chamado Garrincha, São Paulo, Companhia das Letras, 1995, p. 59.
[3] Nelson Rodrigues, *À sombra das chuteiras imortais*, São Paulo, Companhia das Letras, 1993, p. 42.
[4] Idem.
[5] Idem, p. 51.
[6] Antonio Carlos Napoleão e Roberto Assaf, *Seleção brasileira – 1914-2006*, 2. ed., Rio de Janeiro, Mauad, 2006, p. 55.
[7] Apud Rodrigo Bueno, "Começa um reinado", em *Folha de S.Paulo*, 29 jun. 2008.
[8] Idem.
[9] Ruy Castro, op. cit., p. 136.
[10] Nelson Rodrigues, *A pátria em chuteiras:* novas crônicas de futebol, São Paulo, Companhia das Letras, 1994, p. 118.
[11] Apud José Viriato de Castro, *O fenômeno Jânio Quadros*, São Paulo, Palácio do Livro, 1959, p. 81.
[12] Muitas vezes tornou-se o primeiro time. Meu pai, Henrique, era torcedor "doente" do Flamengo e foi ver seu time enfrentar o Santos no Maracanã, em 11 de março de 1961. O Flamengo apanhou de 7 a 1, com quatro gols de Pelé, e os torcedores cariocas aplaudiram o Santos de pé. Naquele dia, meu pai passou a torcer pelo Santos: "Não dava para torcer contra aquilo", ele costuma dizer.
[13] "O Santos acha que Pelé joga", em *O Estado de S. Paulo*, 22 set. 1961.
[14] "Pelé é gênio, dizem jornais portugueses", em *O Estado de S. Paulo*, 13 out. 1961
[15] Idem.
[16] Idem.
[17] *O Cruzeiro*, 14 mar. 1959. Apesar da seriedade, a revista ressalta como Pelé era apenas um menino: "Meio desajeitado, com a farda um pouco torta e com um capacete onde caberiam pelo menos três Pelés, o recruta 201 foi atender à sua corporação". O patriotismo não impedia o garoto de prometer "causar uma úlcera no sargento".
[18] "Pelé ganha agora Cr$ 50 mil do IBC", em *O Estado de S. Paulo*, 17 mai. 1961.
[19] "Futebol faz governo e povo parar", em *Jornal do Brasil*, 31 maio 1962.
[20] "Vitória complicada", em *Todas as Copas*, edição especial do jornal *Lance!*, p. 64.
[21] "Futebol faz governo e povo parar", em *Jornal do Brasil*, 31 maio 1962.
[22] Armando Nogueira, *Bola na rede*, Rio de Janeiro, José Olympio, 1973, p. 161.
[23] *O Estado de S. Paulo*, 19 jun. 1962.
[24] *Correio Braziliense*, 19 jun. 1962.

Anos 1960-1980

As trevas do Brasil e da seleção brasileira

A apatia da sociedade brasileira talvez seja a melhor explicação para o sucesso fulminante do golpe militar que derrubou João Goulart no início de 1964. Jango acreditou que tivesse algum apoio, como consequência de seu governo de perfil populista e em razão da suposta penetração nos meios sindicais. A reação que ele esperava não aconteceu, e os militares tomaram as rédeas do jogo político mais uma vez na história republicana

O futebol explica o Brasil

brasileira. Contudo, daquela vez, seria diferente: a caserna não estava disposta a ser apenas uma entidade moderadora.

Em 11 de abril, o Congresso, articulado por lideranças civis identificadas com o golpe, elegeria o general moderado Humberto de Alencar Castello Branco como presidente da República, como a indicar que os militares estavam dispostos a conduzir apenas um processo de transição. No dia 15, Castello Branco discursou e prometeu entregar o cargo para o presidente que seria eleito em 31 de janeiro de 1966, conforme o calendário acertado. Mas, dois dias antes, o "Comando Supremo da Revolução", formado pelos ministros militares, baixou o Ato Institucional nº 1 (AI-1), por meio do qual o Executivo se impunha aos demais Poderes. Estava estabelecida a ditadura, em nome de uma "situação de emergência" que duraria duas décadas.

Vivia-se o auge da Guerra Fria. O "perigo comunista", visto como ameaça à democracia, foi o elemento agregador das forças conservadoras brasileiras, encorpadas pelos militares, para fazer da queda de Jango um momento de vitória dos ideais constitucionais – desde sempre a bandeira das Forças Armadas brasileiras. Foi também o que determinou a precoce ruptura do processo de transição prometido pela ala moderada dos golpistas.

Até que isso acontecesse, porém, o governo de Castello Branco agiu rapidamente para debelar a crise econômica, aproveitando-se da exceção institucional estabelecida. Sem necessidade de acordos políticos, foi possível tomar medidas extremamente impopulares, como o arrocho salarial – entre 1964 e 1967, os vencimentos pagos na indústria caíram 25%. Houve também mudanças administrativas e tributárias – muita gente que não pagava Imposto de Renda, como os jogadores de futebol, passou a ser cobrada com vigor, inclusive alguns bicampeões do mundo, como Garrincha, Didi, Zagallo e Nilton Santos. A impopularidade das medidas fez Castello Branco trair sua promessa de entregar o poder aos civis em 1966, estendendo seu mandato por mais um ano.

Como resultado das decisões, a inflação, que em 1964 havia chegado a quase três dígitos (92,1%), caiu para 25% três anos depois, e a economia

150

Castello Branco cumprimenta Djalma Santos, observados por Pelé
e outros jogadores em recepção à seleção que disputaria a Copa de 1966:
a ditadura abraça o futebol.

brasileira dava sinais de recuperação. Os militares apareciam assim, subitamente, como uma alternativa administrativa viável – um governo autoritário, sem necessidade de conchavos políticos para funcionar, era capaz não apenas de superar as crises econômicas, mas de transformar o país numa potência internacional. Essa ideia ganhou corpo e alimentou a linha dura do regime, que não tinha nenhuma disposição de devolver o poder aos civis. Na esteira disso, o Serviço Nacional de Informações (SNI), criado em junho de 1964, ganhou força e espaço, como costuma acontecer em regimes autoritários, transformando-se numa instituição de grande autonomia.

Ainda havia uma aparência democrática no regime militar recém-instalado, mas ela rapidamente desbotou. Em março de 1965, houve eleição direta para prefeito de São Paulo, e o candidato apoiado pelo cassado Jânio Quadros, Faria Lima, venceu. Como resposta, surgiu uma emenda constitucional segundo a qual os prefeitos de capitais passariam a ser nomeados. Em novembro daquele ano, haveria eleições diretas para governadores em 11 Estados. Na véspera, Castello Branco baixou o AI-2, que atribuiu ainda mais poderes discricionários ao Planalto, com a desculpa de proteger a posse dos governadores eleitos, e aproveitou para tornar indireta a eleição para presidente. A vitória de oposicionistas em Minas e na Guanabara, ambos apoiados por JK, foi a gota d'água para o AI-3, que tornou a eleição para governador indireta. Estava preparado o caminho para institucionalizar e eternizar as Forças Armadas como o próprio Poder Executivo.

Longe de ser uma ditadura clássica, na qual o poder emana de um único homem, o regime militar brasileiro foi sempre a acomodação das forças de pelo menos duas escolas de pensamento dentro da caserna: a linha dura, que queria se perpetuar no poder, e a "Sorbonne", em referência aos formados na Escola Superior de Guerra, apelidada, não sem um traço de ironia, com o nome da prestigiosa universidade francesa. Naquele momento, a linha dura estava na dianteira, e o general Arthur da Costa e Silva se elegeu presidente em 3 de outubro de 1966, em votação no Congresso, como candidato único.

Ainda haveria eleições diretas para o Congresso, em novembro daquele ano, e a Arena, o partido então formado para dar sustentação ao regime no Legislativo contra a oposição, aglutinada no Movimento Democrático Brasileiro (MDB), venceu. A "democracia" do voto foi turvada pelas cassações em série – mesmo Carlos Lacerda, um dos articuladores do golpe, teve seus direitos políticos suspensos, depois de ter se unido a JK e a Jango numa frente civil para se opor aos militares. A ordem foi consolidada na Constituição de 1967, feita sob encomenda para a manutenção das medidas executivas baseadas em argumentos fluidos e maleáveis como "segurança nacional".

A margem para o livre exercício da cidadania pelos canais tradicionais estava se estreitando de modo acentuado. O projeto de transformar o Brasil numa potência impermeável ao perigo comunista e forte o bastante para situar-se de modo independente entre os blocos soviético e ameri-

Garrincha, fumando, na concentração da seleção brasileira para a Copa de 1966: em fim de carreira, mas com aval de Havelange.

cano não poderia prescindir do controle cada vez mais firme da sociedade. Mais que isso: em "ordem unida", era chegada a hora de transformar o país, explorando a suposta força inerente à "brasilidade", cuja certeza moral era reforçada por conquistas como a do bicampeonato mundial de futebol. Àquela altura, havia plena convicção de que o Brasil, esse gigante que agora estava em "boas mãos", podia ser conduzido ao Primeiro Mundo – já tinha o melhor futebol do planeta, para começar.

Assim, em 1966, a seleção brasileira se preparava para seu "destino manifesto", que era ganhar o tricampeonato mundial na Copa da Inglaterra. O otimismo era óbvio. Pelé e Garrincha, juntos, eram a garantia de que o Brasil levaria o caneco em definitivo para casa. Naquele momento, porém, a visibilidade da seleção e a influência popular que ela exercia eram um

Pelé, machucado, joga no sacrifício contra Portugal, na partida que eliminou o Brasil da Copa da Inglaterra: o rei foi caçado impiedosamente.

patrimônio cobiçado por muita gente. Um dos maiores interessados era João Havelange.

O presidente da CBD tinha planos audaciosos: queria o tri para se eleger facilmente presidente da Fifa. Assim, tornou a seleção permeável a todo tipo de pressão durante sua preparação. E o técnico Vicente Feola, de volta ao comando da equipe, cedeu a essa pressão desde os primeiros instantes. Convocou inacreditáveis 44 jogadores, para dentre esses escolher 22 – e a decisão só foi tomada duas semanas antes do início da competição, criando um clima terrível entre os jogadores. Mesmo depois da confirmação do elenco que disputaria a Copa, a indefinição sobre qual seria o time principal foi crucial para comprometer o desempenho da equipe.

Havelange queria Garrincha como titular, para repetir o feito de quatro anos antes. Mas, àquela altura, o craque já não era nem sombra do grande jogador que fora. Mergulhado em dívidas e outros problemas pessoais, sobretudo o consumo excessivo de álcool, Garrincha trocara o Botafogo pelo Corinthians sem deixar saudades no time carioca que o revelou. Já estava no final de sua impressionante carreira.

O retrato de um time muito confiante e mal preparado pôde ser visto já em 1963, quando o Brasil fez uma excursão pela Europa. Foi um momento para ser esquecido. Em seis jogos, o time perdeu três – um deles foi uma vexatória derrota para a inexpressiva Bélgica por 5 a 1. Foi essa seleção sem perfil definido que entrou em campo contra a Bulgária em 12 de julho de 1966, na estreia da Copa. O time venceu por 2 a 0 mesmo jogando mal – os gols foram de falta, marcados por Pelé e Garrincha.

A violência búlgara tirou Pelé do segundo jogo, contra a Hungria. O time sentiu a ausência de seu melhor jogador e perdeu por 3 a 1. Mas a seleção ainda tinha chances de classificação, e Feola tornou a trocar quase o time todo – começou por tirar Garrincha, que se arrastava em campo. Precisava vencer Portugal, então uma sensação na Europa, graças ao craque Eusébio. A seleção portuguesa tinha também outra arma: os pontapés. Pelé foi literalmente caçado em campo, naquele 19 de julho, em Liverpool, sob o olhar complacente do árbitro inglês G. McCabe. A seleção dava adeus ao tricampeonato, com uma campanha semelhante ao vexame histórico de 1934.

"Aquela Copa foi um oba-oba danado", relatou o zagueiro Bellini anos mais tarde. "Tudo começou errado. Havia um otimismo exagerado." Além disso, as pressões sobre a seleção eram terríveis. Ele contou que, contra Portugal, Feola lhe disse que foi obrigado a tirá-lo do time. "Querem trocar nove jogadores. Sou voto vencido", disse o técnico ao zagueiro, segundo o relato do jogador, mostrando que Feola atribuiu a terceiros a decisão de alterar a escalação do time. "Ele (Feola) deixou claro que achava uma temeridade mudar tanto."[1]

Àquela altura, porém, com a importância que a seleção havia adquirido como elemento capaz de mobilizar fortemente as massas, não surpreende que um técnico articulador como Feola fosse vencido pela força do poder externo aos vestiários e ao campo de jogo. O resultado dessa interferência foi desastroso em 1966, mas já àquela altura era um caminho sem volta. A seleção não era mais uma simples representação esportiva nacional; ela era a essência brasileira, sua expressão de força, capaz de gerar orgulho patriótico e nacionalista. No momento em que o Brasil mergulhava nas trevas institucionais, e os militares viviam uma guerra intestina para saber que rumo dar ao golpe que haviam perpetrado em 1964, o futebol consolidava-se como instrumento óbvio dos interesses dentro da malha de poder.

Essa malha ganhava acentuada cor verde-oliva. A política, a partir de 15 de março de 1967, data da posse de Costa e Silva como presidente, só podia ser feita nos quartéis ou com a bênção dos generais. E foi justamente como contraponto à política econômica recessiva de Castello Branco que Costa e Silva deu aval ao desenvolvimentismo defendido por Delfim Neto, seu ministro da Fazenda. Nacional-desenvolvimentismo, diga-se, porque o elemento nacionalista era um dos pilares da nova agenda brasileira, opondo-se ao que o novo governo considerava uma excessiva abertura ao capital internacional e principalmente aos EUA.

Não seria difícil afrouxar os arreios da economia colocados por Roberto Campos durante o governo Castello Branco. A inflação, embora ainda alta em 1966 (38%), já estava em trajetória descendente, e a nova administração entendia que havia chegado a hora de estimular o crédito para que o país voltasse a crescer. Já em 1967, o financiamento bancário para as empresas do setor privado havia aumentado quase 60%, ao passo que a inflação recuara para 24%. Como resultado, o PIB do Brasil cresceu perto de 5% naquele ano. A alta de preços era controlada por decreto: quem quisesse fazer reajustes tinha de pedir permissão ao governo. A presença do Estado na economia, uma bandeira da esquerda, era afinal empunhada justamente por aqueles que se diziam paladinos do anticomunismo.

Mas a cor do novo governo era irrelevante, segundo Delfim. O que importavam eram os resultados, e mais que tudo o que se perseguia era o crescimento acelerado do país, para levá-lo a um novo patamar de desenvolvimento. As considerações sociais ou morais das medidas necessárias para esse fim foram solenemente desprezadas pelo ministro, inaugurando a fase da tecnocracia no Brasil, em que a política simplesmente inexistia.

Então a política foi feita nas ruas, especialmente pelos estudantes, monopolizados pela esquerda. Em 28 de março de 1968, no centro do Rio, em meio a protestos de estudantes por mais verbas para educação e melhores condições de ensino, o ativista Edson Luís de Lima Souto foi morto por policiais que vieram reprimir o movimento. O cadáver de Edson tornou-se um manifesto político, em missa na Candelária. O episódio deflagrou uma série de protestos por várias capitais do país, levando o governo a ampliar a repressão, não somente contra os estudantes, mas contra todas as formas de oposição política que ainda dispunham de algum oxigênio – como a Frente Ampla de Lacerda, JK e Jango. A resposta militar não reduziu as tensões, alimentadas inclusive pelos oficiais de baixa patente, descontentes com o achatamento dos soldos, e pelo início da luta armada, inspirada no movimento revolucionário cubano e também nos grupos guerrilheiros latino-americanos. Era necessário apenas um pretexto para a radicalização do regime. E ele veio na forma de um discurso despretensioso.

Em setembro daquele ano, o jornalista e deputado Márcio Moreira Alves fez um pronunciamento na Câmara para denunciar a repressão e a tortura. Sugeriu que os pais impedissem seus filhos de assistir ao desfile de Sete de Setembro, como forma de protestar. Moreira Alves pediu também que as namoradas dos oficiais que participavam da repressão os boicotassem até que o arbítrio acabasse. O pronunciamento não teve repercussão nenhuma, porque não foi divulgado para os brasileiros comuns, mas mesmo assim os militares não gostaram nem um pouco e pediram a cabeça do deputado. A despeito da pressão do governo e da linha dura da caserna, a Câmara se recusou a suspender a imunidade parlamentar de Moreira Alves, num movimento surpreendente, em 12 de dezembro. Como se não bastasse, o Supremo Tribunal Federal mandara soltar mais de oitenta estudantes detidos por conta das manifestações no país. Ainda havia sinais de vida democrática no Brasil, mas eles estavam com as horas contadas.

As decisões da Câmara e do Judiciário mostraram ao governo golpista que o verniz constitucional podia dar espaço para o constrangimento do regime. Estava na hora de acabar com isso. Em 13 de dezembro, o presidente Costa e Silva promulgou o Ato Institucional nº 5, marco da vitória do poder

O futebol explica o Brasil

discricionário sobre as tentativas de articulação política que haviam marcado o início do governo militar. Era o fim da esperança de que pudesse haver alguma forma de abertura ou de concessão às liberdades democráticas.

O AI-5 jogou o país na escuridão, sem data para acabar. Foi o chamado "golpe dentro do golpe", e aquilo que era para ser apenas "exceção", como tortura e prisões arbitrárias, passou a ser a norma do regime, criando um poder paralelo muitas vezes longe do controle oficial, atuando de acordo com uma agenda de radicalização. O símbolo desse momento era o delegado paulista Sérgio Paranhos Fleury, que protagonizou a criação do Esquadrão da Morte, responsável por dezenas de execuções extrajudiciais.

A censura foi imposta de maneira brutal e, em alguns casos, como no jornal *O Estado de S. Paulo*, havia censores dentro da redação, numa espécie de "otimização" do trabalho de impedir que certas informações fossem publicadas. Na maior parte das vezes, a censura atacava notícias sobre denúncias de torturas e violações, ou então sobre eventuais divergências dentro do governo, mas era zelosa também quanto aos costumes dos brasileiros – o chefe da censura em 1970, Wilson Aguiar, comparou a pornografia ao terrorismo. Muitos artistas, intelectuais e jornalistas fugiram do país ou foram presos, gerando na imprensa nacional uma espécie de unanimidade contra o regime, mesmo entre os jornais que haviam apoiado o golpe. A partir de março de 1969, estava vetada qualquer menção negativa aos atos institucionais e decretos.

Naquele mesmo mês, o governo militar decretou a criação do curso de Educação Moral e Cívica. Compulsório, ele visava a difundir os ideais da "revolução" de março de 1964, para que as futuras gerações fossem menos permeáveis às ideias "subversivas". Textualmente, o curso destinava-se a "defender os princípios democráticos pela preservação do espírito religioso, da dignidade do ser humano e do amor à liberdade, com responsabilidade, sob a inspiração de Deus", além de defender a "obediência à lei, dedicação ao trabalho e integração na comunidade".[2] Dessa iniciativa emanava uma clara intenção de criar no país uma sensação de unicidade, de harmonia social, sob a proteção da "mão amiga" do Exército. Com o tempo, o processo se tornaria mais sofisticado.

158

Nesse sentido, uma das maiores preocupações dos militares no poder era com a imagem. Em meio às manifestações contra o governo, em janeiro de 1968, Costa e Silva criou a Agência Especial de Relações Públicas (AERP). Esse departamento de propaganda surgiu depois de um intenso debate, dentro do governo, sobre a necessidade de disseminar um perfil positivo do regime e de seu papel como agregador social. Uma parte dos militares julgava desnecessário criar mecanismos para demonstrar a "verdade" sobre o governo, porque, na opinião deles, a "verdade" se imporia por si mesma. Além disso, esses oficiais entendiam que propaganda política era coisa típica dos regimes fascistas – e eles, afinal, se consideravam democratas.

Mas havia uma outra ala entre os militares que acreditava na importância de estimular valores cívicos, para conduzir o país sem divisões a seu destino de potência. A AERP surgiu como resultado da vitória desse grupo, mas mesmo assim a agência sempre foi algo que os militares tiveram dificuldade para assimilar. Talvez até por esse motivo, a AERP foi revolucionária, porque não inventou um governo que não existia nem negou aquilo que estava cada vez mais evidente, isto é, a força da repressão; por outro lado, conseguiu disseminar campanhas centradas em questões comuns, como higiene e civilidade. Desse modo, diferentemente do que se pode concluir, a AERP não "dourou a pílula", isto é, não serviu para abrandar a imagem da ditadura, mas sim para criar uma atmosfera de harmonia social, encontrada a partir da consciência do "coletivo", que daria legitimidade ao regime.

A partir de dezembro de 1968, com a radicalização da ditadura militar brasileira, a obsessão dos generais era forjar no país justamente a sensação de legitimidade. Para muitos deles, porém, era incompreensível ter de legitimar algo que parecia tão inquestionável, isto é, um regime de governo que havia salvado o país. Em significativo depoimento recolhido pelo jornalista Elio Gaspari, o general Ernesto Geisel, presidente de 1974 a 1978, disse, a esse respeito: "Bom era no tempo dos reis. O problema da legitimação era simples. Depois inventaram esse negócio de povo. O povo. Quem é o povo? Resultado: de Deus passou para o povo, e agora para o sabre, um sabre enferrujado".[3] O "sabre", nesse caso, era o Exército, e Geisel era um crítico dos rumos que o regime militar havia tomado, como veremos mais adiante. Aqui, por enquanto, importa perceber o quanto a questão da aceitação da ditadura militar era importante para os generais. E o futebol teria papel fundamental nisso, principalmente com o presidente Emilio Garrastazu Médici.

Médici chegou ao poder em outubro de 1969, em meio a uma crise de poder que deu nova margem para que o regime se tornasse ainda mais brutal. Em agosto daquele ano, Costa e Silva sofrera um derrame. Em seu lugar deveria assumir o vice-presidente, o civil Pedro Aleixo, conforme a Constituição em vigor. Mas os chefes das Forças Armadas não entenderam dessa maneira – e a "defesa" da Constituição, afinal, significava passar por cima dela quando fosse o caso. Assim, Lira Tavares (Exército), Augusto Rademaker (Marinha) e Márcio de Sousa e Melo (Aeronáutica) formaram uma junta militar que governaria o país até a sucessão de Costa e Silva. Entrementes, trataram de endurecer a repressão, instituindo até mesmo a pena de morte para os condenados por incitar "guerra externa, psicológica adversa, ou revolucionária ou subversiva". A pena nunca foi aplicada, pelo menos não de modo formal – os porões, no entanto, registraram várias mortes em decorrência da tortura. Além disso, foi estabelecido o banimento dos inimigos do regime, que era todo aquele que havia se tornado "inconveniente, nocivo ou perigoso à segurança nacional", geralmente julgado de modo sumário por tribunais militares fechados.

Como resposta, os grupos armados passaram a sequestrar diplomatas estrangeiros para trocá-los por presos políticos. De certa maneira, era a admissão de que a luta armada não tinha mais como enfrentar a ditadura, optando pelas ações que resultassem na libertação de militantes. Em pouco tempo a guerrilha, que na prática não havia incomodado realmente o regime, estaria totalmente aniquilada, entre outras razões porque os sequestros não eram populares – pelo contrário, a ditadura tratava de capitalizar o repúdio natural a essas ações.

Por outro lado, o Brasil começara em 1968 a sua arrancada rumo ao "milagre econômico", rótulo dado ao período de crescimento de dois dí-

Anos 1960-1980

gitos que catapultou a confiança brasileira a níveis inéditos. O casamento entre autoritarismo paternalista ultrarrepressivo e pujança econômica gerou a sensação de que o país havia encontrado seu próprio caminho de desenvolvimento, baseado num nacionalismo tão forte que mais tarde estremeceu até mesmo a relação com os EUA, seu suposto aliado natural. Foi esse Brasil que Médici encontrou para governar, em 30 de outubro de 1969.

O gaúcho Médici, representante autêntico da linha dura militar, era obcecado pela legitimidade popular: "Espero que cada brasileiro faça justiça aos meus sinceros votos de servi-lo e confesso lealmente que gostaria que meu governo viesse, afinal, a receber o prêmio de popularidade", discursou o general, ao tomar posse.[4] E seu esforço não foi em vão. O atual presidente e ex-líder sindical Luiz Inácio Lula da Silva, em depoimento dado em 1999 ao historiador Ronaldo Costa Couto, atestou:

> *Hoje a gente pode dizer que foi por conta da dívida externa, milagre brasileiro e tal, mas o dado concreto é que, naquela época, se tivesse eleições diretas, o Médici ganhava. E foi no auge da repressão política mesmo, o que a gente chama de período mais duro do regime militar. A popularidade do Médici no meio da classe trabalhadora era grande.[5]*

Médici era bem-visto pelos trabalhadores porque, como Lula lembra, o Brasil tinha pleno emprego. Some-se a isso, no entanto, a identificação do general com o futebol, o esporte mais popular do Brasil, e então teremos aí uma pista da combinação de fatores que tornou o governo Médici aquele que melhor soube aproveitar o momento e suas próprias características para atingir o objetivo que qualquer regime de exceção almeja, isto é, criar uma espécie de cumplicidade com a maior parte da população em torno de seus projetos de grandeza. Faltava coroar essa relação com a conquista da Copa de 1970, no México, para gerar enfim o êxtase do "instante mágico" que se configurava na história brasileira.

Médici, que havia sido atacante do Grêmio de Bagé, sua cidade natal, era um autêntico torcedor de futebol, muito diferente da grande maioria

161

de seus antecessores, cujo interesse pelo esporte tinha mais de política que de paixão real. "Médici era fanático por futebol", relata o cronista Carlos Heitor Cony, vítima da ditadura, "e não foi armação do regime militar algumas de suas fotos mais famosas – ouvindo o jogo no radinho de pilha, enrolado na bandeira nacional por ocasião do tricampeonato e fazendo embaixadas com alguma perícia, o que revelava intimidade com a bola".[6]

A soma das duas características – um governo no auge da repressão e um presidente muito interessado no futebol e em seus efeitos populares – acabou por transformar a Copa de 1970 na mais paradoxal da história brasileira. Parte da intelectualidade brasileira, que estava na luta armada ou no exílio, considerava que torcer pela seleção naquela oportunidade significava compactuar com o regime. Por outro lado, 1970 marca o momento em que o Brasil conseguiu formar aquela que é considerada até hoje como a melhor seleção de todos os tempos – a revista inglesa *World Soccer*, que concorda com essa avaliação, disse em 2007 que "a equipe brasileira que venceu a Copa de 1970 com tanto estilo tornou-se um mito, uma equipe para ser vista como a representante máxima do jogo bonito".[7] Como não torcer por ela?

A seleção de 1970 criou esse dilema jamais resolvido na alma do pensamento crítico nacional. Os ganhos do regime militar com o sucesso do time eram evidentes demais para que a esquerda, que enfrentava o autoritarismo, não o visse como instrumento do poder; mas, ao mesmo tempo, a magia de Pelé, Jairzinho e companhia era irresistível. Essa desconfortável contradição foi abordada por Henfil em *O Pasquim*. O cartunista, ele mesmo um intelectual de esquerda, bolou uma historieta em quadrinhos protagonizada por um pensador crítico da mobilização nacional em torno da seleção. O personagem lança imprecações contra torcedores acotovelados diante da TV durante uma partida do Brasil. A sequência, com a reação do intelectual, dispensa comentários:

> *Um país inteiro para por causa do futebol, mas não para para resolver o problema da fome... Este sim é o verdadeiro ópio do povo! Faz esquecê-lo de que são explorados, subdesenvolvidos... Estou torcendo*

para o Brasil perder! Assim o povo voltará à realidade e verá que a vida não é feita de gols, mas de injustiças... Nossa realidade não é tão infantil como uma jogada como esta de Pelé invadindo a grande área inglesa e... Pênalti! Pênalti! Juiz filho da mãe! Pênalti, seu safado![8]

Até a realização da Copa, porém, a seleção brasileira não era depositária de grande confiança dos torcedores. O fiasco de 1966 provocara uma grande mudança na condução do time – afinal, João Havelange ainda queria ser presidente da Fifa e não poderia repetir o fracasso de organização que levou o Brasil a ser eliminado de modo tão precoce do Mundial da Inglaterra. Havelange fez então uma escolha surpreendente para ocupar a vaga de técnico: João Saldanha, que assumiu em abril de 1969.

Saldanha, gaúcho como Médici, era comentarista esportivo de grande prestígio, chamado de "João Sem Medo" por não ter receio de defender seus pontos de vista. Mas ele tinha pouca experiência como técnico – havia treinado o Botafogo em 1957, quando foi campeão estadual. Saldanha fora ativo militante comunista desde os anos 1940 e ainda guardava forte relação com o PCB, uma temeridade em plena Ditadura Militar. Mas ele era também pragmático e, sobretudo, adorava futebol, o que o fez deixar a militância comunista de lado enquanto treinou a seleção.

A ideia de Havelange, provavelmente, era dar o cargo de treinador da seleção a um dos principais críticos do time – e assim ele deixaria de ser criticado. Foi um equívoco, como a história mostraria logo depois, porque a comoção em torno da seleção e o fracasso de 1966 eram pesadelos muito maiores do que qualquer um na ocasião poderia medir. O escrete era uma bomba-relógio prestes a explodir, qualquer que fosse o treinador.

Um ano depois de Saldanha assumir o cargo, a seleção havia passado pelas eliminatórias da Copa com uma campanha impecável: seis vitórias em seis jogos, com 23 gols marcados e apenas dois sofridos. A equipe ganhara o apelido de "Feras do Saldanha". Mas a imprensa enfatizava que o "clima emocional" do time estava indo de mal a pior, e a consequência disso foram alguns resultados desastrosos dentro de campo em amistosos de preparação para a Copa. No embarque para um jogo contra a Argentina, marcado para 4 de março de 1970, o jornal *Última Hora* registrou: "Os jogadores quase não falaram, demonstrando para muita gente que há algo de errado".[9]

Eram fortes os rumores de demissão naquela oportunidade. Havia informações de que Dino Sani, então contratado da CBD para trabalhar como "olheiro" – como são chamados os técnicos responsáveis por observar jogadores que podem integrar a seleção –, seria seu substituto. Saldanha, bastante popular entre os torcedores devido a seu trabalho como comentarista, ironizava a pressão e sugeria que ela era resultado da briga de outros treinadores por seu cargo: "Sabe como é, eu tenho 75% (de apoio popular) no Ibope e eles estão brigando pelos outros 25%, contando os rádios desligados".[10]

Saldanha era visto como um intruso pelos outros técnicos, que atribuíam a ele a marca de "temperamental". Os treinadores mais críticos, e por isso mesmo vistos como os que mais cobiçavam o cargo de Saldanha, eram Zezé Moreira, campeão paulista pelo São Paulo em 1970 e que treinara a seleção em 1954; o irmão de Zezé, Aymoré Moreira, campeão do mundo em 1962 e que fora substituído por Saldanha após uma série de fracassos em amistosos; Flávio Costa, marcado pelo fiasco de 1950; e Dorival Knipel, o "Yustrich", treinador do Flamengo conhecido por suas declarações e atitudes intempestivas e sua visceral oposição a Saldanha.

Saldanha também reclamava da imprensa – logo ela, que deveria ser "domada" pelo cronista-treinador, mas que, em muito pouco tempo, passou a criticar seu estilo duro e centralizador de trabalhar e revelou o tamanho e a variedade das interferências externas na seleção. "Segundo essa gente (os jornalistas), eu sou muito autoritário e autossuficiente, dizem que eu só quero mandar... Alguns chegam até a perguntar qual é o papel dos dirigentes, já que só eu apareço em público. O engraçado é que até há pouco tempo a imprensa reclamava exatamente das interferências dos dirigentes na escalação e na convocação da seleção", desabafou Saldanha.[11]

Em pouco tempo, porém, Saldanha isolou-se dentro da seleção. Quando decidiu cortar da equipe que jogaria a Copa no México o lateral esquerdo Rildo, do Botafogo, e o zagueiro Scala, do Internacional de Porto

Alegre, ambos por razões médicas, queria fazer o anúncio ao lado do médico da seleção, Lídio Toledo. Não o encontrou e acabou tendo de dar a informação sozinho, arcando, simbolicamente, com todo o ônus da medida – os cortados, sobretudo Scala, fizeram duras críticas ao trabalho do treinador. Outros jogadores que haviam ficado de fora aproveitaram para atacar o técnico. Toninho, centroavante do São Paulo cortado por bronquite, assinalou ao *Última Hora*:

> *Acho que o ambiente que Saldanha criou entre os jogadores, depois dos cortes, vai trazer muitos problemas para a seleção. Fui informado recentemente que os jogadores não o veem com bons olhos. Todos andam desconfiados do homem que fala muito e não cumpre a palavra. Aquele negócio de "João Sem Medo" não existe mais.*[12]

Assim, o sucesso de Saldanha à frente da seleção, em termos de resultados, não escondia os diversos problemas de relacionamento entre ele e vários integrantes da comissão técnica formada pela CBD, além de rusgas com jogadores, imprensa e outros treinadores. Essa tensão cresceu até o ponto de onde não havia mais retorno. Segundo testemunhas, Saldanha começou a beber demais e a brigar com todo mundo.

Num dos episódios que podem ser considerados como a gota d'água, Saldanha invadiu a concentração do Flamengo, em 16 de março, para brigar com Yustrich, que havia chamado o técnico da seleção de "covarde". O porteiro do Flamengo disse que Saldanha estava armado, o que ele posteriormente negou – disse que nem revólver tinha. O confronto foi evitado, mas Yustrich aproveitou para pedir que os militares tomassem uma providência contra o desafeto: "Se Saldanha continuar com o mesmo comportamento que teve até agora, acho que pode haver uma intervenção do Exército na seleção, como já aconteceu em outros países onde, como no Brasil, o futebol tem grande repercussão na vida nacional".[13] Antonio do Passo, o coordenador da seleção, avisou que a paciência da CBD com Saldanha estava no fim. No dia seguinte, denunciou-o a Havelange.

165

Mas Antonio do Passo irritara-se com outra atitude de Saldanha, e os relatos disponíveis sugerem que essa pode ter sido a real motivação da queda do treinador: ele decidiu barrar Pelé.

Em 14 de março, três dias antes da demissão de Saldanha, o Brasil disputou um amistoso com o time do Bangu, e o empate de 1 a 1, além da exibição fraca, foi motivo para que torcedores e imprensa criticassem duramente a seleção. Pelé foi um dos mais atacados pelo desempenho frustrante. A situação era constrangedora, porque Pelé encontrava-se no auge de sua impressionante carreira. Estava com 29 anos, e já naquela altura era considerado o maior jogador da história do futebol. Antes da Copa de 1970, não faltaram expressões de sua magnitude.

Após ter marcado seu milésimo gol, em fevereiro de 1969, Pelé foi condecorado por Médici – tornara-se "comendador". Desfilou em carro aberto por Brasília como um herói. O feito de Pelé virou selo comemorativo. Em 6 maio de 1970, quando o Brasil já estava em Guadalajara para se preparar para a Copa, a seleção disputou um amistoso contra um combinado local, e os cartazes que anunciavam a partida diziam: "*Hoy no trabajamos porque vamos a ver Pelé*". O craque era o sonho do mundo.

Mas Pelé vinha jogando mal havia algum tempo. Saldanha resolveu tirá-lo durante o treino para o amistoso contra o Chile, marcado para 22 de março de 1970, em São Paulo. "Você não anda bem ultimamente", disse o técnico ao craque, segundo relato do próprio Saldanha. "Se a fase não é boa, é preciso esperar. Por isso você sai nesse jogo."[14] A decisão de Saldanha foi elogiada por Flávio Costa e Zagallo, que declarou na época: "Pelé, no momento, é nocivo à seleção".[15]

Com dois quilos acima de seu peso, Pelé começou a ser vaiado em alguns jogos da seleção. Em 26 de março, contra o Chile no Maracanã, o jogador protagonizou cenas indignas de sua fama. Conforme relata a revista *Veja* da época:

> *O marcador do Maracanã estava registrando 1 a 0 para o Chile, quinta-feira à noite, quando Pelé voltou até o meio de campo, recebeu um passe de Clodoaldo, driblou um adversário, pôs a bola à frente e*

*começou a correr. Quando todo o estádio prendeu a respiração, ante-
vendo um lance magistral e, talvez, o gol de empate, Pelé tropeçou
na bola e perdeu a jogada. Interpretando o desencanto da torcida,
o locutor berra impetuosamente, agarrado ao microfone: "É, torcida,
Pelé já não é mais o mesmo". Será verdade?*[16]

Houve ainda duras críticas à renovação de seu contrato com o Santos
na época, por 840 mil cruzeiros novos, ou cerca de 720 mil reais em valores
atualizados, por mais dois anos, para encerrar a carreira no clube que o pro-
jetara. O salário era uma fortuna na época, coisa que a imprensa não deixou
passar em branco. Em charge do jornal *Última Hora*, Pelé aparece sentado
sobre um saco de dinheiro enquanto dá entrevista na qual pede ao país que
"ajude as criancinhas pobres", alusão ao discurso que fez quando marcou
seu milésimo gol.[17] E o mesmo jornal, refletindo a sensação mais ou menos
geral, já especulava se aquele não seria o fim da carreira do rei do futebol:

*A ascensão e queda de um ídolo é um fenômeno bastante conheci-
do. Pelé, o ídolo que todos pensavam que ia ser eterno, está sentindo
nos comentários desfavoráveis da imprensa e nas vaias e decepções
da torcida, que sua imagem de gênio já não tem o mesmo brilho, ou
melhor, a cada jogada infeliz, ela não se mostra tão nítida como no
começo das eliminatórias. Uma pergunta, entretanto, fica pairando
entre as críticas: como estará se sentindo o maior jogador do mundo
[...] enquanto disfarça, com sorrisos tranquilos e respostas pondera-
das, o peso da vaia de seu torcedor mais fiel?*[18]

Pelé culpava a imprensa pelas críticas:

*Infelizmente, nem a torcida nem a crônica esportiva entendem de
futebol e estão sempre dispostas a descobrir falhas e motivos para a
derrota ou o empate. O torcedor acredita na imprensa e vai a campo
para ver goleadas e, se isso não acontece, ele vaia, é claro. Isso não me
afeta porque sinto que estão influenciados pelos jornais.*[19]

Pelé também comentou sobre a possibilidade de ser substituído em algum momento. Ciente de sua condição extraordinária, o jogador, que se referia a si mesmo em terceira pessoa, podia fazer demagogia e dizer que, sim, poderia ser substituído se fosse o caso, embora soubesse que isso jamais iria acontecer. "Acabou-se a lenda de que todo o time era obrigado a jogar em função de Pelé", declarou ele ao *Última Hora*. "Só Deus sabe quando o meu futebol vai acabar, mas, quando isso acontecer, serei o primeiro a sair das quatro linhas, porque inclusive estou financeiramente bem."[20]

Saldanha estava disposto a tirar Pelé do time muito antes, segundo se especulou na época, esperando testar Dirceu (Cruzeiro) ou Rivelino (Corinthians) em seu lugar. Depois de ter sido demitido, o treinador deu uma entrevista em que detalhou os problemas do jogador:

> *Pelé, atualmente, tem poucas condições de disputar a Copa do Mundo, e os homens da comissão técnica e da CBD sabiam disso desde fevereiro do ano passado. Para mim, Pelé não seria titular da seleção brasileira, apesar de sabermos que ele é um gênio. Pode jogar boas partidas, mas não está em boas condições físicas.*[21]

Ainda como técnico da seleção, Saldanha deu a explicação que entraria para a história como seu maior erro de avaliação a respeito de Pelé: o jogador seria míope, o que limitaria sua capacidade de jogar futebol: "Cheguei a essa conclusão depois de observá-lo muito tempo, não só em campo, mas no convívio".[22] Saldanha passaria o resto de seus dias sendo questionado por esse diagnóstico, mas o fato é que o próprio Pelé admitiu ser míope, embora dissesse que isso não o atrapalhava – e quem o acompanhou na Copa de 1970 não teve dúvidas de que Pelé enxergava mais do que toda a seleção brasileira junta.

O jogador se disse "amigo" de Saldanha e, quando o técnico foi demitido, lamentou. Um mês mais tarde, porém, Pelé diria que Saldanha "nunca entendeu coisa alguma de futebol" e que, com Zagallo, a seleção seria muito melhor.[23] O craque acusou Saldanha de "inventar" na escalação e de se "apavorar" quando as mudanças não deram resultado.[24] Se "Pelé derrubou Saldanha", como cravou o *Última Hora*, jamais saberemos.[25] Mas o clima entre o maior jogador de todos os tempos e o técnico da seleção, definitivamente, não era bom.

Saldanha acabou demitido por Havelange na noite de 17 de março de 1970. No instante seguinte, foi para a rua, chamou os jornalistas de plantão e, para explicar sua queda, deu a célebre entrevista em que insinuou que Médici lhe havia imposto a convocação do atacante Dario, então um dos cinco maiores artilheiros do país. "O senhor escala o seu ministério e eu escalo o meu time", respondeu Saldanha nesse diálogo imaginário, que até hoje é usado como "prova" da disposição de Saldanha de não fazer o jogo da ditadura. Anos mais tarde, em entrevista ao jornal cearense *O Povo*, o atacante Jairzinho, um dos destaques da Copa de 1970 e amigo de Saldanha, afirmou que o técnico caiu por pressão dos militares: "O que aconteceu foi que a retirada de Saldanha foi uma decisão política. Nem política, porque era ditadura, e política não existia. Foi uma imposição do presidente Médici. Foi um procedimento protocolar da ditadura."[26] Jairzinho, porém, admitiu nunca ter ouvido da boca de Saldanha a acusação direta contra Médici.

Há quem diga que Saldanha foi demitido porque se temia que ele chegasse ao México com uma lista de presos políticos no bolso e fizesse um discurso contra o regime militar brasileiro para a imprensa internacional. Se isso fosse verdade, porém, a ditadura não teria permitido nem que Saldanha assumisse o cargo de técnico da seleção. Além disso, os relatos da época não autorizam a conclusão de que Saldanha responsabilizou Médici ao ser demitido. Uma semana depois de cair, o técnico não parecia irritado com o regime que supostamente o havia derrubado da seleção. A seu pedido, ele foi recebido em audiência pelo ministro Jarbas Passarinho, a quem entregou uma proposta de "reformulação do futebol brasileiro". Passarinho apelou então ao "patriotismo" de Saldanha, para que evitasse falar mal da seleção e que superasse suas "mágoas".

Mágoa quem teve foi Zagallo, o sucessor de Saldanha, devido à versão consolidada de que foram as pressões de Médici as responsáveis pela queda do técnico. "Ele [Saldanha] saiu pelas cagadas que fez. Essa é a verdade. E eu entrei no lugar dele. E tem muita gente que quer me tirar o mérito. Quiseram dizer que eu peguei o time montado", disse Zagallo à *Folha de S.Paulo* em 1995.[27] No depoimento, afirma que Médici nunca impôs Dario, embora, segundo especulações na época em que o atacante foi convocado por Zagallo, houvesse o "desejo" do presidente. O próprio Dario, espertamente, capitalizava a suposta predileção de Médici por ele. "Minha responsabilidade é grande, pois represento o Atlético e sua torcida, além de ter a honra de ser o preferido do presidente Médici", declarou a *O Estado de S. Paulo*.[28] A família do atacante agradeceu ao presidente após sua convocação por Zagallo. Num desabafo, uma tia de Dario afirmou: "Ninguém queria o Dario na seleção. Se não fosse o presidente Médici pedir, ele nem seria convocado. Foi o presidente quem ajudou ele."[29]

Zagallo repele a insinuação de que sucumbiu a alguma pressão da ditadura a respeito de Dario. "O Dario foi artilheiro por onde passou. Se o Médici tivesse feito a imposição, se isso fosse verdadeiro, o Dario seria titular, ou, pelo menos, ficaria no banco. Ele não ficou nem no banco."[30] De fato, mesmo Dario sabia que era um mero coadjuvante na melhor seleção brasileira de todos os tempos. Pouco antes do início da Copa, ele disse estar muito satisfeito por apenas viajar com a seleção.

Se Médici queria Dario, não estava sozinho. O próprio Saldanha admitiu, em março, que muitos torcedores estavam pedindo o centroavante atleticano. Com ou sem pressão de Médici para a convocação de Dario, porém, o fato é que a demissão de Saldanha chegou a ser tratada claramente como uma "intervenção branca do governo federal no escrete", conforme registrou a revista *Placar* em março de 1970.[31]

No Planalto, havia uma mobilização explícita das autoridades por causa da crise na seleção, e isso não dizia respeito necessariamente à escalação de um ou outro jogador, mas à imagem da equipe e ao efeito que traria para o ânimo dos brasileiros. Jarbas Passarinho declarou que o clima ruim em torno da seleção era prejudicial ao país. Pouco antes de um encontro com Havelange, em 18 de março, Passarinho disse que não seria "omisso" e anunciou que cobraria explicações sobre a crise na equipe brasileira.

Um dia depois, Passarinho disse que o governo federal decidira não intervir na CBD, mas afirmou que estava disposto a "devassar" a entidade para apurar "denúncias de corrupção" feitas por Saldanha, sem especificar quais. Ele diria, posteriormente, que não ameaçou intervir na CBD, apenas usou de "coação afetuosa". O ministro da Educação reunira-se com Médici para discutir os problemas da seleção e, no mesmo instante, Havelange conversava no Planalto com os chefes do SNI, general Carlos Alberto da Fontoura, do Gabinete Militar, João Baptista de Oliveira Figueiredo, e do Gabinete Civil, João Leitão de Abreu. Ao final daquele dia, Passarinho declarou que "a discórdia nesse campo (a seleção brasileira) abala profundamente a opinião pública do país".[32] Logo, era preciso transformar a seleção num modelo de ordem e disciplina.

O resultado dessa preocupação não tardou a se manifestar, e o alvo da intromissão do governo era Havelange. "João Havelange não é mais o todo-poderoso presidente da CBD", afirmou o *Última Hora*. "Ele apenas dirige, provisoriamente, uma entidade que vai entrar em rigoroso balanço, tendo de submeter à aprovação do governo cada um de seus atos."[33] Especulava-se na época que Havelange escolhera Zagallo porque, em meio a tanta pressão externa, podia controlá-lo. Assim, o novo técnico passou a ser visto não somente como subserviente a Havelange, mas também ao governo.

As opções táticas de Zagallo, por outro lado, irritavam profundamente uma parte da imprensa, sobretudo a de São Paulo. O meia Rivelino, adorado por jornalistas paulistas, foi preterido – Zagallo preferia Gérson e Paulo César, dois jogadores que ele dirigira no Botafogo e que atuavam de modo semelhante. A decisão de não escalar o atacante Tostão junto com Pelé, por terem "características semelhantes", também foi vista como um erro – o mesmo que já havia sido cometido por Saldanha. Um medíocre empate em 0 a 0 com o Paraguai, em 12 de abril, no qual Tostão e Rivelino não jogaram (Rivelino nem ficou no banco), foi o suficiente para deflagrar a especulação sobre a queda também de Zagallo. Em novo empate sem gols, dessa vez contra a Bulgária no Morumbi, em 26 de abril, Zagallo foi bastante vaiado. Havia enorme desconfiança de que, com Zagallo no comando, o Brasil não ganharia nada.

Três dias depois, o Brasil disputaria um amistoso contra a Áustria, no Maracanã. Dizia-se que Havelange estava decepcionado com o técnico e já se especulavam nomes para substituí-lo, como o de Yustrich e o de Oto Glória, que fora treinador do esquadrão português na Copa de 1966 e que havia sido convidado pela CBD antes de Zagallo – mas exigiu independência total, o que Havelange não podia dar. Mesmo dentro da seleção, alguns jogadores comentavam abertamente a crise, como o cruzeirense Wilson Piazza. Ele criticou Zagallo por fazer modificações táticas de última hora no time, sem avisar os jogadores, e atacou a atitude de colegas da seleção, sem dizer quais. "Só nome não ganha jogo, é preciso garra, força de vontade, disciplina tática", declarou.[34] Era o fantasma de 1966.

Esse clima se refletia em praticamente todo o país. O ceticismo em relação à seleção que disputaria o título mundial no México era equivalente ao que cercou a equipe que jogou a Copa de 1954, sob a sombra da tragédia épica de 1950. Alguns jornais, como *O Estado de S. Paulo*, já se antecipavam e diziam que uma derrota na Copa não seria inteiramente desastrosa, porque serviria para alterar "estruturas viciadas em antigos erros, nos planos tático, técnico e administrativo". Uma vitória, por outro lado, seria tão surpreendente, dadas as circunstâncias, que só poderia ser explicada pelas "virtudes do jogador brasileiro, valorizadas a partir de 1958".[35]

O governo federal era parte atuante dessa pressão. Em avaliação sobre Zagallo, Passarinho mostrou que o Planalto não só estava atento ao desempenho da seleção, como fazia coro às críticas segundo as quais o técnico estava cometendo erros, num evidente despropósito, que só pode ser atribuído ao papel especial que o futebol tinha na administração Médici. "Zagallo está acertando", observou o ministro.

> *Sua teimosia inicial em manter Paulo César na ponta esquerda era apenas a necessidade de uma afirmação pessoal. Agora, ele já sabe que Rivelino é o homem certo para a posição. É bom saber que, também*

Médici conversa com o técnico Zagallo, os preparadores físicos Parreira e Coutinho e o craque Pelé, às vésperas da Copa de 1970: um general e seu exército.

pela esquerda, se faz gol. [...] Vejo com bastante otimismo a evolução da seleção. Zagallo já descobriu o time. [...] Toda a torcida não podia admitir que Tostão e Rivelino ficassem de fora. [36]

Na entrevista, o ministro, que demonstrou "interesse visível" em discutir "muitos pormenores da formação da equipe brasileira", reiterou que a Copa era "uma questão nacional importante neste momento", e disse que o Brasil poderia ganhá-la se ocorressem "as transformações iniciadas no time".[37]

Com a responsabilidade de representar o Brasil no momento em que o regime militar apostava no sucesso da seleção para afirmar seus projetos de grandeza, a equipe, pressionada até o limite também por seus próprios problemas internos, começou a disputar a Copa em 3 de junho, em Guadalajara, contra a Tchecoslováquia. Foi uma exibição de gala. O time saiu atrás – os tchecos fizeram 1 a 0 logo aos 11 minutos de jogo –, mas não demorou a impor sua impressionante superioridade. Pelé, o míope, quase marcou um gol do meio-campo – a bola passou a milímetros da trave do desesperado goleiro tcheco Viktor, num dos diversos lances geniais de Pelé na Copa. O resultado de 4 a 1 mudou o humor da crônica esportiva brasileira, e logo apareceram comentários segundo os quais a seleção estava confirmando o triunfo de um "estilo de jogo" muito peculiar, o brasileiro, sobre os duros esquemas táticos europeus. Era o resgate do "verdadeiro futebol brasileiro".

Foi também uma vitória com os esperados efeitos políticos. A imprensa destacava, por exemplo, que o triunfo da seleção poderia aliviar os problemas de Médici na sucessão indireta dos governos estaduais – o presidente impôs diversos nomes, segundo ele mais identificados com os "ideais da revolução", contrariando interesses dentro da Arena. A seção "Sumário", coluna de bastidores políticos da *Folha de S.Paulo*, deu conta, em 6 de junho, que a goleada sobre os tchecos havia sido "um refrigério, um bálsamo mesmo para as mágoas e chagas que o problema sucessório nos estados havia provocado nas almas sensíveis e sempre desejosas dos próceres da política nacional". E o texto segue:

> *Saibam todos que Pelé, Jair e Rivelino, com os tentos que marcaram, conseguiram esvaziar boa parte dos descontentamentos a que aludíamos e deram ao presidente Médici uma colaboração valiosíssima. [...] Realmente, tudo leva a crer que, se a seleção brasileira levantar a Copa do Mundo, o acontecimento terá repercussões profundas para o país, dentro e fora dele. Na esfera interna, nem se fala. [...] As metas de uma administração dependem das metas nos campos esportivos. No caso brasileiro, essa interdependência é ainda mais profunda, de vez que nosso esporte, o futebol, está entranhado nas dobras mais íntimas da alma popular [...]. Por isso mesmo o governo do presidente Médici andou bem em emprestar apoio ao nosso selecionado que peleja nos gramados estrangeiros.*[38]

174

Jairzinho passa como quer pela defesa da Tchecoslováquia, na estreia da seleção na Copa de 1970: vitória com efeitos políticos.

A estrela do jogo contra os tchecos, porém, não havia sido nem Pelé nem Jairzinho, que fez dois gols, mas o meia Gérson. E ele se machucou aos 28 minutos do segundo tempo, tornando-se desfalque para a duríssima partida seguinte, contra os ingleses – que Médici qualificou de "fregueses de caderno". Paulo César substituiu o meia, e o Brasil acabou vencendo o duelo, em 7 de junho, com um gol solitário de Jairzinho, após jogada sensacional de Tostão. O retrato do jogo, muito mais difícil do que previra o presidente brasileiro, foi uma defesa impossível do goleiro inglês Gordon Banks, ainda no primeiro tempo, depois de uma cabeçada certeira de Pelé. Era a prova da resiliência inglesa, mas os brasileiros a dobraram. E Médici capitalizou, mandando um telegrama à delegação brasileira no qual enviava seu "comovido abraço de torcedor" e elogiava a "demonstração de técnica, serenidade, amadurecimento, inteligência e bravura".

O terceiro jogo brasileiro foi complicado. A seleção da Romênia explorou bastante as falhas da defesa do Brasil e endureceu a partida e as pretensões brasileiras de permanecer em Guadalajara, ao lado da calorosa torcida local, o que só ocorreria se o time terminasse em primeiro lugar em sua chave. Mas o Brasil acabou vencendo por 3 a 2 e foi enfrentar o surpreendente Peru, do técnico brasileiro Didi – o mesmo Didi bicampeão do mundo – nas quartas de final, em 14 de junho. O treinador do Peru havia revoltado alguns jogadores brasileiros por fazer críticas ao estilo de jogo do Brasil, criando um certo clima para a partida. Mas o jogo transcorreu em relativa tranquilidade, e a seleção fez 4 a 2, passando à semifinal. Dessa vez, Médici não mandou telegrama – preferiu telefonar pessoalmente à comissão técnica da seleção e, conforme os registros da época, mandou cumprimentar os jogadores e lhes dizer que confiava em "nossa vitória final".

A semifinal seria contra o pesadelo uruguaio.

O Brasil não enfrentava o Uruguai numa Copa do Mundo desde o Maracanazo. Em retrospectiva, a seleção brasileira não tinha com o que se preocupar. Nos 17 jogos entre as duas seleções desde então, o Brasil vencera 10 e perdera somente 3, sem falar que o Brasil sagrara-se bicampeão do mundo e era a principal força do futebol mundial, enquanto o Uruguai entrara havia anos em franca decadência. Mas o Uruguai não era um adversário que se podia medir pelas estatísticas, e sim pelo imaginário popular, que não respeita normas racionais nem argumentos sóbrios. E o desempenho brasileiro no início do jogo, em 17 de junho, refletiu essa insegurança.

O Uruguai saiu na frente com Cubilla, aos 19 minutos do primeiro tempo, e passou a fazer faltas para truncar o jogo e irritar o Brasil – Pelé chegou a dar uma cotovelada num zagueiro uruguaio, para revidar a violência adversária; o juiz espanhol José María Ortiz de Mendibil não viu. Uma mexida tática de Zagallo deu resultado: ele colocou o volante Clodoaldo mais à frente, na função que era de Gérson, muito marcado, e foi dele o gol de empate, aos 44 minutos da etapa inicial. O segundo tempo se desenrolou com a mesma dificuldade, mas, aos 31 minutos, Pelé,

Tostão e Jairzinho trocaram passes, e Jair, que viria a ser o artilheiro da Copa, desempatou. Rivelino ainda faria o terceiro, aos 44 minutos, afastando o fantasma do Maracanazo, classificando o time à final e levando a torcida brasileira à loucura – relatos dão conta de que, nas comemorações pelas avenidas de São Paulo, quem não estivesse comemorando efusivamente era xingado de "uruguaio" e intimado a festejar.

Naquele mesmo 17 de junho, quarenta guerrilheiros que o governo Médici trocara pela vida do embaixador alemão Ehenfried Anton Theodor Ludwig Von Holleben, sequestrado por um grupo armado no dia 11, embarcavam para o exílio na Argélia, sem que isso fosse digno de qualquer atenção dos brasileiros. Pelo contrário: ao mesmo tempo em que negociava com os guerrilheiros, o governo militar tratou de jogar a opinião pública contra os grupos subversivos, sugerindo que a comoção causada pelo sequestro entre os jogadores da seleção poderia prejudicar o desempenho do Brasil na Copa. Em sua Primeira Página de 17 de junho, a *Folha de S.Paulo* dizia: "Notícias do México dão conta da perturbação que a notícia do sequestro provocou no ambiente do nosso selecionado. Pelé, Rivelino e outros jogadores manifestaram-se, condenando o ato terrorista".[39] As "notícias" a que a *Folha* se referiu eram, na verdade, uma nota oficial do Ministério do Exército:

> *Causou profundo impacto na seleção a notícia chegada ao México sobre o sequestro do embaixador alemão. Pelé, Brito, Rivelino, Clodoaldo e outros craques lamentaram que maus traidores e criminosos venham a quebrar a tranquilidade e o entusiasmo da seleção. Lamentaram nossos craques que os terroristas, a serviço de países comunistas, tentem com atos criminosos atingir um país amigo.*[40]

A ideia do regime era mostrar que os terroristas eram os desagregadores do Brasil, no momento em que os brasileiros se uniam em torno do ideal de fazer deste um grande país, com vitórias nas áreas social, econômica e esportiva. Em telegrama a Médici, o chefe da delegação brasileira, brigadeiro Jerônimo Bastos, deu o tom da manipulação do episódio, procurando mostrar que os perpetradores do "ato desumano" eram diferentes do "grande povo brasileiro". O território entre o "Brasil bom" e o "Brasil ruim" estava perfeitamente demarcado. Na mesma Primeira Página em que registrava a chegada à Argélia dos militantes esquerdistas soltos e banidos do país em troca da vida do embaixador alemão, a *Folha* dizia que o goleiro Félix, titular da seleção, estava com "saudades do Brasil".

O embalo cívico era dado pela marchinha que dizia "Noventa milhões em ação/Pra frente Brasil/Salve a seleção!/De repente é aquela corrente pra frente/Parece que todo o Brasil deu as mãos/Todos ligados na mesma emoção/Tudo é um só coração!/Todos juntos, vamos!/Pra frente Brasil, Brasil/Salve a seleção!". A música resumia tão bem o projeto do governo Médici que muitos ainda pensam que o presidente foi o autor da marchinha. Na verdade, ele foi, no máximo, um contribuinte involuntário: o autor da letra, Miguel Gustavo, na época famoso compositor de *jingles* publicitários e sambas, usou uma frase do presidente que teria sido dita nas tribunas do Maracanã durante um jogo do Brasil. A música foi a vencedora de um concurso promovido pelos patrocinadores da Copa. No entanto, a exemplo do *slogan* "Brasil: ame-o ou deixe-o", o "Pra Frente Brasil" é visto até hoje com um hino feito por encomenda da ditadura, uma lenda que resiste ao tempo. Afinal, tudo o que interessava ao regime estava lá: a ideia de unidade nacional ("todos juntos, vamos"), o fim das divergências com vista a um objetivo comum ("parece que todo o Brasil deu a mão"), a paixão pelo país e pelo brasileiro que o representava ("tudo é um só coração") e a ordem de avançar, de um movimento "pra frente", numa só "corrente".

Nesse ritmo alucinante de ufanismo, a seleção foi disputar a final da Copa contra a Itália, que se classificara depois de uma semifinal épica contra a Alemanha. Médici, que vivia dando palpites sobre os resultados dos jogos da seleção, arriscou um sobre a decisão: 4 a 1. No dia do jogo, em 21 de junho, a *Folha de S. Paulo* estampou o prognóstico presidencial na manchete de sua página esportiva. Vencer era, portanto, uma determinação do presidente, conforme noticiou o *Estado*: "No Palácio do Planalto, não se admite a hipótese de derrota". E ninguém perdia tempo em Brasília na tarefa cívica de respeitar a ordem do presidente: "A recepção de terça-feira,

Torcedores festejam a vitória do Brasil na final da Copa do México: o tricampeonato pegou um país em processo de integração.

no Palácio do Planalto, quando o presidente homenageará os jogadores e dirigentes do nosso selecionado, já está sendo preparada. E, respondendo à pergunta se alguma coisa mudaria no programa caso o Brasil perdesse, os assessores presidenciais respondem apenas: 'O Brasil vai ganhar'".[41]

E ganhou mesmo, numa partida que confirmou toda a enorme superioridade do Brasil naquela época, a despeito das confusões e da desconfiança atávica. O Brasil venceu por 4 a 1, conforme predissera Médici, selando o "momento mágico" do país. A taça Jules Rimet, criada em 1929 e batizada com esse nome em 1946, em homenagem ao corajoso fundador da Fifa, tinha um dono definitivo: o Brasil tricampeão do mundo.

O significado disso tudo transcendia, e muito, o campo esportivo. O futebol abreviou dramaticamente as diferenças entre o público e o privado.

Médici fez essa leitura ao dar a cada jogador, por meio da Caixa Econômica Federal, um cheque de 25 mil cruzeiros (o equivalente hoje a 20 mil reais), numa atitude que não mereceu reparos à época, apesar da evidente irregularidade. Por razões semelhantes, o então prefeito de São Paulo, Paulo Maluf, teve de responder a processo – ele mandara dar, à custa dos cofres públicos, um Fusca a cada jogador tricampeão, o que a imprensa da época qualificou adequadamente de "demagogia".

Alguns tricampeões também tentaram se aproveitar da situação. Por meio do capitão Carlos Alberto, eles pediram a Médici que desse um "jeitinho" de poupá-los do pagamento de impostos sobre seus salários e providenciasse solução para alguns "problemas de alfândega" – problemas que, aliás, se repetiriam depois da conquista da Copa de 1994, como veremos. A imprensa não registra se esses pedidos foram atendidos, mas são a prova de que futebol e poder público começavam a caminhar de mãos dadas de modo até então inédito no Brasil.

Um dos aspectos mais importantes do momento era a formalização da integração nacional pela via do futebol. Construído desde a década de 1930 pelo regime varguista, esse fenômeno foi definitivamente sacramentado na Copa de 1970. O governo militar não tardou a perceber o potencial disso: em maio de 1969, a administração Costa e Silva criou a Loteria Esportiva, incluindo nela jogos de todo o país, o que obrigava o apostador a se interessar pelo que acontecia em outros estados. No mesmo ano, o governo pediu que a CBD elaborasse um campeonato realmente nacional, o que se confirmou em 1971, logo após a conquista do tri. A disputa substituiu o "Robertão", como era chamado o Torneio Roberto Gomes Pedrosa, estabelecido pelas federações do Rio e de São Paulo em 1967, mas que, em sua maior edição, incluiu apenas times de São Paulo, Rio, Minas, Paraná e Rio Grande do Sul. Em 1968, sob pressão da CBD, o campeonato passara a ter como prêmio a Taça de Prata e incluir um time da Bahia e um de Pernambuco.

Dessa maneira, o Brasileirão surgiu e foi ficando cada vez mais condicionado aos projetos governistas, e o principal sintoma disso foi o inchaço progressivo da disputa: em 1971, jogaram 20 times; em 1972, 26; em 1973 e 1974, o número quase dobrou, indo para 40; em 1975, foram

42; em 1976, o total cresceu para 54; em 1977, jogaram 62 times; em 1978, o número subiu para inacreditáveis 74; em 1979, com a ditadura em crescente desgaste, o Brasileirão atingiu seu pico, com 94 times. Era a época do bordão "onde a Arena vai mal, um time no Nacional", que algumas fontes atribuem ao almirante Heleno Nunes, então presidente da CBD, e outras dizem se tratar de manifestação popular. Pouco importa: a acomodação política permitiu que times sem nenhuma expressão, como o Leôncio (Bahia) e o Fast (Amazonas), entrassem em campo para disputar o principal torneio do futebol tricampeão do mundo.

O Campeonato Brasileiro foi assim a consequência óbvia do crescimento do certame, mas também claramente respeitou o discurso de integração nacional do regime. Essa integração foi enormemente facilitada pela consolidação da TV como veículo de informação e entretenimento. Pela primeira vez a Copa do Mundo, evento de maior interesse dos brasileiros, foi transmitida ao vivo, materializando a tal "corrente pra frente". Fernando Pedreira, em artigo para *O Estado de S. Paulo*, resumiu o impacto disso:

Mas o campeonato mundial de futebol de 1970 deve ficar como um marco importante ainda por um outro motivo. A febre futebolística dos brasileiros já é secular. Nenhum outro campeonato anterior, entretanto, terá atingido o que este atingiu em matéria de atenção e participação públicas. E a razão disso é a transmissão ao vivo, via satélite. [...] Não deixa de ser significativo que o Brasil entre assim na era da comunicação eletrônica pelo caminho do futebol. O que esta Copa está nos dando em termos de participação coletiva e de vibração popular é fruto, em boa parte, dos milagres da técnica moderna. O que experimentamos agora é uma espécie de ante-sala do mundo contemporâneo. [...] O que nos dão as transmissões do México é uma dimensão nova da realidade, na escala própria da era eletrônica. Os fatos podem ser os mesmos, mas a consciência que temos deles é outra e outra é a reação coletiva. Jogamos cada um dos jogos no México à medida que vão sendo disputados. Somos milhões de participantes-testemunhas que antes chegavam apenas como notícias.[42]

O futebol explica o Brasil

Além da ampliação do drama do futebol pela via da TV, a transmissão reformou o caráter "nacional" do país em construção pelo regime militar: 16 estados da federação, além do Distrito Federal, receberam as imagens da Copa. Ao testemunhar um jogo da seleção pela TV, o torcedor de São Paulo sabia que, naquele exato momento, outro torcedor fazia exatamente como ele no Rio Grande do Norte. Era como se todos os brasileiros estivessem no estádio. Esse "sentido de proximidade" é próprio do futebol, como salientou o pensador francês Alain Touraine em artigo na *Folha de S.Paulo* por ocasião da Copa de 1998, na França. Touraine diz que, "na sociedade capitalista contemporânea, que acelera a produção de um sistema, gerando isolamento e desenraizamento, o futebol produz relações de proximidade e identificação entre pessoas que, em muitos casos, encontram-se espalhadas pelo mundo".[43] Com a televisão, esse potencial é elevado praticamente ao infinito e, levando-se em conta o fato de que a transmissão ao vivo era uma novidade tecnológica excitante, é praticamente impossível dimensionar exatamente a explosão de sentimentos que a Copa de 1970 proporcionou aos brasileiros. A propaganda oficial do governo explorou isso. Numa peça da Agência Especial de Relações Públicas (AERP) veiculada pela TV em março de 1970, que mostrava um gol de Tostão pela seleção brasileira, dizia-se que o futebol e a vida se equivaliam: "O sucesso de todos depende da participação de cada um".[44]

Outro aspecto da conquista no México, como consequência, foi a confirmação da vocação brasileira para cumprir os projetos nacional-desenvolvimentistas, com o objetivo de transformar o Brasil em potência internacional, de acordo com o ponto de vista do regime militar. A imprensa conservadora refletiu isso, ao dizer que a vitória no México provava que, com disciplina, o talento brasileiro floresceria. Novamente, o articulista Fernando Pedreira resumiu essa ideia no jornal *O Estado de S. Paulo*:

> *Mais do que em qualquer outro país, o futebol é, entre nós, uma profunda paixão nacional. [...] Já não somos apenas o país do Carnaval, de que falava Jorge Amado há 30 ou 40 anos. Somos o país do futebol, o que é certamente um progresso. [...] A seleção brasileira de futebol*

mostrou ser a mais bem treinada e amparada, a que dispunha de melhor preparo físico e tão disciplinada e consciente de seus deveres quanto as que mais o fossem. Preservamos as qualidades brasileiras, mas livramo-nos de alguns defeitos que pareciam características inalienáveis da alma nacional: a improvisação, a irresponsabilidade, a indisciplina, o individualismo. País do Carnaval? Nem tanto. Com um pouco de sorte, uma Copa do Mundo pode ser ganha na base da improvisação e do virtuosismo. Mas, para jogá-la como jogamos, é preciso que a nação tenha chegado a um grau de maturidade e seriedade – e até de riqueza material – que o Brasil talvez tenha atingido.[45]

A disciplina de perfil militar, já exaltada como importante para recolocar o país nos trilhos, foi considerada um pilar do tricampeonato. O preparador físico da seleção de 70, Admildo Chirol, disse que "não foi só o preparo físico e técnico" o responsável pela conquista, "mas o comportamento disciplinar perfeito – horários e programas a cumprir com a máxima seriedade".[46] Mesmo a composição da comissão técnica da seleção já denotava o desejo de militarizar a seleção. O chefe da delegação era Jerônimo Bastos, um major-brigadeiro. Seu assessor imediato era Roberto Câmara Lima Ipiranga dos Guaranys, um major. O supervisor era Cláudio Coutinho, um capitão. Participaram também da preparação Raul Carlesso, tenente, e Kleber Camerino, capitão. Essa tendência se acentuaria dramaticamente nas duas Copas seguintes.

Não haveria triunfo sem a dedicação harmoniosa e ordenada dos brasileiros – essa era a mensagem que o governo militar tratara de explorar. No discurso da vitória na Copa, depois de aparecer enrolado na bandeira nacional e de levantar a Taça Jules Rimet ao lado dos campeões do mundo, Médici capitalizou:

E identifico, na vitória conquistada na fraterna disputa esportiva, a prevalência de princípios que nós devemos amar para a própria luta em favor do desenvolvimento nacional. Identifico no sucesso de nossa seleção de futebol a vitória da unidade e da convergência de esforços, a vitória da inteligência e da bravura, da confiança e da humildade, da constância e da serenidade, da capacitação técnica, da preparação física e da consistência moral. Mas é preciso que se diga, sobretudo, que os nossos jogadores venceram porque souberam ser uma harmoniosa equipe, em que, mais além que a genialidade individual, afirmou-se a vontade coletiva. Neste momento de vitória, trago ao povo minha homenagem, identificando-me todo com a alegria e a emoção de todas as ruas, para festejar, em nossa incomparável seleção de futebol, a própria afirmação do valor do homem brasileiro.[47]

A conquista da Copa vitaminou o regime para a eleição direta de 1970, que renovaria o Congresso e serviria, nos cálculos de Médici, para demonstrar o apoio popular à ditadura e para dizer aos críticos – sobretudo os do exterior – que o país vivia em clima de liberdade. Sem querer correr nenhum tipo de risco, no entanto, o governo intimidou a oposição, mudou as regras eleitorais, multiplicou a prisão de supostos dissidentes e a perseguição a quem pudesse criticar o regime, como a Igreja Católica. A Arena venceu o pleito contra o MDB por larga margem, mas houve muitos votos em branco e uma acentuada abstenção, o que de certa maneira serviu como "voto de protesto" contra a ditadura. Nada disso pareceu abalar Médici, calçado por uma palpável popularidade e pela destruição espetacular da luta armada – entre 1969 e 1972, os principais líderes e movimentos de guerrilha foram anulados, com exceção do episódio do confronto no Araguaia, que durou até 1974.

Desse modo, Médici pôde deslanchar seu projeto nacional-desenvolvimentista, que fez a dívida externa crescer 90% entre 1971 e 1974. Além do endividamento, outro aspecto perverso do crescimento brasileiro foi a alta concentração de renda, criticada na ocasião pelo Banco Mundial. Os

---

Médici ergue a taça Jules Rimet, conquistada pela seleção no México: o comandante exibia o símbolo da pujança nacional.

O futebol explica o Brasil

5% mais ricos tiveram sua participação na renda total do país aumentada de 28,3%, em 1960, para 39,8%, em 1972. Nesse período, a participação dos 50% mais pobres caiu de 17,4% para 11,3%. Apesar disso, a sensação era de vantagem para todos, porque o emprego cresceu a 4,3% anuais entre 1968 e 1973, contra uma expansão demográfica de 2,9%. Não havia unanimidade sobre a ideia do ministro Delfim Netto de que era necessário, primeiro, fazer o bolo crescer, com fortes investimentos no setor de infraestrutura, para depois dividi-lo.

Já por volta de 1972, com uma nova vitória eleitoral da Arena em disputas municipais, começou a boataria sobre a sucessão de Médici. Cogitou-se até mesmo a prorrogação do mandato do presidente, baseado na presunção de que sua popularidade poderia ser um sustentáculo importante para a travessia que o país fazia. Afinal, estava ficando cada vez mais evidente, na mentalidade da linha dura entre os generais, que a ditadura era a essência do progresso brasileiro verificado desde 1964. Dessa maneira, Médici foi o primeiro presidente da ditadura a ter pleno controle de sua sucessão. E ele escolheu o general Ernesto Geisel.

Então presidente da Petrobras, Geisel era irmão de Orlando Geisel, ministro do Exército e um dos mais fortes generais do regime, senão o mais forte. Orlando era o nome natural de Médici para a sucessão, mas sua saúde precária mudou os planos. Ernesto era considerado "castelista", isto é, ligado à linha moderada do ex-presidente Castello Branco, ala que vinha se articulando para voltar à presidência e tinha o propósito de fazer a transição do país para o regime democrático, de modo "lento, gradual e seguro". Com Geisel, trabalhou intensamente o general Golbery do Couto e Silva, que se tornaria seu braço direito e que costuraria a abertura democrática. Golbery tratou de buscar apoio do empresariado a Geisel. Outro importante personagem da sucessão foi o general João Baptista de Oliveira Figueiredo, então chefe do SNI, que permaneceria no cargo com Geisel e viria a sucedê-lo.

Nesse ambiente, ocorreu o chamado "choque do petróleo", quando os países do Oriente Médio exportadores do produto decidiram reduzir sua venda, em protesto contra o apoio dos EUA a Israel na Guerra do Yom Kippur (1973). O preço do petróleo subiu mais de 300% e pegou o Bra-

186

sil em cheio, porque a maior parte do produto consumido no país era importada. Uma das consequências da crise foi a criação do Proálcool, o programa de criação de veículos movidos a álcool, em 1975. Outra foi a encruzilhada dos projetos econômicos brasileiros: o governo militar teve de fazer a escolha entre reduzir drasticamente a taxa de crescimento do PIB ou manter o endividamento externo cada vez maior para sustentar a expansão nos níveis em que estava. O Brasil fez a segunda opção – ou seja, esperava pagar a conta do petróleo com a continuidade do crescimento econômico alucinante.

Com o projeto de fazer a abertura sem comprometer a economia, Geisel seria eleito em janeiro de 1974, no Colégio Eleitoral – uma novidade imposta pela Constituição de 1967. Ele assumiria a presidência em 15 de março, enfrentando a "anticandidatura" de Ulysses Guimarães, líder da oposição que, com seu gesto, queria denunciar a farsa da "democracia" no regime militar. A oposição explorava também a questão da concentração de renda, como um efeito perverso do "milagre econômico", e Geisel tinha a intenção de atacar o problema, tido como essencial para a abertura. E a linha dura boicotaria seu projeto de fazer a transição. A máquina montada dentro do Estado pelo braço repressor do regime acabaria fazendo estragos consideráveis na hierarquia das Forças Armadas, porque deu poder de vida e morte a oficiais de patente inferior, que não tinham de prestar contas a seus superiores formais. A abertura seria uma forma de frear esse estado de coisas, que desagradava boa parte dos generais brasileiros. Assim, o governo Geisel começaria sob pressões diversas e com perspectivas econômicas bastante incertas – não é à toa que, dois anos depois, Médici confidenciaria a Figueiredo que entregara a Geisel um "rabo de foguete".

O Brasil, naquele momento, também se preparava para mais uma Copa do Mundo. O desafio seria dessa vez na Alemanha, e a seleção foi montada sob o signo da militarização já insinuada em 1970. A exploração do sucesso da equipe e do futebol em geral pela ditadura ganhou contornos praticamente oficiais, numa relação de intensa reciprocidade com os cartolas. Um dos aspectos que azeitaram essa ligação foi a penúria dos principais clubes brasileiros, que pode ser resumida pela crise do Santos.

O clube, a exemplo de outras agremiações tradicionais, como o Botafogo e o Cruzeiro, enfrentava colapso financeiro. Famoso no mundo todo devido à geração capitaneada por Pelé, o clube passou a cobrar, depois de 1958, um cachê superior ao da seleção brasileira para disputar amistosos no exterior – eram US$ 30 mil, enquanto o Brasil ganhava US$ 10 mil. Mas o Santos endividou-se de modo dramático e, além de submeter o time a um ritmo alucinante de jogos amistosos nos cinco continentes para arrecadar dinheiro, recorreu a Médici, visto como a "esperança". Ou seja: por sua má administração, o mais requisitado time do planeta foi levado a depender da boa vontade do presidente da ditadura, que, por gostar de futebol e instintivamente compreender a dimensão do esporte para o brasileiro, não se ausentava naquelas questões. Se isso ocorreu com o poderoso Santos, é possível imaginar que muitos outros clubes de menor projeção tenham igualmente recorrido ao mesmo expediente de buscar ajuda de políticos e do governo da ditadura, fortalecendo os laços promíscuos entre os dois lados.

Em 1972, a CBD promoveu a Taça Independência, ou Minicopa, um evento para celebrar os 150 anos da Independência do Brasil. O torneio foi feito sob encomenda para o governo Médici, que participou na ocasião de vários desfiles e festas para lembrar a data e revigorar sua administração. Com uma gigantesca cobertura de TV, os jogos foram disputados em vários pontos do país, de Manaus a Porto Alegre, com a clara intenção de explorar a grandeza do Brasil.

O time ainda era basicamente o da Copa de 1970, mas sem Pelé, apesar dos apelos do governo para que jogasse. A seleção venceu o torneio, mas a lua de mel com a torcida e a crônica esportiva terminaria aí. Zagallo continuava como técnico, agora com amplos poderes para montar a seleção conforme mandava a mais moderna técnica. Os tempos eram realmente outros – para começar, Geisel, ao contrário de Médici, não gostava de futebol. Zagallo, ao que parece, também não: criou uma seleção brasileira que de brasileira mal tinha o nome.

Pelé se aposentara da seleção em junho de 1971, depois de dois jogos emocionantes, contra a Áustria, no Morumbi, e contra a Iugoslávia, no Maracanã. Menos pelo resultado (dois empates), e mais pelo significado, os dois jogos entraram para a história pelas homenagens ao rei. Pelé despediu-se de um Maracanã com 138 mil torcedores que gritavam "fica, fica, fica". Outros jogadores, como Tostão e Gérson, também não estariam mais no time.

Mesmo assim, a seleção montada para jogar a Copa da Alemanha era, no papel, muito boa. Algumas estrelas eram o goleiro Leão, o zagueiro Luís Pereira, o meia Ademir da Guia e o atacante Leivinha, todos do ótimo Palmeiras daquela época, que havia sido bicampeão brasileiro em 1972 e 1973. Contava ainda com a experiência de Rivelino, Paulo César Caju, Piazza e Jairzinho, remanescentes da Copa de 1970. Mas a equipe não inspirava confiança e faltava organização. Fez uma sofrível excursão pela Europa em 1973, em que perdeu, para a Itália, uma invencibilidade de 36 jogos.

Na ocasião, num jogo contra a Escócia, o clima entre os jogadores e o resto do mundo era o pior possível, e os atletas resolveram fazer uma greve do silêncio, no chamado "Manifesto de Glasgow", em que a imprensa brasileira era avisada de que não poderia mais fazer entrevistas com ninguém da seleção. Os jogadores foram incentivados por um dos supervisores do time, Cláudio Coutinho, que anos mais tarde se tornaria técnico da seleção. O movimento durou pouco – foi logo abandonado por pressão da CBD. A seleção voltou ao Brasil e fez mais uma série de jogos ruins, entre os quais empates em 0 a 0 com Grécia e Áustria.

A seleção foi para a Alemanha disputar a Copa sem que Zagallo tivesse mostrado a cara de seu time. Isso ficaria claro logo na estreia, em 13 de junho, no Waldstadion, em Frankfurt. O Brasil ficou no 0 a 0 contra a Iugoslávia, mostrando um futebol retrancado, a título de "modernidade". A equipe levou duas bolas na trave, e o goleiro Leão foi o destaque. Zagallo achou o resultado bom e disse que outro empate, contra a Escócia, também seria, o que dá a dimensão de seus equívocos. A revista *Veja* notou:

> *O irresponsável aglomerado de particulares que não se sabe bem por que usavam todos o mesmo uniforme amarelo no Waldstadion pode até, de zero em zero, continuar sua cambaleante trilha em direção à final; de qualquer forma, no meio desse caminho alguma coisa se perdeu. A não ser que os jogadores resolvam mandar ao diabo as ordens do técnico e sua comissão, e decidam finalmente pôr em prática o esporte bretão tal como o povo o concebe.*[48]

O técnico Zagallo desce do avião sob escolta após a eliminação da seleção na Copa de 1974: hostilidade da torcida começou bem antes.

Os jogadores, obedientes, não se rebelaram, e a seleção empatou com a Escócia por 0 a 0 em 18 de junho. Zagallo conseguira outra façanha: pela primeira vez na história, a seleção passara dois jogos seguidos sem fazer gols em uma Copa. Já naquela altura, o discurso confiante do técnico brasileiro contrastava com o clima hostil entre os torcedores no Brasil. Uma marchinha foi composta para recepcionar Zagallo quando aquela seleção voltasse: "Todo mundo de espingarda na mão/esperando o seu Zagallo descer do avião...".

Com os resultados, o Brasil precisaria vencer seu terceiro jogo, contra o modestíssimo Zaire, por três gols de diferença para superar a Escócia e continuar na Copa. Apenas isso já seria um vexame, mas o constrangimento maior foi ver o sofrimento do time contra os africanos – o placar necessário para a classificação foi obtido somente aos 39 minutos do segundo tempo, com um gol de Valdomiro. O mesmo time do Zaire havia sido goleado pela Iugoslávia por 9 a 0.

Nas quartas de final, o Brasil caiu na chave de Alemanha Oriental, Holanda e Argentina. A Holanda era uma das principais favoritas ao título, apresentando ao mundo o curioso "Carrossel" (chamado também de "Laranja Mecânica"), esquema tático em que todos os jogadores de linha defendiam e atacavam, tendo como referência o genial Cruyff. Uma inovação do técnico Rinus Michels nunca mais repetida por nenhuma outra seleção. O retrancado Brasil obteve dois bons resultados – bateu os alemães por 1 a 0 e os argentinos por 2 a 1 – e enfrentaria a Holanda pela vaga na final da Copa.

Os holandeses tinham vantagem no saldo de gols e jogariam pelo empate, o que foi menosprezado por Zagallo: "A vantagem da Holanda é muito pequena. Basta um gol da seleção brasileira e ela acaba instantaneamente".[49] O técnico do Brasil não demonstrou o menor respeito pelo time sensacional que sua seleção enfrentaria. Na véspera, admitiu desconhecer o "Carrossel" e disse que a Holanda era "muito tico-tico no fubá" e pouco futebol, "que nem o América dos anos 50".[50] E Zagallo esbanjava otimismo, por ser o técnico tricampeão do mundo e por confiar no seu planejamento tático, inalcançável para os pobres mortais.

O Brasil até fez um bom começo de jogo, em 3 de julho. Mas logo foi envolvido pelo "Carrossel", e no segundo tempo, em apenas 15 minutos, o jogo estava resolvido: 2 a 0 para os holandeses, e a seleção brasileira poderia ter saído de campo com uma goleada histórica. Mesmo após o jogo, Zagallo não deu o braço a torcer: "A seleção brasileira é tricampeã do mundo. Estamos por cima".[51] Arrancou gargalhadas dos jornalistas. Apático, o time disputou o terceiro lugar contra a Polônia e perdeu por 1 a 0, encerrando a melancólica participação de um time montado para empatar, renunciando às tradições brasileiras. A derrota revelou o que já se insinuava desde a vitória no México: a geração mágica dos anos 1950 e 1960 não existia mais, e o futebol brasileiro dos anos 1970, a despeito de todo o ufanismo em torno dele, apontava uma entressafra de craques

O futebol explica o Brasil

fora de série que levaria anos para ser superada. Ou seja: havia um abismo imenso entre o discurso do Brasil como potência e a prática de suas limitadas capacidades, coincidentes com a acelerada depauperação do país.

Era algo semelhante ao que acontecia com o governo militar. O cenário imediato ainda era razoável, com uma economia que esbanjava números invejáveis no hemisfério, mas havia sinais evidentes de fragilidade, como o endividamento externo e as pressões inflacionárias. Restava ao regime lutar para não desgastar ainda mais sua imagem – já de olho no que a história diria dos militares no futuro.

Assim, disposto a dar alguma aparência democrática ao processo de transição que julgava conduzir, o governo Geisel permitiu o acesso da oposição à TV para fazer campanha nas eleições legislativas de 1974. E o resultado alarmou o governo: o MDB obteve 59% dos votos válidos para o Senado, no pleito que renovou apenas 22 cadeiras, e ficou ligeiramente atrás da Arena na Câmara, com 48%. A oposição foi bem nos grandes centros, cada vez mais sensíveis ao engasgo do "milagre econômico".

Ao mesmo tempo em que Geisel procurou afrouxar aos poucos as amarras do regime, como quando suspendeu a censura ao jornal *O Estado de S. Paulo*, a situação ameaçava desencadear um recrudescimento dos porões da ditadura, a essa altura fora do controle direto do Planalto. Em outubro de 1975, ocorreu um dos episódios marcantes desse momento: o assassinato do jornalista Vladimir Herzog, então diretor de jornalismo da TV Cultura. Suspeito de ligações com o PCB, Herzog foi levado ao DOI-Codi (Departamento de Operações de Informações – Centro de Operações de Defesa interna) paulista e lá foi torturado e morto. Os agentes do governo simularam um enforcamento, mas o cenário armado era tão grosseiro que ampliou o clima de estupefação e indignação da sociedade paulistana. A classe média intelectualizada e a Igreja Católica reagiram e promoveram um ato na Catedral da Sé para repudiar a violência do governo e homenagear Herzog. Milhares de pessoas compareceram, apesar da ameaça de repressão do secretário da Segurança Pública de São Paulo, o coronel Erasmo Dias, autêntico representante da linha dura recalcitrante.

Estava claro que o poder paralelo instalado nas forças de segurança paulistas estava disposto a resistir à abertura imposta por Geisel. O presidente afastou o comandante do II Exército, Ednardo D'Avila, sob cujas bênçãos atuavam os agentes da repressão, e colocou em seu lugar o general Dilermando Gomes Monteiro, que liquidou a tortura no DOI-Codi.

Ao mesmo tempo em que atuava para neutralizar a ala radical dos militares, Geisel procurou também conter a onda oposicionista, que ganhava terreno a cada movimento de abertura. A derrota eleitoral acachapante em 1974 não foi bem digerida no Planalto, e o presidente resolveu não dar nova chance nas eleições municipais de 1976. Restringiu a propaganda política na TV, com a famosa "Lei Falcão" – que autorizava somente a foto, o nome e o número do candidato –, prejudicando diretamente os candidatos do MDB. Apesar disso, a oposição voltou a vencer, obtendo maioria nas Câmaras de 59 das cem maiores cidades do país. O aparente descontrole do regime sobre as instituições que, bem ou mal, estavam formalmente funcionando e das quais dependia a chancela para medidas autoritárias, foi seguido do surgimento do terrorismo de grupos de direita, ligados à linha dura militar. Os alvos dos atentados eram grupos de vanguarda da luta democrática, como a Igreja Católica e a Ordem dos Advogados do Brasil.

No ano seguinte, 1977, o governo baixou o chamado "Pacote de Abril", uma série de medidas casuísticas que visavam complicar ainda mais a vida dos candidatos de oposição. Inventou-se a figura do senador "biônico", isto é, eleito de modo indireto, para impedir que o MDB fizesse maioria no Senado. Além disso, bastava maioria simples para aprovar emendas constitucionais, restabelecendo o poder legislativo da enfraquecida Arena. Por outro lado, a proporcionalidade de votos foi alterada de modo a dar mais peso para o eleitor do Nordeste, menos permeável à mensagem oposicionista. Por fim, o mandato do presidente da República foi estendido para seis anos, e todos os governadores de estado seriam escolhidos de modo indireto em 1978. Tudo isso com o Congresso fechado por Geisel, em 1º de abril, com base no AI-5.

O futebol explica o Brasil

Assim, o ano de 1978 foi marcado pela ambiguidade de um governo disposto à abertura, mas apegado aos velhos instrumentos autoritários para realizá-la. Naquele ano, o Planalto abriu diálogo com entidades como Associação Brasileira de Imprensa e Conferência Nacional dos Bispos do Brasil, além de líderes do MDB. O objetivo era traçar a estratégia para a abertura concertada com vários setores da sociedade, sem risco de ruptura institucional. Entrementes, a linha dura articulava sua candidatura à presidência na figura do ministro do Exército, Sylvio Frota, general que dizia temer um levante comunista e via infiltração vermelha no governo, acusado por ele de "complacência criminosa" com a subversão. Geisel o afastou em outubro de 1977, sem consultar o Alto Comando, o que foi a grande demonstração de força do presidente e a prova de que ele estava disposto a restaurar a hierarquia na caserna, como fundamento da abertura política. Diante dessa determinação, Frota, que esperava a sustentação da velha linha dura militar, percebeu que o apoio minguava.

Assim, em 1978, ano da escolha do novo presidente da República, era claro que o processo estava inteiramente na mão de Geisel, que havia escolhido João Figueiredo, chefe do SNI, como seu sucessor, com a garantia de que a abertura seria levada adiante. Como consequência da liberalização relativa, consolidou-se naquele momento um movimento sindical bastante bem articulado, liderado por Luiz Inácio da Silva, o "Lula". Em maio, ele promoveu uma "greve branca" – novidade na época, criada para fugir à repressão policial –, em que os 2.500 funcionários da Saab-Scania, em São Bernardo, entraram na fábrica de caminhões, bateram o ponto e cruzaram os braços. O movimento foi imitado por meio milhão de trabalhadores em outras indústrias da Grande São Paulo, dando notoriedade a Lula e aos metalúrgicos. Lula foi considerado a face do "novo sindicalismo", que o governo enxergava como interlocutor adequado, por não ser comunista.

A flexibilização do regime promovida por Geisel tinha, desse modo, duas faces: apontava a abertura democrática, mas não abria mão de ter as rédeas do processo em nenhuma das esferas da vida nacional, como ao exercer influência direta na CBD, entidade privada que gerenciava o fu-

194

tebol, numa óbvia confusão de papéis. Em 1974, João Havelange afinal conseguira se eleger presidente da Fifa. No ano seguinte, ele deixaria a CBD em circunstâncias pouco claras – há relatos segundo os quais ele estaria na mira do SNI – e seria substituído pelo almirante Heleno Nunes, então presidente da Arena no Rio. Não poderia ter sido mais claro o gambito. Com Nunes, o Campeonato Brasileiro passou a ter quase uma centena de clubes, com evidentes objetivos políticos, como já vimos. Parte dos jornalistas esportivos da época já discutia o "fim do futebol brasileiro".

A expressão "fim do futebol brasileiro" significava muitas coisas, mas sobretudo era uma referência à penúria dos clubes e à falta de jogadores excepcionais – comparando-se com a modernidade dos times europeus, que começavam a nadar em dinheiro e a atrair os melhores atletas do mundo, o Brasil enfrentava de novo o complexo de vira-latas. Foi sob esse peso que Oswaldo Brandão foi escolhido por Heleno Nunes para dirigir a seleção brasileira nas Eliminatórias da Copa de 1978. Bicampeão brasileiro pelo Palmeiras, Brandão era conhecido por ser disciplinador e motivador. Com seu comando, a seleção teve bom desempenho em torneios preparatórios em 1976, marcados pela estreia de um novato meia do Flamengo chamado Arthur Antunes Coimbra, o "Zico". Mais tarde, com algum exagero, ele seria comparado a Pelé, talvez mais por causa da nostalgia do grande craque do que propriamente por suas qualidades, que não eram poucas.

Diante da escassez de bons jogadores, Zico surgiu como um facho de luz ainda capaz de honrar as tradições brasileiras no futebol. Mesmo assim, seu perfil de certa maneira simbolizava o momento vivido pelo país e pelo futebol brasileiro em particular: menino franzino de subúrbio, ele foi transformado em atleta vigoroso em pouco tempo, graças às técnicas disponíveis de estimulação muscular, nutrição e tratamento hormonal. Entre 1969 e 1974, cresceu 17 centímetros e engordou 13 quilos. Foi chamado de "craque de laboratório", apelido que mal ocultava a crítica aos efeitos da tecnologia, tão admirada pela ditadura, sobre o espírito do futebol brasileiro. Afinal, "biônicos" eram os jogadores europeus.

O futebol explica o Brasil

Em fevereiro de 1977, logo no primeiro jogo das Eliminatórias da Copa, o Brasil empatou em 0 a 0 em Bogotá, e Brandão pediu demissão – ele já vinha sendo criticado publicamente por integrantes do governo, como o ministro da Educação, Ney Braga. O Brasil de Brandão ainda apostava no toque de bola dos jogadores brasileiros para envolver os ferrolhos defensivos europeus, mas aparentemente o Brasil deixara de produzir, em número suficiente, atletas capazes de fazer esse papel. Assim, ganhava terreno a sensação de que era preciso definitivamente render-se às evidências de que a Europa jogava um futebol mais eficiente, e vencer passou a ser obsessão, razão pela qual Brandão foi substituído pelo "moderno" Cláudio Coutinho. Foi o estertor, já insinuado com Zagallo em 1974, do futebol brasileiro que encantou o mundo entre o final dos anos 1950 e o início dos 1970.

Coutinho possuía alguma experiência na seleção. Fora supervisor nas Copas de 1970 e 1974 e treinara o time olímpico que chegou em quarto lugar nos Jogos de Munique, em 1976. Com diplomas universitários nas áreas de Educação Física e Administração, Coutinho, aos 38 anos, rebatia com vigor as acusações de que era muito novo para comandar uma seleção tão problemática como a brasileira. Dizia ter contato com técnicos europeus e que tinha assimilado tudo o que havia de mais recente nas estratégias de preparação e de montagem de uma seleção. Assim, introduziu no linguajar dos técnicos expressões como "*overlapping*" (jogada de transição) e "ponto futuro" (para onde deveria ser lançada a bola em ação coordenada com outro jogador, que se deslocaria para esse ponto). O termo que resume a visão que Coutinho possuía do futebol, e que de certa maneira resiste até hoje, é a "polivalência". Para atuar na seleção, um jogador teria de ser bom o bastante para desempenhar mais de uma função, com acentuada obediência tática. Talvez seja isso que justifique a opção de Coutinho por Chicão, um grosseiro meia do São Paulo, e não por Falcão, o estelar meia do Internacional.

Com esse arsenal de novidades e controvérsias, Coutinho assumiu a seleção para o resto das Eliminatórias e classificou o time sem grandes

196

Anos 1960-1980

dificuldades – a mesma Colômbia que derrubara Brandão levou de 6 a 0 do Brasil de Coutinho no Maracanã. O relativo ânimo com os bons resultados, porém, não resistiria aos primeiros passes trocados na Copa de 1978, na Argentina.

O Brasil estreou contra a Suécia, em 3 de junho, com um modesto 1 a 1. O jogo foi marcado por um curioso e polêmico lance: nos últimos instantes da partida, um escanteio para o Brasil foi cobrado, e Zico empurrou para as redes, mas o árbitro galês Clive Thomas anulou o gol – ele alegou que o jogo havia terminado, com a bola no ar. Depois, em 7 de junho, o Brasil enfrentaria a Espanha e sofreria para empatar em 0 a 0 – o lance mais agudo do jogo foi uma bola que o zagueiro Amaral, do Guarani, salvou em cima da linha.

Com os resultados, a seleção foi para o último jogo, contra a Áustria, com a obrigação de vencer para se classificar à fase seguinte. As críticas ao futebol fraco e defensivo da seleção se multiplicavam, e o almirante Heleno Nunes resolveu intervir. Mandou que Coutinho escalasse Jorge Mendonça (Palmeiras) e Roberto Dinamite (Vasco) e fizesse o time atacar. Mandou também tirar o zagueiro Edinho (Fluminense), que vinha jogando improvisado na lateral esquerda, substituindo-o por Rodrigues Neto (Botafogo).

Dinamite, considerado hoje o maior jogador da história vascaína, nem no banco havia ficado até então. O titular era Reinaldo, um genial atacante do Atlético Mineiro, que se notabilizou por comemorar seus gols com o braço erguido e o punho cerrado, que lembrava o gesto dos integrantes do movimento marxista americano Panteras Negras, símbolo radical do movimento de defesa dos direitos dos negros nos anos 1960. Era um franco desafio ao regime militar, vindo de um jogador de futebol que se deixara fotografar com um livro de Lênin na mão. Mas Reinaldo vinha de uma série de cirurgias em seus joelhos, uma das quais feita no mesmo ano da Copa. Assim, ele não estava na plenitude de sua forma e, de uma hora para outra, Dinamite virou titular, graças à ação da CBD. E foi dele o gol salvador da vitória contra os austríacos, em 11 de junho.

197

O triunfo, porém, não foi suficiente para classificar o Brasil em primeiro lugar na sua chave, que – sinal dos tempos – ficou com a Áustria, pelo saldo de gols. Assim, a seleção caiu na chave da Argentina na fase seguinte, ao lado de Peru e Polônia. E a equipe começou bem, fazendo 3 a 0 sobre o Peru em 14 de junho, com bom futebol de Dirceu (Vasco), que marcou dois gols. Em seguida, no dia 18, o adversário seria a temida Argentina. Em um jogo truncado, no qual o Brasil perdeu algumas chances de vencer, o resultado de 0 a 0 não surpreendeu. A definição da vaga para a final ficaria para a última rodada. O Brasil enfrentaria a Polônia, e a Argentina jogaria contra o Peru. A classificação seria decidida no saldo de gols. Pela tabela, a seleção brasileira jogaria horas antes, às 16h45 do dia 21 de junho, enquanto os argentinos entrariam em campo às 19h15 – portanto, já sabendo quantos gols teriam de marcar para seguir na Copa.

E então ficou claro, se alguém ainda tinha alguma dúvida, que o futebol havia se tornado, definitivamente, instrumento de afirmação de poder nacional para países sob regime ditatorial. Para os generais argentinos, ganhar a Copa em casa era um dever cívico, cujo cumprimento se daria pelos meios que fossem necessários – muito além do campo esportivo.

Dois anos antes da Copa, a Argentina havia sofrido um novo golpe de Estado, com o retorno dos militares ao poder para mais uma ditadura. O general Jorge Videla tornou-se presidente e deflagrou um dos períodos mais sangrentos da história do país. Em 1978, cerca de vinte mil pessoas haviam desaparecido em consequência da repressão à oposição – até o final do regime militar, em 1982, o total chegaria a trinta mil. A zelosa administração espalhou mais de quinhentos centros de detenção e tortura pelo país. Por outro lado, a Argentina vivia um bom momento na economia. Dizia-se que os argentinos podiam ir ao exterior e, ao saber o preço de algo em uma loja, respondiam: "Deme dos" (quero dois). O sentimento de potência levou o governo argentino a desafiar o Chile por causa do Canal de Beagle, antiga disputa de fronteira, e os dois países quase entraram em guerra bem no ano da Copa.

Anos 1960-1980

O Mundial de futebol era crucial nesse projeto nacionalista. Sob fortíssima censura, a imprensa argentina não pôde noticiar que os gastos com a Copa, previstos em US$ 70 milhões, haviam chegado à casa dos US$ 700 milhões, em parte graças à corrupção endêmica proporcionada pelo regime militar. Nada disso importava: a cada triunfo argentino no campo de futebol, Videla era aplaudido por multidões enlouquecidas nos estádios.

A "mais politizada de todas as Copas", como rotulou a revista *Veja* na época, não poderia, assim, ser disputada meramente dentro das quatro linhas.[52] É ingenuidade supor que, se os argentinos tivessem a mínima chance de perder a Copa, os acontecimentos seriam deixados em seu curso normal. Assim, quando o Brasil fez 3 a 1 na Polônia, em 21 de junho, a seleção da casa sabia que teria de vencer o Peru por quatro gols de diferença para ser finalista.

Até aquele jogo, o Peru havia feito uma campanha bastante razoável. Na primeira fase, empatou com a poderosa Holanda em 0 a 0 e bateu a Escócia (3 a 1) e o Irã (4 a 1). Portanto, chegou à segunda fase mostrando um bom futebol, liderado por Teófilo Cubillas. O time mostrou-se instável, porém, e foi derrotado por 3 a 0 pelo Brasil e por 1 a 0 pela Polônia. Chegou ao último jogo, contra a Argentina, já desclassificado. Ainda assim, era muito improvável que os peruanos, que até então haviam levado apenas seis gols em toda a Copa, fossem goleados. O Brasil estava com um pé na final.

E então aconteceu o "milagre de Rosário", em cujo estádio jogaram Argentina e Peru. Do pontapé inicial até os 5 minutos do segundo tempo, os argentinos construíram o placar de que necessitavam para se classificar à decisão do Mundial: 4 a 0. Depois ainda fizeram mais dois gols, selando uma inacreditável goleada. Desde então, surgiram diversas versões sobre o que teria havido, a maioria delas apontando para algum tipo de colaboração entre o regime militar argentino e o peruano, envolvendo suborno para que as coisas fossem facilitadas – até a nacionalidade argentina do goleiro peruano Quiroga foi usada como prova da suposta irregularidade. Nada foi jamais provado, mas, dadas todas as circunstân-

199

O futebol explica o Brasil

cias, é difícil acreditar que o Peru tenha sido goleado simplesmente porque, afinal, futebol é "uma caixinha de surpresas". Ainda que não tenha havido suborno, é impossível que os peruanos não tenham pelo menos sentido a pressão da história.

A Argentina enfim classificou-se à final e foi campeã num jogo dramático contra a Holanda, que amargava seu segundo vice-campeonato seguido. Já o Brasil enfrentou a Itália pela decisão do terceiro lugar e venceu por 2 a 1. Terminou a Copa invicto, e o técnico Cláudio Coutinho considerou, pelas circunstâncias, que o Brasil havia sido o "campeão moral" do torneio. Nada disso aplacou a sensação de que a seleção brasileira, tomada pela ânsia de mimetizar a eficiência europeia a despeito das supostas características intrínsecas do futebol nacional, refletia a encruzilhada que o próprio Brasil vivia.

Os projetos grandiosos do "Brasil potência", para equiparar-se aos países ricos, resultaram em endividamento suicida e em ameaça real de ruína econômica. Estava cada vez mais claro que a via autoritária estava em profundo desgaste e tinha de ser abandonada. O modelo que prometia levar o país ao Primeiro Mundo não tinha legitimidade política.

Assim, o processo de abertura política, associado à contenção da crise econômica, foi o pilar do governo de João Figueiredo, escolhido por Geisel para sucedê-lo. Ao comentar sua indicação, Figueiredo deixou claro o rumo que seguiria o processo em sua gestão: "É para abrir mesmo, e quem não quiser que eu abra eu prendo e arrebento".[53] Em 14 de outubro de 1978, Figueiredo saiu-se vitorioso na disputa no Colégio Eleitoral contra a chapa emedebista formada pelo general Euler Bentes Monteiro e o senador Paulo Brossard – outra "anticandidatura" da oposição.

Pouco antes, em junho, o descontrole do governo federal sobre a Arena ficou evidente quando Paulo Maluf derrotou o nome do Planalto, Laudo Natel, na convenção que escolheria o candidato do partido ao governo paulista – e que levaria o cargo no Colégio Eleitoral. Ou seja: nem mesmo o "Pacote de Abril" conseguiu devolver ao governo central o controle político, que estava migrando para a oposição e para líderes governistas não

Anos 1960-1980

necessariamente alinhados a Geisel ou Figueiredo. A ditadura estava minguando por dentro – e a ânsia da retomada das liberdades democráticas começou a sacudir a apatia brasileira e a gerar movimentos civis de abertura, penetrando até mesmo no habitualmente fechado, antidemocrático e patriarcal mundo da administração do futebol.

Um dos grandes momentos desse fenômeno, como veremos a seguir, foi a Democracia Corintiana.

Notas

[1] "Bellini", em *Todas as Copas*, edição especial do jornal *Lance!*, p. 80.

[2] Thomas Skidmore, *Brasil:* de Castello a Tancredo, São Paulo, Paz e Terra, 2000, p. 169.

[3] Elio Gaspari, *A ditadura derrotada*, São Paulo, Companhia das Letras, 2003, p. 217.

[4] Emilio Garrastazu Médici, *A verdadeira paz*, Brasília, Secretaria de Imprensa da Presidência da República, 1963, p. 65.

[5] Ronaldo Costa Couto, *História indiscreta da ditadura e da abertura:* 1964-1985, Rio de Janeiro, Record, 1999, p. 117.

[6] Carlos Heitor Cony, "Médici e FHC", em *Folha de S. Paulo*, 6 mar. 2002, p. A2.

[7] "1970 Brazilian Soccer Team Voted Best Ever", em *The New York Times*, 11 jul. 2007, disponível em <http://www.nytimes.com/2007/07/11/sports/soccer/11poll.html>, acessado em 22 jan. 2009.

[8] *O Pasquim*, 11 a 17 jun. 1970, número 51, p. 11.

[9] *Última Hora*, 3 mar. 1970, p. 10.

[10] Idem.

[11] Idem, p. 11.

[12] Idem.

[13] Idem, p. 12.

[14] *Última Hora*, 18 mar. 1970, capa.

[15] *Última Hora*, 19 mar. 1970, p. 11.

[16] *Veja*, 1 abr. 1970, p. 82.

[17] *Última Hora*, 18 abr. 1970, p. 11.

[18] Idem.

[19] Idem.

[20] Idem.

[21] *Última Hora*, 19 mar. 1970, p. 10.

[22] Idem.

[23] *Última Hora*, 18 abr. 1970, p. 10.

[24] *O Estado de S. Paulo*, 5 maio 1970.

[25] *Última Hora*, 19 mar. 1970, p. 10.

[26] *O Povo*, 21 jun. 2005, disponível em <http://www.noolhar.com/opovo/especiais/tricampeonato/485882.html>, acessado em 20 dez. 2005.

[27] *Folha de S. Paulo*, 16 jul. 1995, p. 4-6.

[28] *O Estado de S. Paulo*, 1 maio 1970, contracapa.

[29] *O Estado de S. Paulo*, 24 jun. 1970, p. 18

[30] *Folha de S.Paulo*, 16 jul. 1995, p. 4-6.

[31] *Placar*, 20 mar. 1970, número 1, p. 8

[32] *Última Hora*, 20 mar. 1970, p. 2.

[33] *Última Hora*, 20 mar. 1970, p. 2.
[34] *O Estado de S. Paulo*, 1 maio 1970, p.28.
[35] Idem.
[36] *O Estado de S. Paulo*, 9 maio 1970, p. 13.
[37] Idem.
[38] *Folha de S. Paulo*, 5 jun. 1970, p. 3.
[39] *Folha de S. Paulo*, 17 jun. 1970, capa.
[40] *Veja*, 17 jun. 1970, p. 93.
[41] *O Estado de S. Paulo*, 20 jun. 1970, p. 29.
[42] *O Estado de S. Paulo*, 21 jun. 1970, p. 4.
[43] Alain Touraine, "Esporte cria relações de proximidade", em *Folha de S.Paulo*, 21 jun. 1998, p. 4-8 e p. 4-9.
[44] Carlos Fico, *Reinventando o otimismo:* ditadura, Propaganda e imaginário social no Brasil, Rio de Janeiro, Fundação Getúlio Vargas, 1997, p. 103.
[45] *O Estado de S. Paulo*, 21 jun. 1970, p. 4.
[46] *O Estado de S. Paulo*, 24 jun. 1970, p. 16.
[47] *Folha de S.Paulo*, 22 jun. 1970, capa.
[48] "Em jogo, o ritual do futebol", em *Veja*, 19 jun. 1974, p. 70.
[49] "O passeio do Carrossel", em *Todas as Copas*, edição especial do jornal *Lance!*, p. 107.
[50] UOL Especial Copa do Mundo 2006, disponível em <http://esporte.uol.com.br/copa/2006/historia/1974/>, acessado em 20 jan. 2009.
[51] "Foi um fracasso muito lógico", em *Veja*, 10 jul. 1974, p. 92.
[52] "Algo mais que a bola", em *Veja*, 7 jun. 1978, p. 70.
[53] Nadine Habert, *A década de 70:* apogeu e crise da Ditadura Militar brasileira, São Paulo, Ática, 1992, p. 66.

Anos 1980-1990

O Brasil se abre e, por um instante, sonha

O governo Figueiredo começou e terminou sob o signo de uma mastodôntica crise econômica, herança direta das opções nacional-desenvolvimentistas feitas pelo regime militar nos anos anteriores e do cenário externo. A Revolução Iraniana, em 1979, abriu caminho para um segundo "choque do petróleo", e a alta do preço do produto afetou diretamente o balanço de pagamentos do Brasil. Para financiar o déficit, era preciso recorrer a empréstimos cada vez mais caros, em virtude da alta internacional dos juros. Em 1980, com os credores externos nos calcanhares, o ministro do Planejamento, Delfim Netto – o mesmo do "milagre econômico" que agora se tornava pesadelo –, viu-se obrigado a alterar seus planos de manter o crescimento ao mesmo tempo em que tentava controlar a inflação.

Nada disso funcionou, e o Brasil entraria nos anos 1980 em meio à primeira recessão registrada em sua história. O efeito sobre a indústria de bens de consumo foi brutal, elevando de modo acentuado o desemprego. A renda do trabalhador sofreria o maior recuo desde a grande crise mundial de 1929, somando-se a isso índices galopantes de inflação: 110,2% em 1980, 95,2% em 1981 e 99,7% em 1982. Ou seja: mesmo com o consumo em queda, os preços não paravam de subir, numa espiral que já não tinha explicação somente na matemática – havia um óbvio componente de especulação.

Ainda assim, o governo militar não admitia que a crise tivesse o tamanho de sua aparência. Quando o México declarou que não tinha como pagar sua dívida externa e estava em moratória, em 1982, o Brasil jactou-se de não ser o México. Um ano mais tarde, com as torneiras de financiamento internacional totalmente fechadas, o Brasil afinal recorreu ao FMI.

Em paralelo, os ventos da abertura política eram mais que uma simples brisa. O AI-5, instrumento de radicalização da ditadura, fora revogado em 13 de outubro de 1978. Em agosto de 1979, o Congresso aprovou a Lei da Anistia, que permitiu a volta dos exilados políticos – ao mesmo tempo em que anistiou os torturadores. Enquanto isso, por outro lado, o governo decidiu agir contra o movimento sindical em São Paulo, com uma intervenção no Sindicato dos Metalúrgicos do ABC, e instituiu o pluripartidarismo – uma maneira de fragmentar a oposição, o que acabou ocorrendo. Em dezembro daquele ano, vários estudantes de Santa Catarina foram presos com base na Lei de Segurança Nacional por terem vaiado o presidente Figueiredo – o mesmo que, em 1978, em meio a uma campanha oficial para lhe fazer colar o apelido de "João do Povo", declarou que preferia o cheiro dos cavalos ao cheiro do povo.

Assim, a marcha da volta da democracia foi lenta e muitas vezes confusa, o que não impediu, de todo modo, que fosse considerada uma inominável traição pela linha dura do Exército, àquela altura isolada e temerosa de revanchismo. A reação dos radicais não tardou. Houve uma onda terrorista de direita, e o principal episódio desse momento foi a tentativa de atentado no Riocentro, um local de convenções no Rio onde se realizava um festival de música em 1º de maio de 1981, a propósito do Dia do Trabalho. O ataque falhou – a bomba explodiu no carro dos terroristas, um sargento e um capitão do Exército. Houve uma grande movimentação para encobrir a participação dos militares, e a linha dura tentou jogar a responsabilidade em grupos de esquerda que nem existiam mais. Uma farsa completa, que contou com a vista grossa do governo Figueiredo e só seria inteiramente desmascarada anos mais tarde.

Apesar dos reveses, a abertura seguiu – afinal, ao tomar posse, Figueiredo discursara: "Juro fazer deste país uma democracia" – e 1982 seria o ano em que os brasileiros poderiam eleger governadores pela primeira vez desde 1965. Novas normas casuísticas do governo, para garantir a manutenção do poder nas mãos do PDS, partido que sucedeu à Arena, foram estabelecidas. Além disso, a oposição, ao mesmo tempo em que tomava espaços, apresentava suas divergências internas – e a criação do Partido dos Trabalhadores (PT) em outubro de 1979, a partir do movimento sindical liderado por Lula, refletiu esse momento.

Enquanto o horizonte político se ampliava, embora de modo claudicante, a perspectiva econômica, como vimos, permanecia terrível. Mesmo com a brutal escassez de crédito externo para financiar sua dívida e evitar o calote, o governo resistia a um acordo com o FMI às vésperas das eleições de 1982, para não acusar o golpe e minar as chances do PDS, já que o MDB capitalizava com sucesso a crise econômica. A recessão fazia suas vítimas de modo generalizado, e a perspectiva de crescimento econômico simplesmente evaporara.

Nesse cenário, as eleições de 1982 surgiram como uma injeção de ânimo. Era a possibilidade real, em anos, de interferir nos rumos do país, mesmo com todas as limitações impostas pelas manobras casuísticas do governo. A atmosfera brasileira estava mudando, e o mundo do futebol, como máxima expressão dos desejos nacionais de afirmação, parecia refletir isso. Quis o destino que o Corinthians, clube de massa por nascimento e excelência, fosse o microcosmo desse novo clima.

O Corinthians terminara o Campeonato Brasileiro de 1981 na vergonhosa 26ª posição. Em abril do ano seguinte, como resultado direto disso, o folclórico Vicente Matheus deixara de ser presidente corintiano, após um longo reinado, que começara em 1972 e que fora marcado pelo autoritarismo. Em seu lugar, assumiu o empresário Waldemar Pires, que escolheu como diretor de futebol um sociólogo, Adílson Monteiro Alves. O resultado não tardou a aparecer. Embalados pelo momento, alguns jogadores corintianos, como Sócrates e Vladimir, propuseram um novo tipo de administração. Nela, todos teriam direito a voto – jogadores, comissão técnica e dirigentes – para tomar as decisões relativas ao time, inclusive contratações. Os jogadores casados foram liberados da concentração às vésperas dos jogos. "A gente tinha um almoço no sábado e depois ia para casa. À noite você tomava uma cervejinha, transava com a esposa e no domingo tinha outro almoço com toda a família. Todo mundo ia junto para o jogo e você entrava em campo com tesão. Quando o time fica concentrado, os jogadores querem liberdade e sabem que só vão ter depois do jogo", comentou Sócrates em 2007, quando foi lembrado o 25º aniversário do movimento.[1]

O publicitário Washington Olivetto, então um dos diretores do clube, criou o nome "Democracia Corintiana" e passou a capitalizar a ideia. O time entrava em campo com faixas alusivas à democracia, e a camisa passou a ser usada como outdoor das campanhas pela abertura política – às vésperas da eleição de novembro de 1982, os corintianos exibiram a inscrição "No dia 15, vote". Foi um marco, seguido de outras ousadias, como "Eu quero votar para presidente" e "Diretas já".

O Corinthians, assim, foi um dos pioneiros do uso da camisa como forma de veicular mensagens, inclusive publicitárias, o que era proibido até

Jogadores do Corinthians entram com faixa em defesa da democracia na final do Paulista contra o São Paulo em 1983: um time de cidadãos destemidos.

1982 pelo Conselho Nacional de Desporto (CND). O assunto era tabu. Uma pesquisa Vox Populi para a revista *Placar* em 1977 indicou que quase 70% dos torcedores ouvidos eram contra permitir a publicidade no sagrado uniforme de seu time. Desse total, 23% ameaçavam nem ir mais aos estádios se isso acontecesse. Mas o movimento na direção da liberação era inevitável, por causa da enorme crise financeira pela qual passava o país e, por tabela, os clubes.

Assim, em 1981, o então presidente da Confederação Brasileira de Vôlei, Carlos Arthur Nuzman, conseguiu levar o CND a permitir a publicidade no vôlei. Em seguida, foi a vez do atletismo. Em abril de 1982, o CND tomou a mesma decisão para o futebol. Um mês antes, o Bento Gonçalves

(RS) tornara-se o primeiro time brasileiro a estampar publicidade na camisa – de uma fábrica de móveis. O Flamengo foi o primeiro clube de expressão a aderir, com a Petrobras.

Nas finais do Campeonato Paulista de 1982, em dezembro, contra o São Paulo, o Corinthians usaria, somente nas costas, o símbolo da Bombril. Já o São Paulo veiculou a marca da fábrica de amortecedores Cofap naqueles jogos. Em 1983, a camisa corintiana, até então usada para mensagens sobre a democracia, passou definitivamente a fazer propaganda – e o primeiro contrato foi com a Cofap. Ao longo da década, todos os clubes brasileiros com alguma visibilidade fariam contratos de publicidade na camisa. Em 1987, a Coca-Cola conseguiu estampar sua marca em 12 dos 16 times que participaram da chamada "Copa União", o campeonato nacional disputado pelas principais equipes brasileiras somente naquele ano. As exceções foram o Flamengo, o Corinthians, o São Paulo e o Internacional, que mantiveram patrocínios próprios.

Mas ainda estamos em 1982, e o Corinthians fazia história com sua ousadia democrática – que, ademais, veio acompanhada de um bicampeonato paulista e de um bom desempenho no Campeonato Brasileiro. O símbolo daquele momento era Sócrates, um paraense revelado pelo Botafogo de Ribeirão Preto e que só aceitava ser negociado com algum time depois de se formar em Medicina. Isso aconteceu em 1978, e então Sócrates foi para o Corinthians, aonde já chegou deixando claro que não gostava de treinar tanto quanto gostava de tocar viola, fumar e beber cerveja com os amigos. Era a antítese do atleta. No entanto, além de ter sido um dos maiores jogadores do futebol brasileiro em todos os tempos, foi igualmente um dos pivôs populares da virada democrática que estava sendo operada no Brasil.

Com a força dessa imagem, Sócrates e sua geração ajudaram a resgatar um pouco da autoestima perdida em duas Copas medíocres depois do tricampeonato, dando um sopro de esperança de que, afinal, o futebol brasileiro poderia voltar a seus dias de encantamento, longe das fórmulas matemáticas dos esquemas táticos e dos ferrolhos defensivos. Era uma espécie de negação da doutrina militar que contaminara a mentalidade dos dirigentes da seleção brasileira desde 1970, assim como, de resto, era uma negação da tecnocracia que levara o Brasil ao desastre da dívida externa impagável e da perversa distribuição de renda.

A seleção brasileira sofreria uma transformação histórica. O time militarizado dos dez anos anteriores daria lugar a uma constelação cuja virtude maior era acreditar na capacidade dos brasileiros de fazer a diferença a partir de suas qualidades individuais, devidamente conjugadas. O maestro dessa equipe era Telê Santana, visto como o maior técnico que a seleção já teve. Ex-jogador dedicado, o mineiro Telê se tornou treinador no Fluminense em 1969, sendo logo campeão carioca. Em 1971 entrou para a história por treinar o Atlético Mineiro, primeiro time a se sagrar campeão brasileiro de acordo com o novo formato nacional do torneio. Quando estava no Palmeiras, em 1979, foi chamado para dirigir a seleção.

Pela primeira vez, a seleção teria um treinador exclusivo e em tempo integral, expressando um novo estilo de administração que resultava diretamente da transformação da CBD em CBF (Confederação Brasileira de Futebol). O primeiro presidente da CBF foi o empresário carioca Giulite Coutinho. Além de revolucionar a seleção, Coutinho procurou organizar o caótico futebol brasileiro, ao reduzir o Campeonato Brasileiro de 94 times, em 1979, para 44 em 1980. Ainda era um número inacreditável, mas indicava o desejo político de devolver o futebol a seus próprios defeitos, resgatando-o do mundo da pura manipulação política.

Para disputar a Copa de 1982, na Espanha, Telê montou um time excepcional, reunindo craques em quase todas as posições – e, claro, tinha Sócrates como capitão. Ao seu lado, atuaram Falcão e Zico, formando um meio de campo dos sonhos e reeditando a "corrente pra frente" da Copa de 1970, tamanho o otimismo dos brasileiros – devidamente capitalizado pela TV Globo, a maior emissora do país, que comprara a exclusividade dos direitos de transmissão da Copa. As ruas se pintaram de verde-amarelo, e havia concursos para quem fizesse a mais bonita decoração alusiva ao Mundial. Pouco antes da Copa, em 1981, o Flamengo montaria um time que encantaria o Brasil, com Zico à frente, e que seria o primeiro clube brasileiro campeão do mundo desde o Santos de Pelé, vinte anos antes. Não eram sinais desprezíveis – o futebol brasileiro parecia se reencontrar com seus mitos mais caros.

A seleção de Telê possuía ainda, entre outros, craques como os laterais Júnior e Leandro, do Flamengo, e o meia Toninho Cerezo e o atacante Éder, do Atlético Mineiro. Ademais, o time fizera excelentes jogos preparatórios, chegando a ganhar da Inglaterra em pleno estádio Wembley (1 a 0), em maio de 1981, com gol de Zico. Na mesma excursão, o time derrotou a França, em Paris, por 3 a 1, e a Alemanha, em Stuttgart por 2 a 1, jogo em que o goleiro Waldir Peres assegurou a condição de titular ao defender dois pênaltis. Outra vitória marcante naquele ano foi de novo sobre a Alemanha, por 4 a 1, em um torneio jogado no Uruguai, em janeiro. Ou seja, o time que foi à Espanha disputar a Copa era considerado praticamente imbatível. Com Telê, a seleção disputou 31 partidas: venceu 23, empatou 6 e perdeu apenas 2. Foram 75 gols a favor e 19 contra, num desempenho impressionante – as tradicionais bolsas de apostas em Londres davam o Brasil como barbada.

O Brasil estreou na Copa em 14 de junho, contra a União Soviética, que tinha um bom goleiro, Dassaev, e um atacante perigoso, Blokhin, além de sua tradição defensiva. E os soviéticos saíram na frente, graças a uma falha do goleiro Waldir Peres, que não segurou um chute de longe. O primeiro tempo terminou com o placar adverso, e o que era certeza virou dúvida: aquele time sensacional era capaz de ser também competitivo? No segundo tempo, com muita dificuldade, o Brasil viraria o jogo – o gol da vitória, de Éder, só sairia aos 43 minutos – e deixaria o campo com a sensação de que, mesmo enfrentando duros adversários, ganharia sempre.

Nos dois jogos seguintes da fase de classificação, a seleção confirmaria seu favoritismo, ao golear Escócia (4 a 1) e Nova Zelândia (4 a 0). O encantamento com o time atingiria o auge contra a Argentina, na primeira partida da segunda fase. Campeões do mundo, os argentinos, reforçados com o jovem Maradona e vários outros bons jogadores, como o goleiro

Fillol, o capitão Passarela e o meia Ardiles, haviam feito uma campanha apenas razoável na primeira fase, perdendo na estreia para a Bélgica (1 a 0). Além disso, a Argentina vinha da ressaca da derrota para a Inglaterra na Guerra das Malvinas, que convulsionou o país e apressou a queda do regime militar em plena Copa do Mundo. Mas ainda era o mais tradicional e temido adversário do Brasil – portanto, para os brasileiros, a sensação era que, se a seleção derrotasse a Argentina, o tetracampeonato estaria garantido. Em 2 de julho, o Brasil jogou uma partida perfeita e fez 3 a 1 nos argentinos – num jogo marcado pela expulsão de Maradona, por dar um chute no meia Batista.

O adversário seguinte seria a Itália, que havia feito uma campanha muito ruim na primeira fase. Empatara com Polônia (0 a 0), com Peru (1 a 1) e com o surpreendente Camarões (1 a 1), que se tornou o primeiro país africano ao conseguir a façanha de atravessar uma Copa sem perder um único jogo. Camarões deixou escapar a vaga para a Itália por ter feito um gol a menos.

Na segunda fase, a Itália conseguira vencer seu primeiro jogo na Copa, contra a Argentina (2 a 1), mas o placar magro deu ao Brasil a chance de jogar contra os italianos pelo empate para ir à semifinal, por causa do melhor saldo de gols. Ou seja: tudo parecia conspirar para uma classificação tranquila do Brasil. Na ocasião, o próprio técnico italiano, Enzo Bearzot, não sem um pouco de malandragem, jogou o favoritismo para o lado brasileiro, dizendo-se "encantado" com os jogadores da seleção após o jogo contra a Argentina.[2] "Deixando-os soltos no campo, eles se tornam irresistíveis." Mas Bearzot acrescentou: "Não vamos cometer o mesmo erro".[3]

Veio então o dia 5 de julho de 1982, que ficará na memória do Brasil tanto quanto o 16 de julho de 1950, quando os deuses do futebol resolveram lembrar aos confiantes brasileiros que a beleza desse esporte está justamente no imponderável. No estádio Sarriá, em Barcelona, logo aos 5 minutos de jogo, o centroavante italiano Paolo Rossi, que até então não havia feito gols na Copa, abriu o placar. Rossi era o símbolo da capacidade da "Azzurra" de renascer das cinzas: o jogador que brilharia na fase

211

decisiva da Copa de 1982 fora suspenso em 1980 por três anos, por ter participado de um escândalo de manipulação de resultados numa loteria esportiva clandestina italiana – ao todo, 36 jogadores e 4 presidentes de clubes foram presos, sacudindo a Itália às vésperas da Copa. A pena de Rossi foi aliviada (terminou em abril de 1982) e ele pôde entrar em campo, mas é possível imaginar que o clima na seleção não fosse dos melhores. Ainda assim, o gol de Rossi deveria mostrar que a Itália, a despeito de seus inúmeros problemas, ainda era a Itália – bicampeã do mundo e com tradicional força no futebol.

O gol de Rossi, contudo, não tirou a confiança da seleção brasileira. Logo aos 12 minutos, Sócrates empataria o jogo. Pouco mais de 10 minutos mais tarde, porém, ocorreria o lance que marcaria a carreira do meia Toninho Cerezo e a trajetória da seleção naquele torneio. Ele errou um passe na intermediária brasileira, com a defesa desatenta, e Paolo Rossi tirou proveito para fazer 2 a 1. Cerezo era um jogador acima da média, que ainda faria longa e vitoriosa carreira, mas seu erro passou à história do mesmo modo que as falhas de Barbosa e Bigode na final contra o Uruguai na Copa de 1950 e tornou-se o símbolo do que viria a ser conhecido como "Tragédia do Sarriá".

O Brasil voltaria a empatar o jogo com um gol de Falcão, aos 23 minutos do segundo tempo – auxiliado por Cerezo, que inteligentemente atraiu a marcação da defesa italiana, abrindo espaço para o companheiro chutar a gol. A partir desse momento, bastava ao Brasil segurar o jogo, retrancar-se e aguentar a pressão italiana para ir à decisão da Copa. Ou seja: bastava ao Brasil renunciar a seu "futebol-arte", tão decantado quando aquela seleção entrava em campo. O estádio Sarriá nem existe mais – foi demolido em 1997 para pagar dívidas de seu dono, o Espanyol –, mas a polêmica resiste ao tempo: e se Telê tivesse abdicado do ataque?

Aos 30 minutos do segundo tempo, Paolo Rossi faria o terceiro gol, depois de uma falha coletiva da defesa brasileira. O Brasil ainda perderia a chance de marcar o gol de empate no final do jogo, num cabeceio do zagueiro Oscar defendido pelo experiente goleiro Zoff em cima da linha –

mais tarde, Zoff diria que aquela tinha sido a defesa mais importante de sua longa carreira.

Encerrada a participação do Brasil na Copa, Telê jogou a toalha – após dois anos e meio à frente da seleção, o time havia perdido somente três vezes, mas duas dessas derrotas haviam sido decisivas: antes do desastre de 1982, o Brasil perdera a final do Mundialito do Uruguai para os donos da casa, em 1981. A "era Telê" na seleção chegaria ao fim com a marca de um futebol de encher os olhos, mas derrotado. Para piorar, o Brasil deu chance para que a Itália se tornasse também tricampeã, derrotando a Alemanha por 3 a 1 na final. Já não éramos mais soberanos no futebol mundial.

O símbolo dessa nova fase deprimente talvez tenha sido o roubo da taça Jules Rimet, em dezembro de 1983. O troféu, símbolo maior das conquistas do Brasil no futebol, era guardado sem maiores cuidados na sede da CBF, no Rio, e acabou levado por uma quadrilha liderada por um ex-assessor administrativo da confederação. Derretida pelos ladrões, a taça virou alguns milhões de cruzeiros em lingotes de ouro, embora seu valor sentimental fosse inestimável. No mesmo ano, em janeiro, morria Garrincha, o "Anjo das Pernas Tortas", o homem que incorporou a "alegria do povo". Uma crise hepática o matou aos 49 anos.

A derrota na Espanha em 1982 pareceu acordar os brasileiros para a realidade de um país em transição, em profunda crise, tanto econômica quanto de identidade. A abertura democrática, ainda que tímida e claudicante, aparentemente foi um lampejo de ânimo naquele momento, apontando para possibilidades de mudança que superassem a sensação de inviabilidade do país. Em novembro, o país faria sua primeira eleição direta para governadores de Estado desde 1965, ao mesmo tempo em que renovaria todos os níveis do Legislativo. A resposta do eleitorado foi impressionante: 45 milhões de pessoas foram às urnas, o maior contingente em toda a história latino-americana até então. Num autêntico plebiscito do governo militar, a oposição obteve 59% dos votos, mas, graças às manobras casuísticas do regime, não conseguiu fazer a maioria no Congresso nem no Colégio Eleitoral que escolheria o sucessor de

Figueiredo. No entanto, o voto popular havia dado à oposição a oportunidade de impedir que o governo aprovasse qualquer projeto legislativo, desde que votasse em bloco. Além disso, foram eleitos candidatos opositores em nove estados, entre os quais os três principais: São Paulo, com Franco Montoro; Rio de Janeiro, com Leonel Brizola; e Minas Gerais, com Tancredo Neves.

O quadro econômico, porém, impediu que os governos estaduais de oposição pudessem superar os problemas e promover as mudanças sem depender diretamente do governo federal. Um momento-chave dessa crise foi uma manifestação de desempregados em São Paulo em 4 de abril de 1983, que degenerou em saques e depredações; alguns foram ao Palácio Bandeirantes, sede do governo paulista, e derrubaram a grade do prédio, sob o olhar assustado de Montoro. Com as imagens daquele episódio, no frigir dos ovos, havia dúvida sobre se o país estava pronto para completar sua transição rumo à democracia, ou se um regime autoritário ainda era necessário para conduzir a economia e superar a turbulência. A crise de identidade brasileira, como se vê, não era exclusividade do futebol.

O governo Figueiredo assinou um acordo com o Fundo Monetário Internacional em janeiro de 1983, com uma série de metas que o Brasil teria de cumprir para receber empréstimos e não seguir o exemplo do México, que decretara a moratória de sua dívida externa no ano anterior. A despeito da saraivada de críticas da oposição nacionalista, que exigia a moratória, as alternativas para o financiamento das contas brasileiras eram escassas, uma vez que a oferta de crédito externo foi simplesmente nula ao longo dos anos 1980.

Enquanto isso, o PIB brasileiro recuou 5% em 1983, um tombo espetacular e inédito na história nacional. A renda *per capita* do Brasil caiu 7,3%. A capacidade ociosa da indústria nacional – isto é, a diferença entre o que é produzido e o que poderia ser produzido – chegava a 50%. O desemprego subiu 15%, comparado a 1978. Finalmente, a inflação em 1983 chegou a espantosos 211% ao ano, e os salários perdiam seu valor cinco vezes mais rápido do que em 1978.

Em pouco tempo, a crise consumiu todo o ganho da economia brasileira nos anos do "milagre". Com isso, somando-se à perda progressiva de prestígio e apoio popular, os militares começam a falar em "voltar aos quartéis" – entre outros motivos porque o próprio Exército se via sucateado em razão da precariedade econômica do país, e era preciso que os generais se concentrassem em recuperar a instituição. A imagem dos militares estava desgastada porque, afinal, sua legitimidade se baseava na suposta capacidade de fazer a economia crescer.

Os resultados eleitorais de 1982 foram a prova disso. Assim, a oposição, sentindo que havia chegado o momento de acelerar a transição, decidiu atacar o último bastião absoluto do poder dos militares, isto é, a eleição indireta para presidente. Em março de 1983, um deputado mato-grossense do Partido do Movimento Democrático Brasileiro (PMDB), Dante de Oliveira, apresentou uma emenda constitucional que marcava eleições diretas para a sucessão de Figueiredo, em 1985. No mês seguinte, líderes da Igreja Católica anunciaram seu apoio à ideia. Logo depois, o PMDB, percebendo o potencial do movimento, lançou uma campanha nacional, cujos principais líderes foram Teotônio Vilela e Ulysses Guimarães.

Vilela era um senador alagoano que trocara o PDS governista pelo PMDB e se tornara a voz mais combativa dos desmandos do governo militar. Morreu justamente quando a campanha chegou às ruas, em novembro de 1983, tornando-se uma espécie de "mártir" cívico. Ulysses, por sua vez, era um deputado paulista que, depois de ter simpatizado com o golpe de 1964, mudou de lado e aproveitou o pouco espaço disponível no regime militar para criticá-lo e expor suas contradições – como quando se apresentou como "anticandidato" à presidência, em 1973, apenas para denunciar os vícios da "democracia" dos quartéis. Ele acabaria sendo o grande maestro político da transição.

A campanha das Diretas Já ganhou impulso irresistível em todo o país e se tornaria o maior movimento cívico da história republicana até então. Superou de longe os muros da política de Brasília para envolver a sociedade civil – jornais, como a *Folha de S. Paulo*, assumiram a campanha; foram criados camisetas, adesivos e *slogans* alusivos ao momento; artistas, como Chico Buarque e Elba Ramalho, animavam os comícios que reuniam milhares de pessoas e que sempre terminavam com o Hino Nacional – cantado por Fafá de Belém num arranjo nada marcial. Ou seja, ninguém podia dizer que o movimento não era patriótico, a despeito das bandeiras vermelhas.

Havia forte identificação daquele movimento com o mundo do futebol, esporte democrático de massa por definição. Um dos personagens mais vinculados à campanha, como vimos, era Sócrates, o líder da Democracia Corintiana e um dos símbolos do "futebol-arte" do Brasil, contraponto completo à tecnocracia e à politicagem de cartolas e parlamentares. E o principal animador dos comícios era Osmar Santos, um dos maiores e mais criativos locutores de futebol do país. Osmar perguntava à multidão: "Diretas quando, gente?", e vinha a resposta: "Já!".

No dia da votação da emenda, em 25 de abril de 1984, Figueiredo decretou estado de emergência em Brasília, diante da possibilidade de protestos para pressionar o Congresso. O general Newton Cruz, ex-chefe do SNI e notório representante da linha dura, montou num cavalo branco e, com um chicote, tentou intimidar manifestantes que promoviam um "buzinaço". Essa truculência, diante da mobilização popular, parecia já coisa de um passado remoto.

Ainda assim, o Congresso não era totalmente permeável aos desejos dos brasileiros, por se tratar, obviamente, de uma instituição distorcida pelos casuísmos e pelas pressões do regime militar. Desse modo, a votação derrubou a emenda das Diretas Já, apoiada por 80% da população, segundo pesquisas da época. O texto obteve 298 votos a favor – precisava de 320 para ser aprovado. Foi um resultado expressivo, sobretudo porque mostrou definitivamente que o PDS estava rachado – dos deputados governistas, 55 votaram a favor das eleições diretas, a despeito da orientação de sua liderança e do constrangimento do Planalto. Essa matemática política ajudou a reduzir um pouco o clima de enorme frustração que se seguiu à rejeição da emenda. Nas galerias da Câmara, manifestantes já gritavam, premonitórios: "O povo não esquece, acabou o PDS".

Em razão dessa provável dissidência, e paralelamente à votação da emenda, os governistas já articulavam a sucessão de Figueiredo, indicando uma disputa inédita pela indicação do candidato do PDS no Colégio Eleitoral – que obviamente era controlado pelo governo. Apresentaram-se como postulantes o vice-presidente Aureliano Chaves, o ministro do Interior, Mário Andreazza, e o deputado federal Paulo Maluf – cuja força dentro do PDS contra os interesses do Planalto já havia sido provada em 1978, quando derrotou Laudo Natel, candidato de Geisel, na convenção que escolheu o governador biônico de São Paulo.

Entrementes, a figura de Tancredo Neves surgia como aglutinadora de forças de ambos os lados do espectro político. Tancredo construiu uma carreira parlamentar notável por sua disposição de negociar, e mesmo estando na oposição era visto como um moderado pelo regime. Logo após a derrota da emenda das eleições diretas, governadores do PDS, em razão do temor de uma desestabilização política, indicaram que Tancredo era o nome capaz de gerar entendimento entre a oposição e setores do governo que àquela altura enxergavam no continuísmo um risco imenso para a governabilidade.

Em agosto de 1984, graças a uma intensa campanha fisiológica, na qual prometeu cargos e outras vantagens aos convencionais do PDS, Maluf conseguiu sair candidato do partido. Foi a pá de cal na legenda do governo. Aureliano Chaves, que retirara sua candidatura um mês antes, costurava uma frente política para abrigar a dissidência do PDS. Surgia a Frente Liberal, que mais tarde geraria o Partido da Frente Liberal (PFL), que buscou acordo com o PMDB para lançar uma chapa à presidência no Colégio Eleitoral, sob o nome de Aliança Democrática. Essa aliança indicou Tancredo como candidato a presidente e José Sarney como vice. Sarney era essencialmente um representante da velha ordem – havia sido da UDN, fora governador do Maranhão e, como senador, era a principal liderança da Arena e depois do PDS. Embora tivesse sido um ardente defensor do regime militar, era visto como um político hábil e equilibrado o bastante para agregar peso à Aliança Democrática.

Tancredo, de 74 anos, não precisava fazer campanha pública, já que a eleição era indireta, mas ele fazia comícios, e sua imagem de "avô" não saía da TV e da imprensa em geral. Com sua experiência e delicadeza, acabou sendo depositário da esperança do eleitor brasileiro derrotado no Congresso quando a emenda de Dante de Oliveira foi arquivada. O Colégio Eleitoral, assim, tornou-se uma espécie de "eleição direta" – afinal, havia um candidato com forte apoio popular, como nunca houve na trajetória do regime militar. Ademais, o presidente Figueiredo percebeu o momento e optou pela neutralidade, o que se mostrou decisivo.

Houve articulações para um novo golpe militar, mas Tancredo havia assegurado aos generais que não seria restabelecido o clima pré-1964, que era de tumulto e confronto. Assim, em 15 de janeiro de 1985, o Colégio Eleitoral optou pelo óbvio: Tancredo foi eleito com larga margem – 480 votos contra 180 para Maluf. Do próprio PDS, Tancredo obteve 166 votos, um assombro, considerando-se que 174 pedessistas votaram em Maluf.

O regime militar morreu sem sinais de convulsão. Nascia a chamada "Nova República", sob enorme júbilo popular. Em Brasília, em meio à festa de milhares de pessoas, e sob forte chuva, uma multidão desfraldou uma bandeira brasileira de 250 metros e a usou como proteção. Nada mais simbólico. Em várias outras capitais, houve celebração intensa, "como antes só se vira em Copas do Mundo", conforme relato de Clóvis Rossi na *Folha de S.Paulo*.[4]

Em seu discurso após a vitória, Tancredo deu o tom: "Venho em nome da conciliação".[5] Estava claro que não haveria ruptura, porque o momento exigia união nacional para superar a crise econômica e pavimentar o caminho para a completa democratização do país. Não haveria revanchismo, porque o Brasil não podia, em suas palavras, "permanecer dividido dentro de suas fronteiras". Afinal, "no serviço da pátria há lugar para todos". E então veio o apelo histórico: "Não vamos nos dispersar. Vamos nos manter unidos como nas praças públicas, com a mesma emoção, a mesma dignidade e a mesma emoção". Ou seja: não bastava ter conseguido mudar o regime; era necessário construir outro, que não fosse meramente uma "conciliação entre elites" para a "manutenção dos privilégios". Era disso que falava Lula, fundador de um PT disposto a fazer oposição cerrada ao novo governo, ao declarar, na semana da vitória de Tancredo, a respeito da tal "mudança" prometida pelo vencedor: "Mudou como, se homens como Aureliano Chaves e José Sarney continuam no poder?".[6] Foi uma frase premonitória.

Tancredo estava doente. Mesmo assim, escondeu o problema e partiu para uma maratona de compromissos políticos e diplomáticos. Em 25 de janeiro, embarcou para um giro no exterior, de 16 dias, com o objetivo de mostrar a nova imagem brasileira. Encontrou-se com o presidente dos EUA, Ronald Reagan, viu o papa João Paulo II, conversou com o presidente francês, François Mitterrand, e jantou com os reis da Espanha. Não era o presidente eleito. Era o presidente de fato. Mas as dores de uma infecção intestinal afinal o derrubaram às vésperas da posse, marcada para 15 de março. "Me levem até a posse, depois façam de mim o que quiserem", disse Tancredo aos médicos, com receio de que a linha dura do Exército persuadisse Figueiredo a não passar a faixa a Sarney.[7]

O apelo de Tancredo não foi ouvido, graças às dores insuportáveis. Ele foi internado e operado no dia 14 de março, no Hospital de Base de Brasília, sem assumir o cargo de presidente. A normalidade constitucional foi mantida e, em seu lugar, no dia seguinte, jurou José Sarney como presidente interino – Figueiredo recusara-se a participar da cerimônia, por considerar Sarney um traidor; saiu por uma porta lateral do Planalto e pediu ao país: "Me esqueçam".

Seguiram-se 38 dias de intensa agonia nacional. Tancredo passou por diversas cirurgias, foi transferido para o Instituto do Coração, em São Paulo, e produziram-se muitas informações desencontradas e mentirosas a respeito da saúde do presidente eleito. O estado de Tancredo catalisou as emoções de todo o país, que esperava ansiosamente cada boletim médico, cada linha das reportagens de bastidores da doença que, inacreditavelmente, transformava o sonho da legitimidade política rumo à democracia plena em pesadelo da instabilidade institucional e da oportunidade perdida.

O futebol explica o Brasil

A morte de Tancredo foi anunciada na noite de 21 de abril, dia de Tiradentes, mártir da Independência. Multidões acompanharam aquele que simbolizava a mudança e que agora jazia num caixão, dando a dimensão da responsabilidade política daqueles que estavam vivos. Foi o maior funeral da história brasileira, maior que o de Getúlio.

Sarney foi empossado como presidente no mesmo 21 de abril. No mês seguinte, foram aprovadas eleições diretas para presidente, o direito de voto dos analfabetos e a legalização dos partidos políticos clandestinos, como o PCB e o PCdoB – que haviam minguado em razão do fortalecimento do PT, que se tornaria a grande força de oposição. A Assembleia Nacional Constituinte fora convocada e seria formada por parlamentares eleitos em novembro de 1986. Ou seja: a despeito da morte de Tancredo – ou por causa dela –, foram mantidos o calendário e as aspirações de mudança prometidas quando o político mineiro fora eleito presidente.

A montanha-russa política e institucional brasileira parecia ter, afinal, chegado a uma solução de compromisso – depois da morte de Tancredo, a sociedade brasileira aceitava a transição oferecida por forças não inteiramente identificadas com a abertura democrática, desde que o sonho do restabelecimento das liberdades civis fosse afinal materializado.

Com o futebol ocorria semelhante fenômeno – isto é, o país queria reencontrar seu encanto para a disputa da Copa de 1986, mas sabia que as condições para isso haviam mudado dramaticamente. Alguns jogadores "selecionáveis" haviam migrado para o exterior – um deles, Sócrates, fora para a Fiorentina (Itália) porque prometera sair do país se a emenda das Diretas Já fosse derrotada. A maioria, contudo, foi embora porque a penúria dos clubes brasileiros era imensa, e a abertura da Europa e de outras regiões do mundo para os jogadores, como já vimos, era sedutora demais para ser desprezada. O próprio Telê Santana, que viria a ser novamente técnico da seleção, estava na Arábia Saudita. Ou seja: o futebol brasileiro poderia até reencontrar seu "verdadeiro" perfil, mas teria de se submeter a vetores cujo controle era cada vez menos nacional.

220

Telê, que havia deixado a seleção logo após a tragédia de 1982, fora reconduzido ao cargo por enorme pressão popular – um reflexo da força das ruas na tomada de decisões do país, ao menos na aparência. A intenção era reviver a magia daquela seleção, uma unanimidade nacional, mas agora com a experiência de quem sabia que não bastava dar espetáculo para ganhar uma Copa. Assim, Telê quis aproveitar a base dos craques de 1982, quatro anos mais velha, mesclando-a com algumas revelações. Em 1985, com o quadro econômico brasileiro apresentando ligeira melhora, vários dos "estrangeiros" voltaram ao Brasil – Sócrates foi para o Flamengo, assim como Zico, que estava na Udinese, e Falcão integrou-se ao São Paulo. Mas Falcão e Sócrates estavam fora de forma, e Zico havia sofrido séria contusão em agosto de 1985, que o fez passar por uma cirurgia e o ameaçou tirar da Copa. Além disso, Renato Gaúcho, a jovem estrela do Grêmio que havia sido campeão do mundo de clubes em 1983, era indisciplinado e acabou cortado da seleção. O ponta esquerda Éder foi dispensado depois de ter sido expulso num jogo contra o Peru. Outros veteranos, como Toninho Cerezo e Dirceu, não tiveram melhor sorte.

Desse modo, Telê montou um time que, embora não fosse fraco, tinha contra si a indefinição de seu perfil. Dos titulares que encerraram a campanha das eliminatórias, em junho de 1985, apenas sete entraram em campo contra a Espanha na estreia da Copa do México, um ano mais tarde. Ficou claro que Telê teria de montar o time conforme a resposta em campo, sobretudo porque começava a surgir uma geração de novos jogadores – Alemão, Casagrande, Müller, Júlio César, Josimar e Branco – cujo comportamento sob a pressão de um Mundial ainda era uma incógnita. Mas o centroavante Careca – que Telê queria como titular em 1982, mas machucara-se antes da Copa – estava em plena forma e foi o condutor daquela seleção, facilitando o trabalho do técnico.

Na Copa do México, o Brasil classificou-se com relativa facilidade na primeira fase, passando pela Espanha (1 a 0), Argélia (1 a 0) e Irlanda do Norte (3 a 0). O bom futebol só apareceu no terceiro jogo, mas os jogadores brasileiros, dessa vez, não pareciam se importar com isso – afinal, eles queriam ser vistos como competitivos, e não como artistas: "Na Espanha, demos espetáculo e não conseguimos o título. Agora estamos jogando de forma menos espetacular e estamos vencendo", explicou Sócrates.[8] O futebol brasileiro realmente mudara, mesmo sob a batuta de Telê, o mestre dos times do jogo bonito.

Nas oitavas de final, novamente o Brasil atuou de modo convincente e fez 4 a 0 contra a Polônia. Parecia que, afinal, Telê encontrara o time perfeito para ganhar a Copa. Além disso, o técnico testava Zico aos poucos – recuperado de contusão, mas sob imensa apreensão nacional, ele entrou em campo aos 25 minutos do segundo tempo contra a Irlanda e no mesmo período do jogo contra a Polônia. Eram jogos fáceis, e o grande craque brasileiro pôde ser colocado à prova.

Em 16 de junho, contra a França, nas quartas de final, Zico começou no banco novamente. O Brasil saiu na frente, com um gol de Careca aos 18 minutos do primeiro tempo, depois de uma trama espetacular do ataque, e parecia que a seleção voltaria a vencer sem dificuldades – a França, embora tivesse um craque indiscutível como Platini entre seus jogadores, era uma equipe sem tradição, mesmo tendo desclassificado a Itália, campeã do mundo. Mas o jogo foi eletrizante. Platini empatou ainda no primeiro tempo, aos 41 minutos, num lance fortuito – a bola sobrou para ele após desviar na zaga brasileira. Era o primeiro gol sofrido pela seleção na Copa.

Então veio a segunda etapa, e o Brasil foi para cima dos franceses. Como nos outros jogos, Telê apostou que Zico poderia fazer a diferença em meio a jogadores adversários cansados, e o craque do Flamengo entrou aos 25 minutos. A estratégia pareceu funcionar. Logo depois, foi dele o passe para que Branco penetrasse na área e fosse derrubado pelo goleiro Bats. Pênalti. Sócrates deveria bater, por ser o cobrador oficial da seleção, mas ele pediu que Zico o fizesse – provavelmente para premiar o esforço do jogador em sua recuperação da grave contusão que sofrera para participar de sua terceira Copa. Zico bateu e Bats defendeu, agregando ainda mais drama à carreira desse notável jogador e à trajetória de uma seleção que, desde 1982, parecia ser punida toda vez que resolvia dar espetáculo.

Veio então a decisão por pênaltis. Por ironia, Sócrates, o "cobrador oficial", perdeu o primeiro, enquanto Zico marcou o dele. Platini, o craque francês, também desperdiçou sua cobrança, como a provar que o dia era dos imprevistos. O zagueiro Júlio Cesar, afinal, perdeu outro pênalti, e a França eliminou o Brasil, que novamente deixava uma Copa do Mundo invicto, como em 1978. Zico chorava no meio do campo. Depois, declararia que sua geração não nascera para ser campeã do mundo.[9]

De fato, a sequência de derrotas daquela geração de brasileiros não era pequena. Perdeu para a Itália na Copa de 1982; depois, perdeu a taça Jules Rimet, derretida por ladrões; em seguida, perderia a emenda das Diretas Já e o presidente Tancredo Neves; finalmente, perdeu para a França na Copa de 1986, encerrando um ciclo que misturava orgulho com decepção em doses cavalares. Tudo isso, somado à violenta crise econômica, deu a impressão da impossibilidade de uma revolução, restando esperar que os donos do destino tomassem suas decisões. Era um país à mercê de seus próprios fantasmas e rendido às evidências de que talvez a democracia e a beleza do futebol fossem concessões de sua própria imaginação.

A Copa de 1990 seria a terrível prova disso.

Notas

[1] "Democracia Corintiana completa 25 anos", disponível em <http://globoesporte.globo.com/ESP/Noticia/Arquivo/0,,AA1493890-4402,00.html>, acessado em 18 fev. 2009.
[2] Antonio Carlos Napoleão e Roberto Assaf, *Seleção brasileira: 1914-2006*, 2.ed., Rio de Janeiro, Mauad, 2006, p. 77.
[3] "A dura lição do Brasil na velha rival", em *Veja*, São Paulo, edição 722, 7 jul. 1982, p. 50.
[4] "Eleição de Tancredo encerra ciclo militar", em *Folha de S. Paulo*, 16 jan. 1985, s/p.
[5] Tancredo Neves, "Discurso de Tancredo Neves – 1985", disponível em <http://variasvariaveis.sites.uol.com.br/tancredo.html>, acesso em 30 de março de 2009.
[6] "A oposição chegou lá", em *Veja*, São Paulo, edição 855, 23 jan. 1985, p. 29.
[7] Ronaldo Costa Couto, *Memória viva do regime militar: 1964-1985*, Rio de Janeiro, Record, 1999, p. 302.
[8] "Uma semana de alegria dupla", em *Veja*, São Paulo, edição 927, 11 jun. 1986, p. 62.
[9] "Futebol sem brilho", em *Todas as Copas*, edição especial do jornal *Lance!*, 1994, p. 144.

Anos 1990-2000

O Brasil é tetra, é penta e se descobre

A frustração brasileira com a derrota no México se somou ao caos econômico. O ano de 1986, em que a Assembleia Constituinte foi eleita, começou com uma inflação de 17,6% logo em janeiro. O espectro da hiperinflação rondava o país, porque as políticas recessivas simplesmente eram inúteis para contê-la – a inflação era embutida automaticamente nos preços futuros, que, portanto, variavam não mais pelas leis de oferta e procura, mas pela indexação. Com base nessa conclusão, o governo Sarney optou pelo choque: o Plano Cruzado.

Em fevereiro, Sarney anunciou a criação de uma "moeda forte", o cruzado, em substituição ao cruzeiro. Além disso, os preços foram congelados e os salários, reajustados e vinculados a um "gatilho" (aumento automático) toda vez que a inflação chegasse a 20%. As medidas tiveram o efeito imediato de recompor o poder de compra do dinheiro, e houve uma entusiasmada corrida ao consumo. Como os preços não podiam subir, apesar da demanda, a indústria reduziu sua produção e o varejo estocou produtos, cobrando um valor extra, o chamado ágio, para vender. Começou a haver escassez principalmente de produtos que estavam na entressafra, como carne, tabelados por um valor muito abaixo do mercado. Surgiram os "fiscais do Sarney", iniciativa popular em que consumidores denunciavam supermercados que estavam cobrando ágio. Várias lojas foram depredadas por reajustar preços.

O plano deveria ter sido rapidamente corrigido em razão de suas óbvias distorções, e já "fazia água" quatro meses depois de implantado, mas 1986 era ano de eleições, e o governo não queria correr riscos. Assim, em novembro, o PMDB conquistou nada menos que 22 dos 23 cargos de governador em disputa no país. Fez ainda 260 dos 487 deputados constituintes e, na renovação do Senado, obteve 38 das 49 vagas. Sarney chegou a ter mais de 70% de popularidade. O partido vivia seu auge, tendo o presidente da República e o controle absoluto do Legislativo, mas também começava a apresentar os sinais de atrofia pelo próprio gigantismo, por abrigar tendências díspares e com interesses variados e muitas vezes conflitantes, ainda como resquício da formação da legenda no regime militar.

Logo depois das eleições, em janeiro de 1987, Sarney decretou a moratória do pagamento de juros da dívida externa brasileira, em razão da acelerada deterioração das reservas cambiais. Era afinal o reconhecimento da falência econômica do país, adiada desde os estertores do governo militar – Figueiredo também suspendera o pagamento em 1982, mas não falou em "patriotismo" como Sarney. Era uma medida técnica travestida de "soberania nacional", bem ao gosto do nacionalismo peemedebista, às voltas com acusações de corrupção e fisiologismo. Sarney tentava salvar sua biografia, ao menos diante de seus correligionários mais barulhentos. Mas a inflação superou os 360% anuais, e foram necessários novos e inúteis planos econômicos. Ao final do governo, no ano eleitoral de 1989, os preços subiam em média 2% ao dia, e a rejeição popular a Sarney superava 60%. Um ano antes, o Congresso enfim entregou a nova Constituição, que restabeleceu plenamente os direitos individuais, mas falhou no desmonte do monstro estatal alimentado ao longo das duas décadas anteriores. Era uma Constituição permeável a todo tipo de pressão social e, por essa razão, feita para durar pouco, deixando pendentes reformas estruturais que deveriam ser feitas nos anos seguintes. Era, portanto, reflexo direto da crise conjuntural do país.

A esperança estava depositada na eleição presidencial, a primeira direta desde 1960. A crise econômica e a corrupção tornaram o governo o alvo preferencial. Os partidos de oposição, principalmente os de esquerda, como o PT de Lula e o PDT de Brizola, apareciam como ameaça concreta. Em 1988, o PT havia ganhado a prefeitura de São Paulo, com Luiza Erundina, numa eleição surpreendente, e desse modo surgia como alternativa viável de poder, apesar da radicalização de seu discurso à esquerda. Assim, vários integrantes do PMDB migraram para o novo Partido da Reconstrução Nacional (PRN), que lançaria a candidatura do jovem e impetuoso governador de Alagoas, Fernando Collor de Mello. Collor adotou como bandeira a limpeza da administração pública, dizendo ser "caçador de marajás", em referência ao apelido que ganharam funcionários públicos muito bem remunerados na gestão Sarney. Irritado, o presidente mandou o SNI fazer um dossiê sobre Collor, com resultado nada lisonjeiro: "Um Al Capone moderno e um discípulo bem acabado de Goebbels".[1]

O ano da eleição viu o Muro de Berlim cair, pondo fim à Guerra Fria, isto é, à polarização entre o mundo capitalista e o mundo comunista. Collor também se aproveitou disso, explorando a sensibilidade do eleitorado de classe média em relação aos "riscos" embutidos nas candidaturas de esquerda. Collor era a "modernidade", como eram modernos os *yuppies*", executivos de Wall Street que eram o símbolo da economia desregulamentada, o mantra dos anos 1990. Sua plataforma indicava a intenção de abrir o país ao capital externo, acabando com excrescências como a reserva de mercado para o setor de informática; indicava também a reforma administrativa, com o objetivo de enxugar a máquina do Estado. Era a chamada "cartilha neoliberal", embora Collor fizesse questão de dizer que sua candidatura não era de direita. Com esse verniz, a classe empresarial e parte da imprensa, que antes mal conheciam Collor e, em muitos casos, o desprezavam, embarcaram alegremente na sua candidatura, logo catapultada à condição de favorita absoluta.

Havia outros 23 concorrentes ao cargo de presidente. Quem se revelaria o adversário mais forte de Collor seria Lula, o líder sindical que fez do PT o maior partido de oposição do Brasil depois do fim da Ditadura Militar. Com a bandeira da ética absoluta – o PT orgulhava-se de não ter ninguém suspeito de corrupção – e com uma estrutura única entre os partidos brasileiros, por tomar as decisões por consenso entre as diversas alas, a legenda de Lula era um autêntico exército de militantes não remunerados que tomava as ruas para alavancar sua campanha. Ele conseguiu a façanha de ir para o segundo turno da disputa depois de superar a velha raposa Brizola, que passou a campanha inteira como favorito para enfrentar Collor.

A aposta do petista residia no fato de que 70% dos eleitores estavam no limite da pobreza, sufocados pelo desastre econômico gerador de inflação que lhe corroía os poucos ganhos em questão de horas. A identidade de Lula com esse eleitorado era óbvia: nordestino, operário e que tinha três irmãs trabalhando como empregadas domésticas, ele incorporava, sem maquiagem, a eterna luta dos trabalhadores por reconhecimento e espaço.

Mas o eleitorado não responde com essa lógica. Collor era muito mais sedutor do que Lula – jovem e bem apessoado, com firmeza e promessas de melhorar a vida dos "descamisados" ao acabar com inflação com um só tiro e moralizar a vida pública, o candidato do PRN contrastava com um petista que politizou a campanha, discursando em favor da "conscientização política da classe trabalhadora" e em nome do "socialismo democrático". E ainda, Lula era um candidato que tinha de lidar com a desconfortável situação de pertencer a um partido que ecoava propostas derrotadas pela conjuntura internacional.

O primeiro turno da eleição foi realizado em 15 de novembro, seis dias depois da queda do Muro de Berlim. Na campanha para o segundo turno, Collor enfatizou a coloração vermelha da candidatura petista e a vinculou à "baderna" – o empresário Mário Amato, presidente da Federação das Indústrias do Estado de São Paulo, chegou a dizer que cem mil empresários deixariam o país se Lula vencesse. Além disso, Collor lançou mão de artifícios condenáveis, como quando seu programa eleitoral na TV levou ao ar o depoimento de uma ex-namorada de Lula dizendo que o petista lhe pedira para abortar a filha que ela esperava dele. Valia tudo.

Collor afinal foi eleito, com 35 milhões de votos, 4 milhões a mais que Lula. A força da vitória nas urnas foi uma espécie de dínamo para o presidente. Eleito por um partido minúsculo, mas com o prestígio da legitimidade eleitoral, Collor pensou poder impor sua agenda sem a necessidade de fazer acordos políticos – ele tinha 70% de popularidade quando assumiu. Como se sabe, foi um erro pelo qual ele pagaria com o mandato.

Antes, porém, atacou a inflação de modo brutal. Um dia depois de assumir, em 16 de março de 1990, Collor bloqueou o dinheiro dos brasileiros em contas correntes e de poupança, o chamado "confisco". O choque foi bem recebido num primeiro momento – o apoio popular às medidas superou 80% na ocasião. Além disso, o governo congelou preços e salários. A inflação recuou de 80% ao mês para 5%. No entanto, a arbitrariedade da Polícia Federal para fazer valer as determinações do governo a respeito da ordem econômica, prendendo empresários e gerentes de banco que supostamente atentavam contra a economia popular, começou em pouco tempo a assustar e a criar aversão ao estilo Collor justamente entre aqueles que haviam dado corpo à sua candidatura.

Com o controle rígido do mercado, a recessão acentuou-se. A economia parou, e a classe média foi a principal afetada. A popularidade do governo se escorava não mais nos feitos administrativos, que, de resto, ainda eram confusos demais mesmo para os especialistas, mas sim em seu estilo pessoal "arrojado". Collor levou ao limite do paroxismo a ideia de que ele não era uma pessoa, mas um modelo – apareceu lutando caratê, correndo, pilotando um caça e prometendo "dar a vida" para vencer "as elites". Era o "messias" de sangue jovem, que tiraria o país do atraso, para que os carros vendidos no Brasil deixassem de ser "carroças", como Collor qualificou os automóveis produzidos aqui.

A abertura das fronteiras econômicas e o fim do "Estado empresário", marcas do governo Collor, seguiam o receituário ultraliberal da chamada "Escola de Chicago", em referência à doutrina econômica teorizada, entre outros, por Milton Friedman, Prêmio Nobel de Economia, no âmbito da chamada "globalização". Um dos planos mais significativos de Collor foi justamente o de privatizações – estava prevista a venda de 68 empresas estatais.

O desejo de parecer "moderno" fez Collor escolher Zico, e não um burocrata qualquer, para seu Ministério dos Esportes. O ex-craque seguiu à risca o modelo e propôs a extinção do "passe" (vínculo dos jogadores de futebol aos clubes), frequentemente comparado à escravidão, e quis permitir que os clubes se tornassem empresas – a "profissionalização" dos cartolas era um discurso muito comum na época, como se disso dependesse a salvação do futebol brasileiro. A lei foi bastante desfigurada graças ao trabalho dos dirigentes, mas o que importa, aqui, é que Zico respondia a pressões conjunturais óbvias. No início da década de 1990, os clubes brasileiros estavam falidos e tinham se tornado meros exportadores de atletas em larga escala.

Desde suas primeiras décadas, o futebol brasileiro forneceu jogadores para times do exterior. Na fase do "falso amadorismo", entre os anos 1920 e 1930, quando somente a legislação era contrária à profissionalização, já que a prática era outra, alguns atletas brasileiros ameaçavam sair do país

Anos 1990-2000

para conseguir ganhar a vida jogando bola. Nos anos 1960, o sucesso de vários craques inspirou clubes europeus a abrir as portas, mas ainda assim de modo tímido. A explosão se daria no início dos anos 1980 – Falcão foi o primeiro jogador dessa geração a sair, para jogar na Roma.

Os "milhões" começaram a frequentar o noticiário esportivo a respeito das transferências, e o maior símbolo disso na época foi Maradona, que depois da Copa de 1982 trocou o Boca Juniors pelo Barcelona por US$ 8 milhões, a mais cara transação do futebol mundial até então. A partir da Copa da Espanha, a ideia de que o futebol não tinha mais fronteiras definitivamente se consolidou, e menos de dez anos depois a Europa se transformaria no destino obrigatório dos maiores jogadores do mundo, fazendo do futebol uma multinacional de astronômica lucratividade.

Já na preparação para a Copa de 1986, como vimos, alguns importantes jogadores da seleção estavam na Itália – Zico e Edinho jogavam na Udinese, Sócrates era da Fiorentina, Júnior atuava no Torino e Falcão, na Roma. Toninho Cerezo, que não iria à Copa, mas participou da preparação, jogava na Sampdoria. Em 1985, 136 atletas deixaram o país para atuar no exterior; 10 anos depois, foram 381, e o número não parou de crescer – em 2008, última estatística disponível no momento em que este livro estava sendo escrito, nada menos que 1.176 jogadores foram embora.

Como resultado desse êxodo galopante, 12 dos 22 brasileiros convocados para disputar a Copa da Itália em 1990 atuavam no exterior; na Copa anterior, foram apenas dois "estrangeiros". A Europa escancaravase para os jogadores de outros países. Desde o início dos anos 1980, em meio à onda de desestatização no continente, rompeu-se o monopólio das TVs oficiais para as transmissões de jogos de futebol, e as emissoras privadas passaram a oferecer altas somas às federações para ter o direito de mostrar os jogos. O dinheiro começou a fluir, e os times mais poderosos intensificaram a busca por grandes astros, inclusive do exterior. O movimento se retroalimentou, gerando riqueza e inflacionando o mercado. De uma hora para outra, todos os jogadores do mundo passaram a sonhar com o futebol europeu.

231

Para as seleções locais, isso foi um desastre. Os times da Europa deixaram de investir em jogadores de sua base porque era mais seguro e barato adquirir craques do exterior. Em 20 anos, o número de jogadores estrangeiros nos times dos principais campeonatos europeus chegaria a quase 40%. No caso da Inglaterra, esse índice superaria 50%. Os primeiros sintomas da decadência das seleções europeias em razão desse fenômeno foram visíveis na Copa de 1990. Mas o mau futebol não foi privilégio delas – somente uma seleção se salvou naquele Mundial, e ela não era de nenhum lugar conhecido. Era de Camarões, um pequeno país africano, que ganhou da Argentina (1 a 0) na abertura da Copa, com Collor nas tribunas de honra.

Camarões, cuja principal estrela era Roger Milla, um jogador de 38 anos que acabou sendo eleito o craque do torneio, chegou às quartas de final – a melhor campanha de um time africano até então. Foi desclassificado pela Inglaterra numa partida eletrizante, a única digna de lembrança de uma Copa abaixo da crítica. Depois de um empate em 2 a 2 no tempo normal, os ingleses eliminaram os camaroneses na prorrogação (1 a 0). Estava mantida a tradição, para azar do futebol.

Já a seleção brasileira era a prova de que a "modernidade" atropelara também o pouco que restara da arte brasileira vista nas duas Copas anteriores. O técnico era Sebastião Lazaroni, que havia sido campeão carioca pelo Flamengo e pelo Vasco e fora escolhido pelo empresário Ricardo Teixeira, que havia sido eleito presidente da CBF por aclamação no mesmo ano em que Collor chegou ao Planalto.

Teixeira encontrou a CBF praticamente falida, com ameaça constante de rebelião por parte dos clubes. Uma dessas ameaças afinal havia se consumado em 1987, quando as principais equipes do Brasil decidiram formar uma associação própria, o chamado Clube dos 13. Com a proposta de "modernização do futebol", esses times criaram um campeonato próprio, vendido a um *pool* de empresas – Coca-Cola, Varig e Rede Globo. Assim, como vimos, a camisa de quase todos os times da Copa União era patrocinada pela Coca-Cola, as equipes viajavam pela Varig, e a Globo deteve o monopólio das transmissões.

Com receio de represálias da Fifa, o Clube dos 13 aceitou vincular seu torneio ao Campeonato Brasileiro daquele ano. Mas o Flamengo, campeão da Copa União, não quis jogar contra o Sport, campeão brasileiro no torneio da CBF, para decidir o título. Resultado: o Sport é oficialmente o campeão de 1987, segundo a CBF, mas o Flamengo contesta. Não foi a primeira grande confusão no principal campeonato do futebol brasileiro, nem seria a última. Mas o episódio deu a dimensão da tumultuada situação do esporte no Brasil no final dos anos 1980.

Teixeira, por sua vez, transformou as seleções brasileiras de todos os níveis em máquinas de eficiência – foram 11 títulos mundiais entre 1989 e 2002 – e consolidou a hegemonia do país no futebol. Ao mesmo tempo, porém, sua gestão, a mais longa da história da confederação, foi o período em que mais jogadores brasileiros foram vendidos ao exterior e em que a maioria dos clubes desenvolveu dependência praticamente absoluta aos desígnios da CBF e ao dinheiro pago pela TV. Além disso, Teixeira envolveu-se em diversos escândalos administrativos, sobretudo em relação a contratos de publicidade obscuros. A esse propósito, formou no Congresso a chamada "bancada da bola", integrada por parlamentares que eram a "tropa de choque" dos interesses da CBF. Foi essa bancada que esvaziou as tentativas de investigar as suspeitas sobre os contratos. Eurico Miranda, o vascaíno que viria a se tornar um dos mais polêmicos cartolas brasileiros, também por suspeitas de corrupção, foi escolhido por Teixeira como seu vice.

Em 1989, quando assumiu a CBF e escolheu Lazaroni como técnico, Teixeira era apenas a consequência do senso comum que indicava a necessidade de mudar o futebol brasileiro de acordo com os novos tempos. E Lazaroni não decepcionou. Logo deixou claro que seu objetivo era ganhar jogos e torneios, e não dar espetáculo. Suas marcas eram a introdução das táticas europeias de jogo, com a figura do "líbero", e o "lazaronês", vocabulário próprio do técnico – ele dizia, por exemplo, que a seleção precisava "galgar parâmetros". O primeiro desses "parâmetros" foi o título da Copa América, inédito para o Brasil em 40 anos. No torneio, um dos destaques foi um jovem jogador chamado Romário, que com 22 anos já era estrela do PSV, da Holanda.

O segundo "parâmetro" foi a classificação do Brasil à Copa, depois de um confuso jogo contra o Chile no Maracanã, em que uma torcedora brasileira atirou um sinalizador em campo, e o goleiro chileno, Rojas, fingiu ter sido atingido – o objetivo era fazer o Brasil ser punido e a Fifa mandar realizar outro jogo, em campo neutro. A farsa foi desmontada, Rojas foi banido do futebol, e o Brasil se classificou para mais uma Copa do Mundo.

O início da campanha brasileira no Mundial da Itália, levando-se em conta somente os resultados, foi excelente: três vitórias nos três jogos da fase classificatória. Mas o futebol brasileiro – como, de resto, o da maioria das outras seleções – primou pela burocracia e pelo pragmatismo. Das três vitórias, duas foram por mero 1 a 0, contra adversários sem tradição, como Costa Rica e Escócia.

O símbolo daquela equipe era o volante Dunga. O jogador vinha de uma carreira vitoriosa, tendo sido o capitão da seleção sub-20 do Brasil campeã do mundo em 1983 e também o capitão do time que ganhou medalha de prata na Olimpíada de Los Angeles, em 1984. Logo chamou a atenção dos europeus, e foi atuar no futebol italiano em 1987. Ficou no exterior até 1999, quando voltou ao Internacional, clube que o revelou em 1980. Nesse período, encarnou a "modernidade" do futebol: era um jogador com senso tático, excelente passe e objetividade. Não brilhava, mas era eficiente. Não é por outra razão que aquele período do futebol brasileiro – que, para muitos, ainda não foi superado – ficou conhecido como "Era Dunga".

O Brasil foi eliminado da Copa da Itália pela Argentina, em 24 de junho, por 1 a 0. Terminou o torneio em nono lugar. Não houve grande comoção, porque, afinal, aquela seleção brasileira nunca chegou a empolgar a torcida ou a assustar os adversários. "Não vejo nada de errado em vencer um adversário qualquer aos 45 minutos do segundo tempo com um gol contra", declarou Lazaroni quando o Brasil ainda disputava a Copa.[2] Não é possível entusiasmar-se com uma seleção comandada por esse tipo

Na foto oficial, os jogadores da seleção brasileira que disputaria a Copa de 1990 escondem o patrocínio da Pepsi: o futebol vira um grande negócio.

de pensamento – nem mesmo os jogadores da equipe, que deixaram vazar à imprensa, durante o torneio, sua insatisfação.

Esses mesmos atletas passaram toda a Copa com suas atenções voltadas para interesses alheios ao torneio. Seus agentes e empresários circulavam livremente pela concentração, negociando em nome de seus clientes futuros contratos milionários na Europa, bem ao gosto da época. O próprio Lazaroni articulou sua ida à Fiorentina, da Itália, depois da Copa. Antes da disputa, os jogadores ameaçaram promover uma rebelião porque queriam participação maior na cota de patrocínio da Pepsi – no dia da foto oficial, antes da Copa, os atletas cobriram o logotipo da empresa com a mão, em protesto. Não foi por outra razão que, na volta da seleção ao Brasil, os jogadores foram recebidos por uma torcida hostil, que lhes atirou dinheiro, a título de protesto. Lazaroni, convenientemente, saiu por uma porta lateral do aeroporto do Galeão, para evitar o contato com os críticos, e desapareceu do futebol brasileiro. Foi fazer carreira na Europa.

Na mesma época, a "modernidade" de Collor também começava a ser duramente questionada, menos de seis meses depois de sua posse. Os empresários, que antes o apoiavam, agora atacavam o estilo e as ideias do presidente. "Onde está a inflação de um dígito? A máquina enxuta? O governo moderno?", questionou o empresário Ricardo Semler, ele mesmo um ícone da "moderna administração" nos anos 1990.[3] Em pouco tempo, acossado pela crescente crise e pela pressão da classe média e empresarial, Collor foi deixando entrever cada vez mais seu perfil autoritário. Em março de 1991, com um ano de governo, decretou o sigilo dos gastos da presidência, argumentando que o segredo nesse caso era do "interesse da segurança nacional". Com isso, era impossível fiscalizar até as despesas da primeira-dama, Rosane Collor.

Tais medidas só acrescentariam peso às suspeitas, que não tardariam, de que o antigo "caçador de marajás" havia se convertido no administrador de um bando mafioso. O ano de 1990 terminaria com um Réveillon ruidoso por parte do governo: enquanto a miséria crescente dos "descamisados" se tornava capa das revistas semanais, graças aos desastres da condução da economia, Collor e seus ministros apareceram em iates e praias paradisíacas. O presidente parecia cada vez mais desligado da realidade.

O ano de 1991 começou com uma inflação de 20% ao mês e com as velhas fórmulas de sempre: congelamento de preços e salários. Era o "segundo tiro" no tigre da inflação – no ano anterior, Collor havia dito que só tinha uma bala na agulha. Não funcionou, claro, e o país voltou a mergulhar na espiral inflacionária. Ao mesmo tempo, o Brasil se tornou o paraíso da especulação internacional, por oferecer remuneração inacreditável de até 7% ao mês para os títulos públicos, ao passo que as taxas internacionais estavam caindo. A dívida pública brasileira saltou de US$ 30 bilhões para R$ 250 bilhões.

A partir desse momento, começou o "desembarque" do governo Collor, sobretudo por parte da imprensa, que em breve cunharia a expressão "República de Alagoas" para se referir ao presidente e seus seguidores. As evidências de corrupção avolumaram-se, e o nome de Paulo César Farias, o PC Farias, tesoureiro da campanha de Collor e que seria pivô de sua queda, surgia no noticiário. Seu jatinho particular, o "Morcego Negro", era o símbolo da ostentação de seu poder paralelo. Apareceram os "marajás" da administração federal, aqueles que Collor prometera combater. E Rosane Collor, a primeira-dama, foi acusada de desvio de dinheiro na Legião Brasileira de Assistência, órgão do governo federal, e teve de renunciar à direção da entidade.

No Congresso, Collor passou a perder o pouco terreno que tinha. Em julho, quando os parlamentares rejeitaram uma medida provisória do presidente que reajustaria os salários dos funcionários públicos (inclusive dos militares), Collor foi buscar apoio na caserna. Ele e seus ministros das Forças Armadas redigiram uma nota na qual o Congresso era duramente criticado por interferir na "harmonia" entre os Poderes, esquecendo-se de que essa "harmonia" só existe em ditaduras.

Próximo do final do ano, sentindo-se acuado, Collor procurou os líderes políticos e empresariais para tentar salvar seu governo. Ofereceu cargos ao Partido da Social Democracia Brasileira (PSDB), dissidência do PMDB criada em 1988 e liderada por alguns "emedebistas autênticos", como Fernando Henrique Cardoso e José Serra. Ambos, aliás, foram convidados por Collor para integrar o governo em 1991, mas recusaram – FHC alegou que, primeiro, Collor deveria acabar com a corrupção. Isso nunca aconteceria.

A crise se acentuaria no ano seguinte, 1992, por motivos grandes e motivos banais. A fragilidade de Collor era evidente. Quando ele publicou uma série de artigos nos principais jornais do país, a título de discutir o papel do Estado na economia e seus conceitos de "modernidade", a *Fo-*

lha de S. Paulo descobriu que se tratava de plágio de textos do intelectual José Guilherme Merquior, que morrera no ano anterior. Foi um episódio que só ganhou a proporção de escândalo porque mostrou a pequenez moral do presidente, num momento em que ele e seu governo mergulhavam num mar de lama.

Entrementes, Collor afinal abriu as portas de seu ministério para os políticos profissionais, o que ele jurara que jamais faria. O PFL foi o primeiro a aproveitar a brecha. Nessa altura, o presidente começou a usar camisetas com dizeres para mandar "mensagens" públicas, a fim de enfrentar a impopularidade – apenas 15% dos brasileiros aprovavam seu governo em fevereiro.

Em maio, finalmente, veio a bomba. Em razão de uma disputa com PC Farias por causa de jornais em Alagoas, Pedro Collor de Mello, o irmão do presidente, deu uma entrevista à revista *Veja* na qual disse, com todas as letras, que PC não passava de "testa de ferro" de Collor.[4] A família tratou de caracterizar Pedro como "louco", mas o escândalo ganhou corpo – Pedro chegou a afirmar que Fernando era "consumidor contumaz de cocaína" – e terminou por inviabilizar o governo.

O Congresso instaurou uma CPI para apurar os escândalos, e teve de ouvir PC Farias declarar: "Estamos todos sendo hipócritas aqui". Ficava claro, a cada dia, que o financiamento da vida privada de Collor, o que incluía instalações principescas em sua residência, a "Casa da Dinda", era feito com dinheiro da corrupção. A república brasileira, recém-saída de um período de tutela arbitrária, experimentava um abalo de proporções inéditas em sua história. A palavra "*impeachment*" apareceu no noticiário em junho, como uma possibilidade real: o afastamento do presidente por "crime de responsabilidade", conforme a Constituição. O processo só não andou mais rápido porque o vice de Collor era Itamar Franco, um inimigo das privatizações que encontrava resistência no Parlamento e em parte da imprensa.

Mas o desfecho era inevitável, sobretudo quando Collor e seus assessores criaram uma farsa para explicar como era possível manter a Casa da

Dinda (US$ 50 mil por mês) e outras enormes despesas pessoais apenas com o salário de presidente. Em julho, Cláudio Vieira, secretário de Collor, disse à CPI que o dinheiro era uma sobra de um empréstimo que ele fizera no Uruguai para que Collor se sustentasse durante a campanha eleitoral de 1989. O suposto esquema envolvia um doleiro e um paraíso fiscal, o que acrescentou ainda mais suspeitas de irregularidades a uma já vasta lista. O tal esquema, contudo, era falso – uma tentativa desesperada de confundir as investigações que inevitavelmente chegariam ao presidente.

Em agosto, no dia 11, Collor foi desafiado por uma passeata de dez mil estudantes em São Paulo que pediam sua saída, de modo irreverente e colorido – muitos deles pintaram o rosto com as cores da bandeira nacional, razão pela qual ganharam o apelido de "caras-pintadas". Collor respondeu três dias depois com um discurso inflamado, chamou os manifestantes de golpistas e conclamou os brasileiros a vestir verde-amarelo no domingo seguinte, dia 16. O que se viu, porém, foi o contrário: centenas de milhares de estudantes em todo o país, de forma espontânea, se vestiram de preto e tornaram a desafiar o presidente. O espírito suprapartidário das Diretas Já estava de volta, renovado pelo desejo de resgatar a esperança na democracia, sequestrada pela República de Alagoas e seus satélites em Brasília. Era a apoteose dos "caras-pintadas", que não deixou outra saída à classe política senão aderir. Em pouco tempo, nem mesmo os ministros de Collor manifestavam-lhe apoio.

A CPI afinal aprovou a abertura de um processo de "*impeachment*" no dia 26 de setembro. Três dias depois, a Câmara, em votação histórica, transmitida ao vivo pela TV, aprovou o afastamento do presidente. O caso seguiria para o Senado, que faria o julgamento do presidente. Collor, no entanto, renunciou antes, na tentativa de salvar seus direitos políticos, mas a estratégia foi inútil – os senadores o cassaram em 29 de dezembro, e no mesmo dia o Congresso aclamou Itamar Franco como presidente.

Acabava assim, de modo tumultuado e dramático, o primeiro governo do pós-ditadura. A despeito das aparências, o Brasil, afinal, atingira sua maturidade política – derrubara seu presidente de modo pacífico, dentro das regras constitucionais, sem violência e com a participação integral da sociedade e de seus representantes.

A situação econômica, no entanto, passava por grave deterioração, em grande medida graças à paralisia do governo. A inflação fechou o ano de 1992 em 1.100% ao ano, a terceira maior do mundo, e quintuplicaria no ano seguinte. O início claudicante do governo Itamar não ajudou a melhorar muito as expectativas. Em maio de 1993, ele colocou no Ministério da Fazenda seu chanceler, Fernando Henrique Cardoso (FHC). Era o quarto ocupante do cargo em cinco meses. O tucano ganhou poderes de superministro, com o objetivo de salvar o governo e, de quebra, debelar a crise. Prometeu acabar com o que chamou de "flagelo" da inflação. Já estava claro que era candidato a presidente. No mês seguinte, ele lançou, sem fanfarra, o embrião do Plano Real, cuja primeira etapa pretendia estabilizar os gastos do governo.

Nesse meio tempo, em outubro, estourou um novo escândalo de corrupção, dessa vez no Congresso. Parlamentares foram acusados de manipular o Orçamento em troca de propinas de empreiteiras. O Parlamento passaria por nova prova de maturidade em 1994, e conseguiu: propôs a cassação de 18 de seus integrantes – 8 foram absolvidos, 6 renunciaram e 6 foram punidos. Um resultado que de certa forma reconciliou o Congresso com o eleitor.

Mas os desafios ainda eram imensos. O país entraria o ano de uma nova Copa do Mundo com uma inflação de 40% ao mês. Enquanto isso, no Carnaval, o presidente Itamar se deixou fotografar no Sambódromo do Rio com a modelo Lilian Ramos pendurada ao pescoço, sem calcinha – um escândalo internacional, que fez a delícia dos humoristas. Longe das escolas de samba, FHC lançou a segunda etapa do Real, indexando os preços à chamada Unidade Real de Valor – um artifício atrelado ao dólar para acabar com a cultura inflacionária e para preparar a transição para a nova moeda, o real. Em março, o ministro deixou o governo para se candidatar à presidência – a campanha já estava na rua, e Lula, com cerca de 35% das intenções de voto, era favorito.

240

Anos 1990-2000

O sucesso do Real turbinou a candidatura de FHC. A campanha se centrou em seu papel na estabilidade da economia, ao ponto de ter sua assinatura nas notas de real, embora ele já não fosse mais ministro da Fazenda quando elas entraram em circulação. Havia motivo para euforia. Com o Plano Real, cerca de oito milhões de famílias passaram a ter acesso ao mercado de consumo. Esse cenário não se sustentaria – nos dez anos seguintes, a economia não cresceria mais do que 2,5% anuais em média, e a dívida interna explodiria – mas, naquele momento, era o suficiente para fazer o brasileiro sentir, enfim, o gosto de estar num país com a economia razoavelmente organizada.

A tacada do Real foi mais que um raio em céu azul. Mostrou essencialmente que uma parte significativa da sociedade brasileira se cansara das aventuras econômicas e se dispunha a embarcar no vistoso trem-bala da globalização e do liberalismo, cujos maquinistas haviam sido Margaret Thatcher e Ronald Reagan e cujo combustível era a desregulamentação do mercado e a redução drástica do Estado. Virou moda considerar como premissa de boa governança a eficiência técnica – a "equipe econômica" do governo teria de ser, necessariamente, apartidária e familiarizada com a doutrina de responsabilidade fiscal imposta pelos órgãos internacionais de crédito.

Essa reorganização do país, norteada pela busca da excelência administrativa e da imagem de sofisticação de um intelectual como FHC à frente, serviu de inspiração quase impositiva para o resto do país, e aí se incluiu a seleção brasileira. O Real nasceu justamente em meio à expectativa de que o Brasil pudesse se redimir do desastre da Copa de 1990 e do jejum de títulos que já durava quase um quarto de século – uma eternidade para um país que julgava ter o melhor futebol do mundo. A seleção começara a preparação para a Copa com Falcão como técnico, atendendo a apelos da imprensa e de torcedores que viam no ex-jogador a soma da qualidade técnica indiscutível com a capacidade de renovar um combalido futebol nacional. Não funcionou, como a comprovar que grandes craques nem sempre dão bons treinadores – já o contrário parece ser verdadeiro: o me-

241

O futebol explica o Brasil

díocre lateral esquerdo Vanderlei Luxemburgo tornou-se um técnico várias vezes campeão brasileiro; Luís Felipe Scolari, o limitado zagueiro do Caxias, lideraria o Brasil pentacampeão do mundo.

Assim, o Falcão dos ternos bem cortados e de futebol fino, mas sem competitividade, cedeu seu lugar ao experiente Carlos Alberto Parreira, cuja imagem estava ligada à tão procurada eficiência dos anos 1990. Além de ter integrado a comissão técnica da seleção de 1970, como preparador físico, Parreira havia sido campeão brasileiro com o Fluminense em 1984 e notabilizou-se por sua constante serenidade – era um técnico aparentemente inabalável, escorado na certeza de seu conhecimento garantido por vários diplomas. Mas também ficou claro que se tratava de um especialista cuja função era fazer seus times vencerem, mesmo que tivesse de recorrer a jogadores medíocres e esquemas táticos tão sólidos quanto burocráticos. Em sua vitoriosa trajetória, Parreira era tudo, menos surpreendente.

Com Parreira, a seleção construiu uma boa campanha até as Eliminatórias, com 11 vitórias, 1 empate e 2 derrotas. No entanto o técnico era qualificado de "retranqueiro" e "teimoso". Na disputa por uma vaga na Copa dos EUA, viriam tropeços históricos, como a derrota para a Bolívia (2 a 0), a primeira do Brasil na história das Eliminatórias. Os resultados e o sufoco da seleção para obter a vaga acentuariam a desconfiança acerca dos critérios do técnico e de seus assessores. O mais estridente deles era Zagallo, que ocupava o cargo de coordenador-técnico e tinha sido decisivo para o afastamento de Romário da seleção, em dezembro de 1992, depois que o atacante reclamara por estar na reserva de Careca. Romário ficaria fora do time até o dia 19 de setembro de 1993.

Naquele dia, contra o Uruguai, no Maracanã, a seleção decidiria sua sorte – se iria ao Mundial ou se sofreria o vexame de não se classificar pela primeira vez desde que as Copas foram inventadas. Parreira, sob intensa pressão, finalmente convocou o atacante, que estava em fase excepcional no Barcelona e se encontrava no auge de sua carreira, aos 28 anos. Diante de mais de 100 mil torcedores, o Brasil sofreu, mas venceu: 2 a 0, com dois gols de Romário. "Foi Deus quem o trouxe para cá", reconheceu Parreira.[5]

242

Para Romário, arrogante e casca-grossa, aquilo era somente o reconhecimento do óbvio: ele era o melhor jogador do mundo.

Já o técnico nunca fez questão de disfarçar seu estilo metódico, que inspirava a seleção e que irritava a torcida. Tudo em sua vida transpirava planejamento. Antes da Copa, acertou um contrato com o Valencia, da Espanha, para logo depois do apito final. Durante a preparação para o Mundial, treinou exaustivamente jogadas ensaiadas de bola parada, porque, dizia, 45% dos gols feitos na Copa de 1990 haviam saído em lances assim. Uma seleção como essa só podia ter como capitão o volante Dunga – ele mesmo, o símbolo da burocracia do futebol brasileiro europeizado. Ao lado dele jogou Mauro Silva, um autêntico tanque, cuja única função era proteger a defesa e destruir as jogadas adversárias. Desse modo, as credenciais competitivas da seleção passavam pela formação de um ferrolho no meio-campo. Não havia nada de "brasileiro" nisso, mas preocupações com "brasilidade", como se sabe, já haviam se tornado coisa do passado – algo disso ainda respirava com os brilhantes Romário e Bebeto no ataque, mas era só. Àquela altura, o importante parecia ser somente ganhar o tetracampeonato.

O Brasil estreou na Copa dos EUA contra a Rússia, em 20 de junho. Venceu sem sustos e sem brilho, por 2 a 0. Romário marcou o primeiro de seus cinco gols no torneio. Depois, no dia 24, bateria Camarões por 3 a 0, assegurando a classificação para as oitavas de final. Um empate contra a Suécia (1 a 1), sob vaias graças ao fraco futebol, determinou a primeira colocação do grupo para o Brasil.

Nas oitavas, o Brasil enfrentaria os donos da casa, os EUA. O patriotismo dos americanos foi acentuado pela data da partida – o 4 de julho, Dia da Independência. Assim, embora sem tradição no futebol, os EUA jogaram com garra e dificultaram muito as coisas para a seleção brasileira. "Contra o Brasil, não se cria, se destrói", resumiu o meia americano Tab Ramos ao jornal *The New York Times*.[6] Assim, o Brasil teve novamente de confiar na genialidade de Romário, definido pelo zagueiro americano Marcelo Balboa como "um tubarão numa pia": já no segundo tempo, um

O futebol explica o Brasil

toque do atacante deixou o companheiro Bebeto em condições de finalizar e fazer 1 a 0, selando a suada classificação brasileira.

Nas quartas de final, o Brasil faria seu melhor jogo naquela Copa. O adversário era a Holanda, e o personagem da partida, além de Romário, foi o lateral Branco – jogador da absoluta confiança de Parreira, mas cuja convocação havia sido duramente criticada no Brasil, pelo fato de o jogador do Fluminense estar longe de suas condições físicas consideradas ideais. Mas Branco foi peça-chave na vitória brasileira por 3 a 2: foi dele o terceiro gol, de falta, que contou com a malandragem de Romário, ao sair da frente da bola, com um leve movimento de corpo, para deixá-la passar e ir morrer nas redes do goleiro De Goej.

O Brasil enfrentaria a Suécia na semifinal. Ambos estavam invictos, e a Suécia tinha sido até ali o adversário que mais problemas trouxera à seleção. Mas o Brasil tinha Romário, que dizia que jogar Copa do Mundo não era muito diferente do que disputar "uma pelada na Vila da Penha". Aos 35 minutos do segundo tempo, o atacante, de 1,67 metro de altura, fez de cabeça o gol que colocou a seleção brasileira em sua primeira final de Copa desde 1970.

O jogo de 17 de julho, contra a Itália, foi dramático. Na vingança pela trágica desclassificação da Copa de 1982, o Brasil atacou e chutou várias vezes ao gol, mas o goleiro italiano Pagliuca estava iluminado. A Itália resistiu no tempo normal e na prorrogação, que teve um Brasil reforçado no ataque pelo centroavante Viola. Com isso, a decisão foi para os pênaltis – e outro fantasma, entre tantos, rondou o estádio Rose Bowl: a eliminação da Copa de 1986, nos pênaltis, pela França. Mas, dessa vez, quem estava iluminado era o goleiro brasileiro Taffarel. Nas cobranças, ele defendeu uma, e outras duas bolas foram chutadas para fora – a última pelo craque italiano Roberto Baggio, dando o tão esperado tetracampeonato ao Brasil e devolvendo ao país a hegemonia do futebol mundial.

O júbilo com a conquista era tanto que foi entendido pelos integrantes da seleção como uma espécie de salvo-conduto para o descumprimento de suas obrigações como cidadãos comuns, mostrando que os tempos da

244

Dunga ergue a taça após a conquista do tetra, nos EUA, em 1994: o capitão era o símbolo da rendição brasileira ao futebol "total".

confusão entre o público e o privado no futebol estavam mais vivos do que nunca. Na volta ao Brasil, o presidente da CBF, Ricardo Teixeira, e seus comandados tentaram impor-se sobre a lei. A delegação brasileira queria evitar a fiscalização da Receita Federal sobre os diversos produtos que comprara nos EUA – havia mais de uma tonelada de mercadorias sobre as quais os jogadores não pretendiam pagar impostos. Dizia-se que só o técnico Parreira comprara uma TV de US$ 5 mil. O lateral Branco, por sua vez, trouxera um volume de eletrodomésticos no valor de US$ 12 mil e precisou de um caminhão para levá-los para casa. O atacante adolescente Ronaldo, que fora à Copa a passeio e que na época ainda era chamado de "Ronaldinho", comprou 65 CDs.

Quando o então chefe da Receita, Osiris Lopes Filho, obrigou os integrantes da seleção a declarar o que traziam, Teixeira e os jogadores ameaçaram devolver as medalhas do título conquistado, presentes de Itamar Franco, e não participar dos desfiles programados para festejar a Copa. Branco chegou a entregar a taça conquistada, uma réplica, ao fiscal da Receita, dizendo: "Toma, pode confiscar". Muito antes desse episódio, quando a Copa ainda estava em andamento, Teixeira havia pressionado o governo Itamar a aliviar a fiscalização da Receita, alegando que os jogadores estavam ficando "nervosos" com a possibilidade de serem autuados na volta – uma óbvia chantagem. Osiris foi afinal desautorizado pelo ministro da Fazenda, Rubens Ricupero, e pediu demissão no dia seguinte. No episódio, os jogadores saíram como muambeiros – para 70% dos brasileiros, segundo pesquisa, eles tinham de pagar os impostos devidos – e o governo apareceu como fraco e hesitante, uma marca da administração Itamar.

Se o comportamento da seleção e do governo ainda transpirava antigas práticas condenáveis, o tetracampeonato mostrou que o Brasil, afinal, aprendera a vencer no novo ambiente do esporte – o da ultracompetição, em que os escrúpulos do espetáculo eram deliberadamente secundários, quando não considerados nocivos. A seleção foi campeã em 1994 mostrando um futebol muito semelhante ao praticado na Europa – afinal, nossos melhores jogadores atuavam lá. A diferença foi Romário, que ainda guardava alguma semelhança com os craques de DNA brasileiro, pela possibilidade de inventar o jogo em um ínfimo espaço de campo.

Mas Romário foi, digamos, o "elo perdido" do futebol brasileiro. Depois dele, o grande jogador "brasileiro" foi Ronaldo, que deixou o país aos 17 anos para atuar na Holanda. Antes, havia feito uma temporada impressionante no Brasil, jogando pelo Cruzeiro: foram 57 gols em 59 jogos, em cerca de um ano. O craque fez sua estreia como profissional aos 16 anos, em 1993. No ano seguinte, em março de 1994, foi convocado para a seleção por Parreira e jogou pela primeira vez com a camisa amarela num amistoso contra a Argentina. Não fez gols, mas era nome certo para ir à Copa dos EUA.

A explosão física e a capacidade monstruosa de intimidar zagueiros com sua presença o transformaram em ícone mundial. Logo em 1996 ganharia o prêmio de melhor jogador "do mundo" dado pela Fifa – que, para todos os efeitos, considera "mundo" tudo aquilo que está dentro dos limites da Europa. Ronaldo não era "brasileiro", não como pensou Gilberto Freyre ao descrever a malícia do jogador brasileiro nos anos 1930. Ronaldo era um produto da escola global do futebol, cuja sede era a Europa. Lá, jogadores de centenas de países diferentes renderam-se e rendem-se ao jogo sem fronteiras, descaracterizando o perfil nacional e criando um esporte cuja marca é a indistinção, para ser transmitido pela TV ao mundo inteiro.

O fenômeno é tão marcante que os times europeus ganharam uma crescente legião de torcedores no exterior, inclusive no Brasil. Assim, passou a ser cada vez mais comum ver os meninos daqui vestindo camisas dos esquadrões da Europa integrados por craques brasileiros. Desse modo, o Brasil que jogaria a Copa de 1998, na França, já era um time inteiramente "europeizado" – dos 11 titulares que entraram em campo, apenas o goleiro Taffarel (Atlético Mineiro), o zagueiro Júnior Baiano (Flamengo) e o atacante Bebeto (Vasco) não jogavam na Europa. Mas os três já haviam tido larga experiência em times europeus, como de resto a maioria absoluta dos 22 convocados. O mundo globalizado havia definitivamente engolido os brasileiros naquilo que eles consideravam seu patrimônio nacional.

"Globalização" era afinal a palavra que permeava o discurso social e político, para o bem e para o mal. FHC era o candidato presidencial que se identificava com a força dessa ideia, ao propor a redução do Estado e a abertura do país à competição internacional. Em 1996, já eleito, FHC declarou que a globalização era uma oportunidade de desenvolvimento dentro de "uma era de prosperidade única na história do Homem – um novo Renascimento";[7] Lula, por sua vez, ainda tinha sua imagem fortemente vinculada ao ideário estatizante e à proteção do Brasil contra as garras do capital das grandes corporações.

Em agosto de 1994, FHC, que começara a campanha com um dígito nas pesquisas, já abrira mais de dez pontos de vantagem sobre Lula e caminhava para uma eleição tranquila. Como vimos, o Plano Real afinal estabilizara a economia sem os choques dos planos anteriores. FHC ainda contava com a ajuda da máquina administrativa e com as manobras do "Grande Eleitor", o ministro da Fazenda, Rubens Ricupero, que no intervalo de um programa de TV, sem saber que estava sendo gravado, disse a um jornalista que não tinha escrúpulos para esconder índices econômicos negativos se isso ajudasse o candidato do governo: "O que é bom, a gente fatura; o que é ruim, esconde". Ricupero teve de pedir demissão por causa do escândalo, mas a candidatura de FHC não foi seriamente abalada.

Embalado pelo grande otimismo gerado pelo Real, ligado ao júbilo pelo tetracampeonato mundial, FHC venceu a eleição no primeiro turno, em 3 de outubro. Pela primeira vez desde 1961, um presidente brasileiro passaria a faixa a um sucessor eleito pelo voto direto. E mais: a transição de poder se deu sem ruptura institucional, sem os atropelos econômicos e sem ameaça de retrocesso. A preocupação com a democracia parecia ter ficado no passado; a preocupação com a inflação, nem tanto, mas a questão tinha apresentado progressos notáveis entre 1993 e 1994.

O ano de 1995, porém, marcaria a primeira de uma série de crises internacionais que afetariam dramaticamente o Brasil, cuja economia estava fragilizada em razão do fluxo intenso de capital especulativo, atraído pelas altas taxas de juros, mas que abandonava o país a cada solavanco externo, migrando para papéis mais seguros. Além disso, com o câmbio artificialmente fixado em US$ 1 por R$ 1, as importações cresceram de modo acelerado, desgastando as reservas internacionais e elevando a dependência do capital externo para financiar a dívida pública – que cresceu de US$ 60 bilhões em 1994 para US$ 245 bilhões em 2002, último ano da era FHC. Foi essa fórmula que praticamente quebrou o México em 1995, o mesmo México que era tido como modelo de gerenciamento. A crise mexicana afetaria diretamente o Brasil e outros países emergentes.

O governo FHC enfrentaria também grave turbulência social. As greves se multiplicaram, e o Planalto deu uma demonstração de força ao mandar o Exército ocupar refinarias da Petrobras cujos funcionários ligados à

Central Única dos Trabalhadores estavam parados. Um mês mais tarde, em junho, o Congresso quebraria o monopólio da exploração do petróleo pela Petrobras, vigente desde 1953, num sintoma claro da disposição do governo de abrir a economia, a despeito do desmonte de símbolos de "soberania nacional".

Em novembro, com a perspectiva de recessão, a economia brasileira começaria a assistir a uma ameaça de quebradeira de bancos, que passaram a depender de ajuda do governo. Surgiu o Proer (Programa de Estímulo à Reestruturação e ao Fortalecimento do Sistema Financeiro Nacional), que até 1997 gastaria o equivalente a 2,5% do PIB para salvar instituições financeiras. Se, por um lado, conseguiu estabilizar um mercado sensível, ao qual estão atreladas todas as outras atividades da produção nacional, por outro, o Proer foi acusado de ser um instrumento para livrar banqueiros que haviam lucrado com a inflação e desviado recursos.

Em meio à instabilidade, o governo propôs ainda em 1996 uma mudança na lei para permitir a reeleição de FHC. Foi uma autêntica batalha política, em que houve até mesmo acusações de compra de votos de deputados por parte do Planalto. Nada ficou provado, mas dois deputados supostamente envolvidos renunciaram em meio às investigações, para evitar a cassação. A emenda foi aprovada em janeiro de 1997. O caminho estava livre para as prometidas reformas do Estado.

Então começou uma nova crise internacional, dessa vez na Ásia, que mais uma vez afugentou os dólares do Brasil. O governo tentou um choque, aumentando a taxa de juros de já astronômicos 22% ao ano para inacreditáveis 46%, um prêmio indiscutível à especulação. A saída seria deixar o câmbio livre, para que o supervalorizado real atingisse seu nível correto em relação ao dólar. O problema é que esse movimento trazia embutido o risco óbvio da retomada da inflação, porque, sem a concorrência dos produtos importados, o preço interno tendia a subir. Numa véspera de ano eleitoral, tal movimento seria um tiro no pé.

Assim, o governo adiou para depois das eleições de novembro de 1998 o ajuste necessário na economia. A decisão se provou desastrosa, como veremos. Durante a campanha presidencial, novamente Lula aparecia com força, na esteira da crise crescente. FHC, por sua vez, em lugar de louvar a economia, como fizera em 1994, colocava-se como o candidato confiável para lidar com as turbulências, acentuadas por distúrbios provocados por sem-terras e outros movimentos sociais.

A proposta de continuidade, a despeito dos problemas, também dominou a seleção brasileira. O time que jogaria a Copa na França em 1998 também vivia seu inferno particular e apostava na experiência de seu comandante para sair dele. Sob a óbvia pressão pela conquista do pentacampeonato (o *slogan* da TV Globo para o torneio era "Tenta que é penta, Brasil!"), o time estava sendo treinado por Zagallo desde a saída de Parreira, ao final da Copa dos EUA. Era uma tentativa de manutenção de uma fórmula vencedora, porque Zagallo havia sido auxiliar de Parreira em 1994 e porque o chamado "Velho Lobo" era, naquele momento, a cara de uma CBF orgulhosa de seus feitos no futebol brasileiro – não se cansava de dizer que o técnico era o esportista brasileiro que mais vezes havia ido a Copas do Mundo. Em suma, era um vencedor.

A última conquista antes da Copa da França havia sido a da Copa América na Bolívia, em 1997 – era a primeira vez na história que a seleção faturava o torneio fora de suas fronteiras. Muito criticado pela imprensa brasileira, sobretudo por sua teimosia – a opção pelo veterano Bebeto no ataque era um dos motivos –, Zagallo desabafou aos microfones dos jornalistas, depois do apito final, ainda em campo: "Vocês vão ter que me engolir!".

Romário também teve de engolir o "Velho Lobo". A uma semana da estreia na Copa, ele foi cortado da seleção por causa de uma contusão. Foi o fim de uma relação que já não era boa e só piorou depois disso. Romário chegou a mandar pintar uma caricatura de Zagallo e outra de Zico, auxiliar do treinador, nas portas do banheiro de um bar de sua propriedade no Rio. O técnico e o ex-craque o processaram e ganharam mais de R$ 200 mil de indenização.

Com esse ambiente conturbado, o Brasil estreou na Copa da França em 10 de junho, contra a Escócia, e encontrou muita dificuldade para

Anos 1990-2000

vencer (2 a 1), porque o ataque brasileiro não funcionou – os gols do Brasil foram de César Sampaio, um volante, e do escocês Collins, contra. No dia 16, o Brasil passaria fácil pelo Marrocos (3 a 0), selando a classificação. Faltava a Noruega na chave, um time que, na fase de preparação para a Copa, havia aplicado um sonoro 4 a 2 sobre o Brasil em um amistoso em Oslo. De novo, o Brasil tropeçou nos noruegueses (2 a 1), fazendo Zagallo pronunciar mais uma de suas frases lapidares: "É a derrota rumo ao penta".[8]

Classificado, mas sob enorme desconfiança, o Brasil enfrentaria o Chile pelas oitavas de final. O adversário sul-americano empatara seus três jogos na primeira fase e nunca fora um real obstáculo para o Brasil. Resultado: 4 a 1 para a seleção brasileira, sem dificuldades, em 27 de junho. Mas o caminho à final tinha adversários complicados, e o Brasil mostrou sua força, enfim: venceu a Dinamarca por 3 a 2 e a Holanda na disputa de pênaltis, após um movimentado jogo que terminou em 1 a 1 – Taffarel reeditou a final da Copa de 1994 e defendeu dois pênaltis. Na primeira Copa depois do tetra, o Brasil estava novamente na decisão, liderado pela força e a eficiência de Ronaldo.

E então, no dia da decisão contra a França, em 12 de julho, aconteceu um dos episódios mais dramáticos e obscuros da história do futebol brasileiro. Ronaldo foi acometido de uma crise nervosa de origem desconhecida, assustando seus companheiros de time. Chegou a ser levado a um hospital de Paris, mas foi liberado sem diagnóstico preciso. Questionado por Zagallo se queria jogar, Ronaldo respondeu que sim, e foi a campo. Muito se especulou sobre o que teria motivado o mal do craque: falou-se até em envenenamento e em choque anafilático por causa de supostas injeções que Ronaldo teria tomado no joelho para jogar.

O caso virou alvo de uma CPI do Congresso, a comissão que em 2000 e 2001 investigou os contratos da CBF com a Nike. Para alguns parlamentares, a fábrica de material esportivo teria obrigado a escalação de Ronaldo na final contra a França, mesmo sem ter condições. Em depoimento à CPI, Tostão, o ex-atacante da seleção que se tornara comentarista esportivo, disse que aquela versão era "fantasiosa" e que Ronaldo, de 21 anos, na verdade não tinha condições psicológicas para uma decisão como aquela.[9]

O fato é que Ronaldo jogou – e muito mal, como o resto de toda a seleção. O desempenho do time foi atribuído em parte à perturbação emocional causada pelo estado do grande craque da equipe. O Brasil perdeu por inapeláveis 3 a 0, numa exibição exuberante do franco-argelino Zinedine Zidane. Embora com grande potencial, e dispondo do melhor jogador do mundo, a seleção brasileira viu frustrado o sonho do pentacampeonato.

Um mês depois, o sonho do país estabilizado, a despeito de todas as aparências desde 1994, também se revelaria um pesadelo. No final de agosto, FHC foi à TV para admitir, afinal, que a situação econômica era grave e que eram necessárias medidas duras para estancar a sangria de capitais, agora agravada por uma crise que vinha da Rússia. Paradoxalmente, FHC conseguiu estancar sua queda nas pesquisas eleitorais, por uma simples razão: o eleitorado o achava mais preparado do que Lula para uma situação como aquela. Essa era a opinião de 54% dos eleitores entrevistados pelo Datafolha no início de setembro; apenas 16% entendiam que o petista saberia como tirar o país da crise. Diante disso, a reeleição do presidente era certa, e FHC voltou a vencer no primeiro turno, em outubro.

Em janeiro, logo após sua posse, FHC fez o que, segundo voz corrente na época, deveria ter feito muito antes: permitiu a livre flutuação do câmbio, causando imediata e violenta desvalorização do real. Quarenta bilhões de dólares das reservas haviam sido gastos para conter o ataque à moeda nos seis meses anteriores, e afinal o Brasil aceitava os fatos. Resultado: em 48 horas, o dólar subiria quase 20%. Encerrava-se um ciclo do Plano Real, aquele que vinculava a estabilidade econômica a uma âncora cambial. Agora, FHC tinha de promover as prometidas reformas e um duro ajuste fiscal, para recuperar a confiança externa.

Em outubro de 2000, em meio a grandes turbulências, a CBF também faria sua reforma na seleção. O técnico na ocasião era Vanderlei Luxemburgo, que chegara à equipe em agosto de 1998, no lugar de Zagallo, após ter vencido três Campeonatos Brasileiros. Era um treinador reconhecido por montar times goleadores, como manda a tradição brasileira, e tornou-se escolha óbvia para o cargo. Mas acabou se envolvendo em escândalos financeiros – foi acusado de sonegar impostos e de receber comissão na negociação de jogadores –, o que minou sua credibilidade. O desgaste de sua imagem pessoal se juntou a alguns resultados desastrosos dentro de campo. O principal deles, que selaria a sorte do treinador, foi a derrota para Camarões nas quartas de final da Olimpíada de Sydney, em setembro. O time foi desclassificado pelos africanos na prorrogação, quando Camarões estava com dois jogadores a menos, expulsos no tempo normal. Um cataclismo que enfureceu Ricardo Teixeira.

Além do fracasso olímpico, que adiava novamente o sonho da medalha de ouro, a seleção brasileira fazia uma campanha muito irregular nas Eliminatórias para a Copa de 2002. O time somava resultados insatisfatórios, como as derrotas para o Paraguai (2 a 1) e o Chile (3 a 0) e começava a correr risco de não obter vaga para o Mundial. No lugar de Luxemburgo, em novembro, assumiu o explosivo técnico Emerson Leão, que estava no Sport de Recife e que prometera um "futebol bailarino". Ele durou pouco à frente do time: foi demitido em maio de 2001, após uma campanha marcada pelo fraco futebol, em grande medida graças à ausência dos principais jogadores brasileiros que atuavam no exterior, que não puderam ser convocados por estar em período de férias.

A bagunça na seleção era reflexo direto da desorganização do futebol brasileiro, que entre 1997 e 2000 atingiu níveis inéditos. Em 1997 estourou o "escândalo Ivens Mendes", em que o então chefe da comissão de árbitros da CBF, Ivens Mendes, foi flagrado pedindo dinheiro a cartolas e sugerindo que poderia arranjar resultados no Campeonato Brasileiro. Ninguém, com exceção de Mendes, foi punido, e a CBF aproveitou a ocasião para anular o rebaixamento de Fluminense e Bragantino, ocorrido no ano anterior. O Fluminense acabaria sendo rebaixado de novo em 1997 e, no ano seguinte, cairia para a terceira divisão, algo inacreditável para um time vencedor que estava na gênese do próprio futebol brasileiro. Num movimento surpreendente, Parreira, campeão brasileiro pelo Fluminense em 1984, aceitou voltar a treinar o time em seu calvário na Série C. O Fluminense foi campeão em 1999 e voltou à Série B.

Entrementes, o Gama, um time de Brasília, não aceitara seu rebaixamento à segunda divisão do Campeonato Brasileiro e recorreu à Justiça comum, com apoio até mesmo do PFL. Diante do impasse jurídico, a CBF resolveu fazer um campeonato unificando as três principais divisões do futebol brasileiro, batizando o torneio de "Copa João Havelange". Inacreditáveis 116 clubes, um número inédito na trajetória do Campeonato Brasileiro, puderam disputar a competição. A CBF tornou a explorar a brecha e promoveu da Série B os times do Fluminense, do Bahia, do Juventude e do América de Minas Gerais. Era uma chance única para salvar o Fluminense, ainda que o maior prejuízo fosse à credibilidade do futebol brasileiro. O Vasco acabou sendo campeão do torneio inventado pela CBF, numa decisão com o São Caetano – que vinha da terceira divisão.

Em junho de 2001, Luiz Felipe Scolari, um técnico de estilo duro e franco que havia obtido bons resultados com Grêmio e Palmeiras, foi o escolhido para assumir a seleção. Ele já havia recusado o cargo em outra ocasião, e de certa maneira tentava valorizar-se antes de aceitar a função – queria carta branca. Como a seleção estava aos cacos e se via ameaçada de não se classificar para a Copa, não era prudente que Ricardo Teixeira fizesse reservas ao trabalho de seu novo contratado. Assim, Scolari pôde montar a estrutura que desejava.

A trajetória de Scolari na seleção começou claudicante. Na Copa América, na Colômbia, chegou a perder para Honduras por 2 a 0. Um vexame. Nas Eliminatórias, as dificuldades continuaram. O time perdeu da Argentina e da Bolívia. Chegou à última rodada precisando vencer a Venezuela, no Maranhão, para ir à Copa. Fez 3 a 0 no primeiro tempo e se classificou.

Veio então o período mais turbulento da trajetória de Scolari, o "Felipão", à frente da seleção. Ele resolveu deixar Romário de fora, insinuando que o veterano craque, embora artilheiro incontestável, só estava fazendo gols em "Arimateia e Bambala", referência a times gaúchos de várzea da década de 1960, sinônimos de sacos de pancada. A imprensa o cobrava incessantemente sobre o assunto, mas o técnico gaúcho mostrou que seu desejo era montar um grupo harmonioso – que ele chamava de "Família Scolari" – no qual obviamente um jogador do perfil de Romário não teria vez.

Enquanto Scolari endurecia, o petista Lula ficava *"light"*. Novamente candidato à presidência, o ex-líder sindical adotara uma atitude muito mais conciliadora, aberta a alianças de fora do espectro político original do PT. O resultado imediato foi a consolidação de seu favoritismo à sucessão de FHC em outubro do ano seguinte, numa base muito mais ampla do que nas três eleições anteriores. Nem por isso Lula deixou de sofrer os ataques habituais a seus supostos propósitos ocultos, um resquício nostálgico da Guerra Fria e dos rancores da ditadura.

Mas Lula tinha uma irresistível identidade popular, graças a sua origem, ao fato de ter começado a vida como metalúrgico e também porque fundou um partido com evidente ligação com as margens do poder. O capital eleitoral dessa biografia, somado a seu carisma, surgia como o cacife inicial do petista em qualquer eleição que ele entrasse. Assim, a disputa presidencial de 2002 foi dominada pelo discurso da crise e de seus efeitos sobre os mais pobres, e Lula surgia como o elemento capaz de superá-la ao estabelecer a pacificação social.

Na visão da oposição liderada por Lula, era preciso reorganizar o país. O Plano Real já estava no passado, e em seu lugar restara a diminuição brutal da renda média do trabalhador (cerca de 10% em cinco anos). Entre 1999 e 2001, os 10% mais ricos haviam ganhado 5,19%, enquanto os 10% mais pobres haviam perdido 3,17%. "O *apartheid* informal que divide a sociedade brasileira não sofreu alteração de monta", escreveu Otávio Frias Filho, diretor de redação da *Folha de S.Paulo*, em artigo em 2002 a respeito dos efeitos tardios do Plano Real.[10] Não é à toa que, num ambiente desse, crescesse a candidatura de Lula, francamente identificado com causas sociais.

A trajetória de Lula confundia-se com a dos meninos miseráveis que encontravam no futebol uma maneira de sair da pobreza. Ronaldo, o principal deles, não terminou nem o ensino médio, enquanto Lula completou apenas o fundamental. Lula tinha 7 anos quando deixou Pernambuco com a família num pau de arara rumo a São Vicente (SP) e depois a São Paulo nos anos 1950. Cafu, o incansável capitão da seleção, fora criado na periferia paulistana e teve amigos mortos pela violência de policiais ou de criminosos. Rivaldo, o cérebro do time de Scolari, havia sido vendedor de doces em Recife. Para sair da situação de penúria, tiveram de contar basicamente com o talento pessoal e uma boa dose de sorte. Exemplos e paralelos não faltam.

Além disso, Lula talvez tenha sido o primeiro líder político de grande envergadura que não soava falso quando falava de futebol. (Médici talvez possa ser comparado a Lula nesse ponto, mas Médici era ditador e tinha poder discricionário sobre o que se dizia dele, então não conta.) Torcedor fanático do Corinthians, o candidato e futuro presidente frequentemente usava metáforas do mundo da bola para se fazer entender pela massa de eleitores. Algo que parte considerável da elite intelectual brasileira, que sempre fez questão de se distanciar do futebol, tinha dificuldade (ou má vontade) de aceitar, considerando-o grosseiro e primário. Mas Lula pareceu sempre indiferente às críticas, assim como o torcedor-eleitor.

Scolari também. O técnico montou a seleção à sua imagem e semelhança. Manteve Romário fora e trouxe jogadores de sua estrita confiança, exaltando as possibilidades do "grupo", em detrimento das óbvias potencialidades individuais. Era a rendição definitiva ao futebol total, que se ganha em todos os detalhes da preparação e da motivação, e não somente pelas qualidades do "verdadeiro futebol brasileiro".

A teimosia de Scolari o fez apostar em Ronaldo, que em abril de 2000 havia sofrido uma gravíssima contusão no joelho direito, mais uma em sua acidentada carreira, e o craque ficara um ano sem jogar. Ainda assim, o técnico o convocou para a Copa, a despeito da onda de críticas – ninguém acreditava que o craque pudesse estar recuperado para uma disputa tão importante.

Com esse peso nas costas, Felipão colocou seu time em campo na primeira Copa disputada fora do eixo Europa-Américas. Japão e Coreia eram os anfitriões, ambos países sem tradição no futebol, mas com fanatismo e dinheiro suficientes para justificar a escolha da sede. Seria uma das Copas mais surpreendentes da história.

O Brasil estreou contra a Turquia, em 3 de junho. Venceu por 2 a 1 num jogo bastante disputado – o Brasil saiu atrás no placar e só conseguiu vencer com um pênalti polêmico aos 43 minutos do segundo tempo. Não era uma estreia promissora, mas a seleção havia vencido, o que, para Scolari, bastava. Em seguida, cinco dias depois, o Brasil enfrentou a China e ganhou sem dificuldades por 4 a 0. O último jogo foi contra a Costa Rica. Com vários desfalques, o Brasil teve alguma dificuldade, mas acabou fazendo 5 a 2 na fraca seleção costarriquenha.

Nas oitavas de final, o Brasil jogou contra a Bélgica, um adversário sem tradição. Mas o time de Scolari encontrou muita dificuldade até conseguir abrir os 2 a 0 do placar final. Nas quartas, o adversário seria a temida Inglaterra – que, a despeito de nunca ter vencido o Brasil em mundiais, sempre foi um time de grande respeito. E as coisas realmente se complicaram quando Owen, a jovem revelação britânica, abriu o placar aos 23 minutos. O jogo ficou como queriam os ingleses. Mas o Brasil tinha o talento de Ronaldinho Gaúcho, um craque que havia surgido com a camisa amarela desde a seleção sub-15 (formada por menores de 15 anos) e que rapidamente chegou à seleção principal e ao estrelato na Europa. Foi dele a jogada do gol de empate, no final do primeiro tempo, marcado por Rivaldo. Na segunda etapa, aos 5 minutos, Ronaldinho bateu uma falta na intermediária inglesa e pegou desprevenido o experiente goleiro inglês Seaman. O Brasil virou o jogo, mas perdeu Ronaldinho, que foi expulso seis minutos depois, por causa de uma entrada violenta numa dividida com Mills.

O Brasil soube segurar o jogo e acabou classificado para a semifinal, na qual enfrentaria de novo a surpreendente Turquia, que havia despachado o Japão e a seleção de Senegal, apontada por muitos como uma das revelações da Copa. Scolari tinha problemas para escalar o time. Ronaldinho estava suspenso, e Ronaldo sentia dores na perna esquerda. Embora sem condições, o atacante foi para o jogo. Experiente, mudou o corte de cabelo (deixou um tufo na altura da testa, como o personagem Cascão), ridículo o bastante para se tornar o centro dos comentários, desviando a atenção sobre sua contusão. No jogo, porém, mesmo com muitas dificuldades, Ronaldo fez o gol que classificou o Brasil para a grande decisão contra a Alemanha, superando uma valente Turquia, que acabaria chegando em terceiro lugar na Copa – um de muitos resultados surpreendentes naquele torneio que viu a Coreia do Sul derrotar Polônia, Itália, Portugal e Espanha.

Em 30 de junho, a seleção brasileira foi a campo para sacramentar sua hegemonia no esporte mais popular do planeta. E conseguiu, contra um respeitável adversário, que buscava o tetracampeonato para se igualar ao Brasil. Mais uma vez, o atacante Ronaldo foi o fator de desequilíbrio numa partida em que a Alemanha mostrou por que é temida. Aos 22 minutos do segundo tempo, Rivaldo chutou de fora da área e o goleiro Kahn – que viria a ser considerado o melhor jogador do mundial – não conseguiu segurar; a bola sobrou livre para Ronaldo, que, em disparada, tocou para as redes. O significado desse gol, levando-se em conta toda a situação do país, todo o sofrimento de Ronaldo e toda a expectativa nacional a respeito de suas possibilidades, foi enorme. O jornalista e cientista político Oliveiros Ferreira resumiu tudo isso em artigo para o jornal *O Estado de S. Paulo*:

> *Outros fossem os tempos, e tivéssemos em outras plagas, haveria quem soubesse transformar o primeiro gol de Ronaldo contra a Alemanha num símbolo político capaz de arrastar multidões. [...] É dos conhecimentos da propaganda política que necessitamos para compreender o simbolismo daquele gol e de como se poderia, outros fossem os tempos, por meio dele mobilizar massas para as grandes tarefas de construção da Pátria Grande. [...] Todos se recordam de como foi o gol: o goleiro alemão (até então invencível) não conseguiu encaixar a bola, caiu e se arrastou pelo chão tentando empalmá-la, evitando o inevitável. Foi uma cena impressionante*

O goleiro alemão Kahn tenta, inutilmente,
impedir o primeiro gol de Ronaldo na final da Copa de 2002:
a redenção de um artilheiro eficiente.

pelo que simbolizou: o adversário caído, arrastando-se na grama, enquanto, de perto, mas correndo, vinha Ronaldo, que chutou a bola como se o chute fosse um tiro de misericórdia. Porque foi isso o que a cena simbolizou: alguém sendo fuzilado sem apelação. [...] Deem essa cena a um gênio do mal em propaganda como Goebbels ou a qualquer cidadão nosso, bem interessado em levantar esta Pátria. Deem esta cena – um gol feito numa partida decisiva – a um país faminto de feitos que o façam lembrar, para não permitir que se repitam, quantas oportunidades foram perdidas na sua história, oportunidades que lhe teriam permitido superar o que Nélson Rodrigues, pelo que ouvi, dizia ser 'complexo de vira-lata' [...].

Deem-lhes esses elementos tão simples como o simbolismo de um gol e saberão transformá-los em símbolo de grandeza ou, como diria Luiz Alberto Sánchez, no símbolo do nosso "esmagado orgulho crioulo, a afirmação de nossa autonomia política e espiritual, em suma, o mais puro de nossa beligerância". Ou não seria esse símbolo suficiente para mostrar como os subdesenvolvidos são capazes de humilhar, liquidar as pretensões dos do Primeiro Mundo? Não seria ele capaz de motivar o povo a sacrifícios, marchando para a grandeza que pode alcançar mirando-se no exemplo dos bravos, não apenas de Ronaldo, que tiveram suas energias dirigidas para um objetivo definido, para todos eles emocionalmente mais importante que qualquer coisa, inclusive sua própria projeção pessoal, e que os levou, todos, a superar suas diferenças e dificuldades e conquistar o respeito dos adversários?[11]

O Brasil sacramentaria a conquista com outro gol ainda, de novo de Ronaldo, aos 34 minutos. O atacante encerraria o torneio como artilheiro do Mundial, tornando-se um exemplo de superação e premiando a teimosia de Scolari, o único que acreditou que Ronaldo pudesse ser decisivo depois das contusões e da longa inatividade antes da Copa.

Mas quem roubou a festa na comemoração em Yokohama foi o capitão Cafu. Ao repetir o gesto de seus antecessores, erguendo a taça de campeão do mundo, o lateral prestou uma emocionante homenagem ao miserável bairro paulistano onde ele nasceu, escrevendo na camisa da seleção brasileira os dizeres: "100% Jardim Irene". Era a demonstração de que, mesmo com o sucesso e os milhões embolsados por causa de contratos estelares, havia jogadores brasileiros que sabiam muito bem o sacrifício que tinham feito para chegar até ali e manifestavam orgulho de seu passado e de suas origens. Era também a lembrança da dolorosa dívida social produzida por décadas de planos econômicos e de desmandos administrativos que negligenciaram a enorme maioria de brasileiros.

Cafu ergue a taça após a conquista do penta no Japão, em 2002: homenagem ao Jardim Irene lembra a origem miserável dos heróis nacionais.

De certa maneira, era essa forte ligação com um passado extremamente pobre e sofrido que conferia autenticidade a Lula, num momento em que o Brasil discutia modelos de desenvolvimento que não resultassem, como de hábito, em aprofundamento do abismo social.

Um século depois, o futebol e a república no Brasil, que nasceram dominados pela aristocracia branca e demofóbica, assistiam finalmente à revanche. A eleição de um ex-torneiro mecânico, que soube moldar-se às circunstâncias e cuja retórica estava impregnada de simbolismo sobre a real capacidade do brasileiro, representava a esperança de um novo ciclo na história do país, em que gente pobre como Cafu, Ronaldo e Rivaldo talvez tivesse outras oportunidades de ascensão social muito além do velho e bom futebol.

Notas

[1] Jorge Zaverucha, *Frágil democracia:* Collor, Itamar, FHC e os militares – 1990-1998, São Paulo, Record, 2000, p. 59.
[2] "As pedras no caminho do Brasil", em *Veja*, São Paulo, edição 1135, 20 jun. 1990, p. 54.
[3] "O revide da elite", em *Veja*, São Paulo, edição 1155, 7 nov. 1990, p. 82.
[4] "O PC é o testa de ferro do Fernando", em *Veja*, São Paulo, edição 1236, 27 maio 1992, p. 18.
[5] Antonio Carlos Napoleão e Roberto Assaf, *Seleção brasileira – 1914-2006*, 2. ed., Rio de Janeiro, Mauad, 2006, p. 86.
[6] "It's 1 in 100, but its also the Fourth", em *The New York Times*, seção 1, 4 jul. 1994, p. 27.
[7] Fernando Henrique Cardoso, "Consequências sociais da globalização" [27 jan. 1996], disponível em <http://www.planalto.gov.br/publi_04/COLECAO/GLOBA3.HTM>, acessado em 5 fev. 2009.
[8] "A apenas dois passos da glória", em *Veja*, 8 jul. 1998, p. 86.
[9] "Contrato que motivou CPI sai ileso de depoimentos", em *Folha de S.Paulo*, 8 nov. 2000, s/p.
[10] Otávio Frias Filho, "FHC na História", em *Folha de S.Paulo*, 19 dez. 2002, p. 2.
[11] Oliveiros S. Ferreira, "Que nos falem as chuteiras!", em *O Estado de S. Paulo*, 2 jul. 2002 p. A2.

Bibliografia e fontes consultadas

Jornais
A Gazeta (Edição Esportiva)
Folha de S.Paulo
Jornal do Brasil
Jornal dos Sports
Lance!
Meio & Mensagem
O Estado de S. Paulo
O Pasquim
Última Hora

O futebol explica o Brasil

Sites

Centre International d'Etude Du Sport (www.cies.ch)
El País (www.elpais.com)
Geneton Moraes Neto (www.geneton.com.br)
Globo Esporte (globoesporte.com)
Museu dos Esportes (www.museudosesportes.com.br)
O Rio de Janeiro Através dos Jornais (www.uol.com.br/rionosjornais/)
Revista de História da Biblioteca Nacional (www.revistadehistoria.com.br)
The New York Times (www.nytimes.com)
UOL Esporte (esporte.uol.com.br)

Revistas

O Cruzeiro
Placar
Veja

Documentos

CARDOSO, Fernando Henrique. "Consequências sociais da globalização" [27 jan. 1996]. Disponível em: <http://www.planalto.gov.br/publi_04/COLECAO/GLOBA2.HTM>. Acesso em: 5 fev. 2009.
NEVES, Tancredo. Discurso de Tancredo Neves, 1985. Disponível em: <http://variasvariaveis.sites.uol.com.br/tancredo.html>. Acessado em: 30 mar. 2009.

Livros

AGOSTINO, Gilberto. *Vencer ou morrer*: geopolítica e identidade nacional. Rio de Janeiro, Mauad, 2002.
AMARAL, Odilon Penteado do. *Cousas do football*. O Estado de S. Paulo, São Paulo, 1920.
ANTUNES, Fátima Martin Rodrigues Ferreira. *Com brasileiro não há quem possa!*. São Paulo: Unesp, 2004.
BARBOSA, Francisco de Assis; SANTOS, Joel Rufino dos; BEIGUELMAN, Paula; SANTOS, Afonso Carlos Marques dos. *O Rio de Janeiro de Lima Barreto*. Rio de Janeiro: Rioarte, 1983.
BULHÕES, Antônio. *Diário da cidade amada*: Rio de Janeiro, 1922. Rio de Janeiro: Sextante-Artes, 2003.
CABRAL, Sérgio. *No tempo de Ari Barroso*. Rio de Janeiro: Lumiar, 1993.
CASTRO, Ruy. *O anjo pornográfico*: a vida de Nelson Rodrigues. São Paulo: Companhia das Letras, 1992.
_____. *Estrela solitária*: um brasileiro chamado Garrincha. São Paulo: Companhia das Letras, 1995.
CITADINI, Antônio Roque. *Neco, o primeiro ídolo*. São Paulo: Geração Editorial, 2001.
COSTA, Alexandre da. *O tigre do futebol*: uma viagem nos tempos de Arthur Friedenreich. São Paulo: DBA, 1999.
COSTA, Emília Viotti da. *Da monarquia à república*: momentos decisivos. São Paulo: Unesp, 2007.
COUTO, Ronaldo Costa. *História indiscreta da Ditadura e da abertura*: 1964-1985. Rio de Janeiro: Record, 1999.
_____. *Memória viva do regime militar*: 1964-1985. Rio de Janeiro: Record, 1999.
DIAFÉRIA, Lourenço. *Coração corintiano*. São Paulo: Fundação Nestlé de Cultura, 1992. Coleção Grandes Clubes do Futebol Brasileiro e Seus Maiores Ídolos.
DUARTE, Orlando. *Todas as Copas do Mundo*. São Paulo: Makron Books, 1994.
_____; FILHO, Severino. *Fried versus Pelé*. São Paulo: Makron Books, 2000.

Bibliografia e fontes consultadas

FAUSTO, Boris. *História do Brasil*. São Paulo: Edusp, 2003.
FERNÁNDEZ, Maria do Carmo Leite de Oliveira. *Futebol, fenômeno linguístico*: análise linguística da imprensa esportiva. Rio de Janeiro: Documentário, 1974.
FICO, Carlos. *Reinventando o Otimismo:* Ditadura, Propaganda e Imaginário Social no Brasil. Rio de Janeiro, Fundação Getúlio Vargas, 1997.
FILHO, Mário. *O negro no futebol brasileiro*. Rio de Janeiro: Mauad, 2003.
FRANZINI, Fábio. *Corações na ponta da chuteira*: capítulos iniciais da história do futebol brasileiro. Rio de Janeiro: DP&A, 2003.
FREYRE, Gilberto. *Casa-grande e senzala*. Rio de Janeiro: Record, 1999.
GASPARI, Elio. *A ditadura derrotada*. São Paulo: Companhia das Letras, 2003.
HABERT, Nadine. *A década de 70*: apogeu e crise da ditadura militar brasileira. São Paulo: Ática, 1992.
HOLANDA, Sérgio Buarque de. *História Geral da Civilização Brasileira*, São Paulo: Difusora Europeia do Livro, 1984, v. 3.
LYRA FILHO, João. *Cachimbo, pijama e chinelos:* memórias. São Paulo: Edaglit, 1963.
LOBATO, Monteiro. *Cidades Mortas, Negrinha e Macaco que se Fez Homem*. São Paulo: Companhia Editora Nacional, 1941.
_____. *A onda verde*. São Paulo: Monteiro Lobato & Cia., 1921.
MÉDICI, Emilio Garrastazu. *A verdadeira paz*. Brasília: Secretaria de Imprensa da Presidência da República, 1971.
MOTA, Carlos Guilherme. *Viagem incompleta*: a grande transação. São Paulo: Senac, 2000.
MURRAY, Bill. *Uma história do futebol*. São Paulo: Hedra, 2000.
NAPOLEÃO, Antonio Carlos; ASSAF, Roberto. *Seleção brasileira – 1914-2006*. Rio de Janeiro: Mauad, 2006.
PAXTON, Robert O. *Anatomy of Fascism*. Nova York: Vintage Books, 2004.
PERDIGÃO, Paulo. *Anatomia de uma derrota*. Porto Alegre: L&PM, 1986.
PEREIRA, Lígia Maria Leite; FARIA, Maria Auxiliadora de. *Presidente Antonio Carlos*: um Andrada na república, o arquiteto da Revolução de 30. São Paulo: Unipac/Nova Fronteira, 1998.
PINHEIRO, Luiz Adolfo. *JK, Jânio e Jango*: três jotas que abalaram o Brasil. Brasília: Editorial, 2001.
PRADO, Paulo. *Retrato do Brasil*: ensaio sobre a tristeza brasileira. São Paulo: Ibrasa, 1981.
PRADO JÚNIOR, Caio. *Formação do Brasil contemporâneo*. São Paulo: Brasiliense, 1999.
RESENDE, Beatriz; VALENÇA, Raquel. *Toda crônica*. São Paulo: Agir, 2004.
RODRIGUES, Nelson. *À sombra das chuteiras imortais*. São Paulo: Companhia das Letras, 1993.
_____. *A pátria em chuteiras*: novas crônicas de futebol. São Paulo: Companhia das Letras, 1994.
SILVA, Francisco Carlos Teixeira et al. *Memória social dos esportes*: futebol e política – a construção de uma identidade nacional. Rio de Janeiro: Mauad, 2006.
SILVA, Hélio. *O ciclo Vargas*. São Paulo: Civilização Brasileira, 1964.
SKIDMORE, Thomas. *Brasil*: de Castello a Tancredo. São Paulo: Paz e Terra, 2000.
SOUZA, Denaldo Achnorne de. *O Brasil entra em ação*: Construções e Reconstruções da Identidade Nacional (1930-1947). São Paulo: Annablume, 2008.
VARGAS, Getúlio. *Diário*. São Paulo: Siciliano/Rio de Janeiro: Fundação Getúlio Vargas, 1995, v. 1: 1930-1936.
VOSER, Rogério da Cunha; GUIMARÃES, Marcos Giovani Vieira; RIBEIRO, Everton Rodrigues. *Futebol*: história, técnica e treino de goleiro. Porto Alegre: Edipucrs, 2006.
WEFFORT, Francisco C. *O Populismo na política brasileira*. São Paulo: Paz e Terra, 1986.
ZAVERUCHA, Jorge. *Frágil democracia*: Collor, Itamar, FHC e os militares – 1990-1998. Rio de Janeiro: Record, 2000.

O autor

Marcos Guterman é jornalista profissional desde 1989. Desde 2006, está no jornal *O Estado de S. Paulo*, após 14 anos de trabalho na *Folha de S.Paulo*. É historiador formado pela PUC-SP e faz doutorado em história pela USP. Sua dissertação de mestrado abordou a relação do futebol com a política no governo Médici.

Agradecimentos

Este livro não teria sido possível sem a generosidade de Luciana Pinsky, da editora Contexto, que acreditou na ideia do projeto tanto quanto eu, desde o início. Na mesma medida, as orientações do professor Jaime Pinsky foram fundamentais. Agradeço também a inestimável ajuda de Lauro Ávila Pereira, diretor do Departamento de Preservação e Difusão do Acervo do Arquivo Público do Estado de São Paulo, e de Renato Luiz Ferreira, da Fotografia da Agência Estado. Quero registrar também a importância do arquivo dos jornais *O Estado de S. Paulo* e *Folha de S.Paulo* e das bibliotecas da PUC-SP e da Faculdade de Filosofia, Letras e Ciências Humanas da USP, de onde proveio boa parte do material aqui utilizado. No arquivo do "Estadão", a ajuda da pesquisadora Lizbeth de Almeida Batista é digna de nota. Cabe agradecer também ao Esporte Clube Pinheiros, na simpática pessoa de Cristina Franco de Matos, a Carlos Molinari Severino, que preserva o acervo do Bangu, e a John Robert Mills, um homem que é a memória viva de Charles Miller e sabe bem o que é a paixão pelo futebol.

Por fim, mas não menos importante, agradeço à minha mulher, Patrícia, por sua dedicação na leitura dos originais e por sua amorosa paciência.